高等学校法学教学丛书

法律文书格式实例与练习·第二版·

刘冀民 编著

四川大学出版社

责任编辑：李慧宇　李勇军
责任校对：潘　欣
封面设计：罗　光
责任印制：王　炜

图书在版编目（CIP）数据

法律文书格式实例与练习 / 刘冀民编著. —2 版. 成都：四川大学出版社，2006.6（2020.3 重印）
（高等学校法学教学丛书）
ISBN 978-7-5614-3387-4

Ⅰ. 法… Ⅱ. 刘… Ⅲ. 法律文书-中国-高等学校-教学参考资料 Ⅳ. D926.13

中国版本图书馆 CIP 数据核字（2006）第 068823 号

书名　**法律文书格式实例与练习（第二版）**

编　著　刘冀民
出　版　四川大学出版社
地　址　成都市一环路南一段 24 号（610065）
发　行　四川大学出版社
书　号　ISBN 978-7-5614-3387-4
印　刷　郫县犀浦印刷厂
成品尺寸　185 mm×260 mm
印　张　16.25
字　数　377 千字
版　次　2006 年 6 月第 2 版
印　次　2020 年 3 月第 4 次印刷
定　价　42.00 元

◆读者邮购本书，请与本社发行科联系。
电话：(028)85408408/(028)85401670/
(028)85408023　邮政编码：610065
◆本社图书如有印装质量问题，请寄回出版社调换。
◆网址：http://press.scu.edu.cn

目 录

第一编 格式与实例

第二编　法律文书练习材料

第一编

格式与实例

一、公安机关法律文书格式、实例

（一）接受刑事案件登记表

填报单位

（公章）

接受刑事案件登记表

编号：××××

<table>
<tr><td rowspan="2">报案人</td><td>姓名</td><td>张××</td><td>性别</td><td>男</td><td>年龄</td><td>36岁</td><td>住址</td><td colspan="2">××市××区
××路××号</td></tr>
<tr><td>单位</td><td>××市××
××有限公司</td><td>电话</td><td colspan="3">67××××××</td><td colspan="2">案件来源</td><td>口头报案</td></tr>
<tr><td colspan="2">移送单位</td><td>———</td><td>承办人</td><td colspan="3">———</td><td>电话</td><td colspan="2">———</td></tr>
<tr><td colspan="10">报案内容（发案时间、地点、简要过程、涉案人基本情况、受害情况等）：
200×年9月5日，××市××××有限公司法定代表人张××到我支队报案：6月30日，该公司与××市×××公司签订钢材购销合同，并付给对方定金200万元，供货时间为8月30日，现找不到该公司任何人员，办公地点人去楼空。对方签合同时，法定代表人叫李××，30多岁，男性，本市口音；另一人叫范××，女性，20多岁，外地口音。</td></tr>
<tr><td colspan="10">领导批示：初查。
胡××
200×年9月5日</td></tr>
<tr><td colspan="10">处理结果：经初查，符合立案条件，经局领导批准，立为合同诈骗案侦查。</td></tr>
<tr><td colspan="2">接警单位</td><td>××市公安局
经侦支队</td><td colspan="2">接警地点</td><td colspan="5">××市公安局经侦支队</td></tr>
<tr><td colspan="2">接警人员</td><td>周××</td><td colspan="2">接警时间</td><td colspan="5">200×年9月5日10时5分</td></tr>
</table>

（二）呈请立案报告书

领导批示	
审核意见	

呈请立案报告书

犯罪嫌疑人［姓名、性别、出生年月日、出生地、身份证号码、民族、文化程度、职业或工作单位或职务、政治面貌（如是人大代表、政协委员，写明具体级、届代表、委员）］。

（采取强制措施情况）

（简历）

现呈请对于××一案立案侦查，理由如下：

（叙述案件事实，并对有关证据进行分析）

（法律依据）

妥否，请批示。

××××

××年××月××日

领导批示	同意。 王×× ××××年××月××日
审核意见	同意立案。 张×× ××××年××月××日

呈请立案报告书

200×年5月21日晚上8点30分，××区×××派出所接到居民刘××报案：其妻于××在家中被害身亡。我队接到报案后，立即组织人员赶赴现场，在×××派出所同志的陪同下开展现场勘查和调查访问工作。

现根据初步调查情况，呈请对于××被害案立案侦查，理由如下：

据报案人刘××（男，35岁，住××区××路×，××××厂工人）讲，5月21日晚8点多，他回到自己家中，见到妻子侧躺在地上，感到很奇怪，他准备上去将她推醒，发现妻子浑身冰凉，意识到她已死亡，遂立即报警。

经勘查，死者住所为单元楼房，位于××区××路××号××楼三单元402室，房屋结构为二室一厅。室内没有明显搏斗痕迹，床上稍见零乱。死者躺卧在卧室地板上，头朝床，脚朝门，全身衣服完好，但身上有抓伤痕迹。屋门锁没有撬夺痕迹，其他地方也没有被翻动。

据被害人邻居反映，当天下午4点钟左右，死者和一名身材高大的男子曾一同回到家中。另据被害人楼下邻居反映，当天下午4点多钟，听到楼上有类似搏斗的响动，但马上就没有声音了。据死者丈夫反映，其妻平时生活不检点，据说在外有情人，正准备与其离婚，两人分居已很长时间了，自己不住在这里，今天回来拿东西。他怀疑个子高大的男人是其妻的同事，姓周，在家里见过他几次。

经尸体检验，死者身上有抓痕，系窒息而死；从阴道提取物分析，死者生前未发生性行为。

根据《刑事诉讼法》第八十六条之规定，此案符合立案条件，拟立为重大杀人案侦查，并从以下方面开展侦查活动：

1. 根据现有证据，我们认为，死者财产没有丢失迹象，生前也没有发生性行为，因此基本可以排除财杀和强奸杀人的可能性。凶手很有可能是死者熟悉的人。尤其是死者的周姓同事，应当作为重点侦查对象。

2. 进一步向死者丈夫和同事、朋友、邻居了解死者生前与人交往的情况，确定与死者有过接触的人员，特别是案发前有过接触的人员。

3. 进一步对死者住所进行勘查检验，确认案发当时进入死者住所的人员和活动情况。

以上报告妥否，请批示。

××市××区公安分局刑警支队

二○○×年××月×日

（三）指定管辖决定书

×××公安局

指定管辖决定书

×公指管字〔200×〕3号

经对××市公安局、××市××县公安局争议的张××合同诈骗案件管辖问题进行审查，决定由××市公安局管辖。请××市××县公安局在三日内将与案件有关的证据材料移送××市公安局。

（决定机关印）

二○○×年七月八日

本决定一式若干份，决定机关留存一份，其余分送被指定的公安机关和其他有关的公安机关。

（四）呈请拘留报告书

领导批示	
审核意见	

呈请拘留报告书

犯罪嫌疑人［姓名、性别、出生日期、身份证号码、民族、文化程度、工作单位、职业、住址、政治面貌（如是人大代表、政协委员，写明具体级、届代表、委员）］。

(采取强制措施情况)

(简历)

现呈请拘留犯罪嫌疑人×××，理由如下：

综上所述，犯罪嫌疑人×××的行为触犯了《中华人民共和国刑法》第××条之规定，涉嫌××罪。为查清

拟依据《中华人民共和国刑事诉讼法》第××条之规定，对犯罪嫌疑人×××予以拘留。

妥否，请批示。

×××××

××年××月××日

领导批示	同意。 王×× ××××年××月××日
审核意见	同意。 张×× ××××年××月××日

呈请拘留报告书

犯罪嫌疑人周××，男，1969 年 4 月 15 日出生，居民身份证编号：110××××××××××××，汉族，住北京市××区××路××号，×××××公司职工，大学毕业。

现呈请拘留犯罪嫌疑人周××，理由如下：

200×年 5 月 21 日下午 4 时左右，周××随同于××到其家中，后将于××杀死。有关证据如下：

据被害人邻居反映，当天下午 4 点钟左右，死者和一名身材高大的男子曾一同回到

家中。据死者丈夫反映，其妻有一同事姓周，在家里见过几次。据周××单位领导反映，听说周××在追求于××，但两人关系到底如何，他们并不知情。据熟悉于××的同事反映，于××曾说过在外面有人，但没有看上周××，倒是周××在苦苦追求于××。经询问周××，他承认在当天下午4点多去过于××家，但是应于××请求来为她修理水管的，修完后自己有事马上就走了。目测周××有180厘米高，身材魁梧。

经对死者家中提取的脚印进行分析，除死者的脚印和死者丈夫的脚印外，还有其他脚印。其中在死者躺卧的地方有很多且零乱的脚印，经分析对比，确认是周××所穿的××牌皮鞋所留。

综上所述，犯罪嫌疑人周××的行为触犯了我国《刑法》第二百三十二条之规定，涉嫌故意杀人罪。为查清周××的犯罪事实，防止发生社会危险性，拟根据《刑事诉讼法》第六十一条之规定，对犯罪嫌疑人周××予以拘留。

妥否，请批示。

××市××区公安局刑警支队

二〇〇×年五月二十八日

（五）提请批准逮捕书

×××公安局

提请批准逮捕书

×公提捕字〔20××〕×号

犯罪嫌疑人__边××__，男，__19××__年__××__月__××__日生，民族__汉族__，籍贯__××省××县人__，文化程度__初中__，单位及职业__无业__，户籍所在地__××市__，现住址__××市××区××号__。

简历：××年至××年在××小学读书；

××年至××年在××中学读书；

××年至今无业。

经我局侦查，犯罪嫌疑人__边××__有下列犯罪事实：

20××年××月××日下午4时，犯罪嫌疑人边××以雇用保姆为名，将××省××市来本市的女青年陈××骗至××市体育学院内，趁无人之机对陈××欲实行奸淫，陈××奋力反抗，边××持尖刀朝陈胸猛刺，致陈××急性大出血当场死亡。作案后，边××畏罪潜逃，于××年××月××日被我公安机关抓获。

上述事实证明，犯罪嫌疑人__边××__的行为已触犯《中华人民共和国刑法》第__二百三十二__条第__一__款，涉嫌__故意杀人__罪，根据《中华人民共和国刑事诉讼法》第六十条、第六十六条之规定，特提请批准逮捕。

此致

×××市　　　人民检察院

局长（印）

（公安局印）

二〇××年××月××日

（六）起诉意见书

×××公安局

起诉意见书

×公刑诉字〔××××〕××号

犯罪嫌疑人×××……〔犯罪嫌疑人姓名（别名、曾用名、绰号等），性别，出生年月日，出生地，身份证件号码，民族，文化程度，职业或工作单位及职务，住址，政治面貌（如是人大代表、政协委员，一并写明具体级、届代表、委员），违法犯罪经历以及因本案被采取强制措施的情况。案件有多名犯罪嫌疑人的，应逐一写明。单位犯罪案件中，应当写明单位的名称、地址。〕

犯罪嫌疑人涉嫌×××（罪名）一案，由×××举报（控告、移送）至我局。（写明案由和案件来源，具体为单位或者公民举报、控告、上级交办、有关部门移送或工作中发现等）简要写明案件侦查过程中的各个法律程序开始的时间，如接受案件、立案的时间。具体写明犯罪嫌疑人归案情况。最后写明犯罪嫌疑人×××涉嫌×××案，现已侦查终结。

经依法侦查查明：……（概括叙述经侦查认定的犯罪事实，包括犯罪时间、地点、经过、手段、目的、动机、危害后果等与定罪有关的事实要素。应当根据具体案件情况，围绕刑法规定的该罪构成要件，简明扼要叙述。）

（对于只有一个犯罪嫌疑人的案件，犯罪嫌疑人实施多次犯罪的犯罪事实应逐一列举；同时触犯数个罪名的犯罪嫌疑人的犯罪事实应该按照主次顺序分别列举；

对于共同犯罪的案件，写明犯罪嫌疑人的共同犯罪事实及各自在共同犯罪中的地位和作用后，按照犯罪嫌疑人的主次顺序，分别叙述各个犯罪嫌疑人的单独犯罪事实。）

认定上述事实的证据如下：

……（分列相关证据）

上述犯罪事实清楚，证据确实、充分，足以认定。

犯罪嫌疑人×××……（具体写明是否有累犯、立功、自首等影响量刑的从重、从轻、减轻等犯罪情节）

综上所述，犯罪嫌疑人×××……（根据犯罪构成简要说明罪状）其行为已触犯《中华人民共和国刑法》第××条之规定，涉嫌×××罪。依照《中华人民共和国刑事诉讼法》第××条之规定，现将此案移送审查起诉。

此致

×××人民检察院

局长（印）

（公安局印）

年　　月　　日

附：1. 本案卷宗　　卷　　页。

2. 犯罪嫌疑人现在处所。

3. 随案移交物品　　　件。

4. 被害人　　　已提出附带民事诉讼

（所附项目根据需要填写）

××市公安局

起诉意见书

×公刑诉字〔200×〕××号

犯罪嫌疑人宋××，男，19××年5月19日生，出生地××省××县，身份证号码××××××××××××××××××，汉族，初中文化，××市××煤矿职工，捕前住××市××区××路××号。因涉嫌抢劫罪于200×年10月9日被××市公安局刑事拘留，经××市人民检察院批准，于同年11月20日被依法逮捕。

犯罪嫌疑人陈××，男，19××年3月23日生，出生地××省××县，身份证号码××××××××××××××××××，汉族，高中文化，农民，捕前住××省××县××乡××村。因涉嫌抢劫罪于200×年10月9日被××市公安局刑事拘留，经××市人民检察院批准，于同年11月20日被依法逮捕。

犯罪嫌疑人庞××，男，19××年6月24日生，出生地××省××县，身份证号码××××××××××××××××××，汉族，初中文化，农民，捕前住××省××县××乡××村。因涉嫌抢劫罪于200×年10月9日被××市公安局刑事拘留，经××市人民检察院批准，于同年11月20日被依法逮捕。

犯罪嫌疑人易××，男，19××年7月12日生，出生地××省××县，身份证号码××××××××××××××××××，汉族，初中文化，农民，捕前住××省××县××乡××村。因涉嫌抢劫罪于200×年10月9日被××公安局刑事拘留，经××市人民检察院批准，于同年11月20日被依法逮捕。

犯罪嫌疑人宋××、陈××、庞××、易××涉嫌抢劫一案，由被害人张××于200×年9月19日报案至我局。我局经过审查，于当日立案进行侦查。犯罪嫌疑人宋××、陈××、庞××、易××已于200×年10月9日被抓获归案。犯罪嫌疑人宋××、陈××、庞××、易××涉嫌抢劫案，现已侦查终结。

经依法侦查查明：犯罪嫌疑人宋××因单位效益不好，收入较低，遂产生通过抢劫“致富”的念头。犯罪嫌疑人宋××于200×年8月间，结识了外地民工陈××、庞××、易××，宋××提议抢劫××市至××市之间公路上的来往的长途车搞点钱，陈××、庞××、易××表示同意。随后经过密谋，上述四名犯罪嫌疑人自200×年9月2日至9月19日间，先后实施三次抢劫作案：

1.200×年9月2日19时许，宋××伙同陈××、庞××、易××在××市至××市公路××镇路口以北的××站，乘上了车牌为×H34623的长途汽车，当车启动行使约800米时，坐在第二排的宋××、陈××和坐在倒数第三排的庞××、易××同时掏出事先携带的弹簧刀，威胁乘客交出随身携带的现金，共抢得人民币3500元。事后宋××分得1000元，陈××分得900元，庞××、易××各分得800元。

2.200×年9月9日20时许，宋××伙同陈××、庞××、易××在××市至××市公路××汽修厂站，乘上了车牌为×D33426的长途汽车，以同样方法抢劫乘客人民币3300元。在抢劫过程中，乘客张××（男，45岁）因掏钱时将钱掉到地上，被宋××用弹簧刀扎伤右臂。事后宋××分得1000元，陈××分得800元，庞××、易××各分得750元。

犯罪嫌疑人宋××积极组织进行抢劫犯罪活动，实施共同抢劫犯罪三次，抢得人民币现金9800元，分得赃款3000元，且在抢劫过程中实施故意伤害他人行为，是本案的主犯；犯罪嫌疑人陈××分别参与抢劫三次，分得赃款2500元，是本案的从犯；犯罪嫌疑人庞××参与抢劫三次，分得赃款2150元，是本案的从犯；犯罪嫌疑人易××参与抢劫三次，分得赃款2150元，是本案的从犯。

认定上述犯罪事实的证据如下：报案记录、被害人的证言和证人证言、现场勘验记录、被害人的人身伤害法医鉴定以及涉案赃款、作案工具，犯罪嫌疑人宋××、陈××、庞××、易××均供认不讳。

上述犯罪事实清楚，证据确实、充分，足以认定。

综上所述，犯罪嫌疑人宋××、陈××、庞××、易××以非法占有为目的，采用暴力或者以暴力相威胁的手段，劫取他人财物，其行为已触犯了《中华人民共和国刑法》第二百六十三条之规定，涉嫌抢劫罪。犯罪嫌疑人易××作案时未满18岁，应当适用《中华人民共和国刑法》第十七条第三款的规定。依照《中华人民共和国刑事诉讼法》第一百二十九条之规定，现将此案移送审查起诉。

此致

××市人民检察院

（局长印）

（××公安局印）

二〇〇×年八月十五日

附：1.本案卷宗×卷×页。

2.犯罪嫌疑人宋××、陈××、庞××、易××现羁押在××市看守所。

3.随案移交物品×件。

4. 被害人张××已提出附带民事诉讼。

（七）撤销案件决定书

×××公安局 撤销案件决定书 （存　根） ×公刑撤字〔200×〕23号 案件名称冯××诈骗案 案件编号×××××××× 原案件犯罪嫌疑人冯××男女38岁 住　　址××市××路××号 单位及职业××市××公司经理 撤销案件原因不构成犯罪 批 准 人周×× 批准时间200×年5月19日 办 案 人林××、张×× 办案单位××市公安局刑警队 填发时间200×年5月19日 填 发 人张××　××	×公刑撤字　贰零零×第贰拾叁号	×××公安局 撤销案件决定书 ×公刑撤字〔200×〕23号 犯罪嫌疑人：冯××，性别女，年龄38岁，住址××市××路××号，单位及职业××市××公司经理。 我局办理的冯××诈骗案，因被指控事实不构成犯罪，根据《中华人民共和国刑事诉讼法》第一百三十条之规定，决定撤销此案。 （公安局印） 二〇〇×年五月十九日 本决定书副本已收到。 原案件犯罪嫌疑人或其家属　冯×× 200×年5月19日	×公刑撤字　贰零零×第贰拾叁号	×××公安局 撤销案件决定书 （副　本） ×公刑撤字〔200×〕23号 犯罪嫌疑人：冯××，性别女，年龄38岁，住址××市××路××号，单位及职业：××市××公司经理。 我局办理的冯××诈骗案，因被指控事实不构成犯罪，根据《中华人民共和国刑事诉讼法》第一百三十条之规定，决定撤销此案。 （公安局印） 二〇〇×年五月十九日
		此联附卷		此联交原案件犯罪嫌疑人（原案件犯罪嫌疑人死亡的交其家属）

（八）补充侦查报告书

×××公安局

补充侦查报告书

×公刑补侦字〔200×〕××号

××市人民检察院：

你院于200×年6月18日以×检×补侦〔200×〕20号补充侦查决定书退回的徐××盗窃案，已经补充侦查完毕，结果如下：

一、关于犯罪嫌疑人徐××盗窃××大学学生宿舍23楼103房间后离开的时间问题。经查证，犯罪嫌疑人徐××盗窃××大学学生宿舍23楼103房间后离开的时间是200×年4月15日17时10分左右。据该宿舍学生姚××、左××反映，二人4月15

日17时下课后直接返回宿舍，从教学楼2楼回到23楼1层需用时约10分钟。当二人进入23楼走廊时，看见犯罪嫌疑人从103房间出来。详见证人姚××、左××的补充证明材料。

二、关于200×年4月8日××大学学生宿舍23楼204房间被盗是否也是犯罪嫌疑人徐××所为问题。经过查证，××大学学生宿舍23楼204房间被盗时间为200×年4月8日15时30分至16时30分。××公司的张××、××化工厂的刘××、××商店的周××证实与犯罪嫌疑人徐××在200×年4月8日从13时至18时一直在犯罪嫌疑人徐××家打麻将，且犯罪嫌疑人的姐姐徐×证实，在200×年4月8日15时10分时曾到犯罪嫌疑人家里商量给父亲过生日的事，并在那里一直呆到18时30分。被害人王××以及同宿舍同学也未看到犯罪嫌疑人。详见证人张××、刘××、周××、徐××、被害人王××以及同宿舍其他三位同学的补充证明材料。

三、关于犯罪嫌疑人200×年4月19日盗窃××大学学生宿舍25楼318房方××的随身听的型号问题。原案卷已有证据证明。请见案卷第36页。

现将该案卷宗__×__卷__×__页及补充查证材料__×__页附后，请审查。

×××公安局印

二〇〇×年六月二十九日

（九）要求复议意见书

×××公安局

要求复议意见书

×公要复字〔　　〕号

________人民检察院：

你院________年________月________日以________字〔　　〕________号文决定________的________________案，我局认为________________

____

____

因此，根据《中华人民共和国刑事诉讼法》第________条之规定，特要求你院进行复议。

此致

人民检察院

（公安局印）

年　月　日

注：附本案预审卷宗共________卷________页。

×××公安局

要求复议意见书

×公要复字〔20××〕×号

××市××区人民检察院：

你院20××年×月×日以×检刑不批字〔20××〕×号文决定不批准逮捕的犯罪嫌疑人郝××盗窃案，我局认为犯罪嫌疑人郝××劳改释放不到一个月又盗窃作案两次，得赃物价值人民币900多元，其行为已构成盗窃罪。虽然犯罪嫌疑人郝××有胃溃疡，但不属严重疾病或传染病，且犯罪嫌疑人郝××主观恶性较重，应逮捕关押，以防止其继续作案、逃跑等危害行为的发生。因此，我们认为犯罪嫌疑人郝××的行为符合逮捕的三个条件，应当予以逮捕。

因此，根据《中华人民共和国刑事诉讼法》第七十条之规定，特要求你院进行复议。

(公安局印)
二○××年×月×日

注：附本案预审卷宗共1卷80页。

（十）提请复核意见书

×××公安局

提请复核意见书

字〔　　〕号

我局于______年______月______日以______字〔　　〕______号文要求______人民检察院复议的______案，该院以______字〔　　〕______号文决定维持原______决定，我局认为该院决定有误，理由是：____

综上所述，根据《中华人民共和国刑事诉讼法》第________条之规定，特提请你院对此案进行复核。

此致

________人民检察院

（公安局印）

××××年××月××日

注：附本案预审卷宗共________卷________页。

×××公安局

提请复核意见书

×公请核字〔200×〕25号

__××市__人民检察院：

我局于__200×__年__6__月__3__日以__×公要复字〔200×〕__25__号文要求__××市××区__人民检察院复议的__××对周××不批准逮捕决定__案，该院以__×××〔200×〕__×__号文决定维持原__不予批准逮捕__的决定，我局认为该院决定有误，理由是：__该决定以证据不足维持原不予批准逮捕的决定不成立。虽然犯罪嫌疑人周××并未供述其实施了杀人行为，但被害人的邻居和被害人的丈夫等证人证言，周××所穿皮鞋在死者家中地板上所留下的印痕，足以说明有证据证明周××杀害了于××，达到了《刑事诉讼法》第六十条规定的证明要求。__

综上所述，根据《中华人民共和国刑事诉讼法》第__七十__条之规定，特提请你院对此案进行复核。

此致

__××市__人民检察院

（公安局印）

二〇××年六月十日

注：附本案卷宗共__1__卷__64__页。

二、检察机关法律文书格式、实例

(一) 批准逮捕决定书

××××人民检察院

批准逮捕决定书

(存根)

检　批捕〔　〕号

案由________

犯罪嫌疑人基本情况（姓名、性别、年龄、工作单位、住址、身份证号码、是否人大代表、政协委员）

____

____

____

____

送达机关________

批准人________

承办人________

填发人________

填发时间______

第一联统一保存

检批捕〔　〕号

××××人民检察院

批准逮捕决定书

(副本)

检　批捕〔　〕　号

________：

你__于__年__月__日以______号提请批准逮捕书提请批准逮捕犯罪嫌疑人________，经本院审查认为，该犯罪嫌疑人涉嫌____________犯罪，符合《中华人民共和国刑事诉讼法》第六十条规定的逮捕条件，决定批准逮捕犯罪嫌疑人________。请依法立即执行，并将执行情况三日内通知本院。

年　月　日

(院印)

第二联附卷

检批捕〔　〕号

××××人民检察院

批准逮捕决定书

检 批捕〔 〕 号

________：

你__于__年__月__日以______号提请批准逮捕书提请批准逮捕犯罪嫌疑人________，经本院审查认为，该犯罪嫌疑人涉嫌____________犯罪，符合《中华人民共和国刑事诉讼法》第六十条规定的逮捕条件，决定批准逮捕犯罪嫌疑人________。请依法立即执行，并将执行情况三日内通知本院。

××××年××月××日
（院印）

第三联送达侦查机关

检 批捕〔 〕 号

××××人民检察院

批准逮捕决定书

（回执）

________人民检察院：

根据《中华人民共和国刑事诉讼法》第六十八条的规定，现将我局执行你院________号批准逮捕决定书的情况通知如下：____

____

____

____

____

年 月 日

（公章）

第四联侦查机关退回后附卷

（二）不批准逮捕决定书

××××人民检察院

不批准逮捕决定书

（存根）

检　不捕〔　〕号

案由________

犯罪嫌疑人基本情况（姓名、性别、年龄、工作单位、住址、身份证号码、是否人大代表、政协委员）

____

____

____

____

不批准逮捕原因______________

批准人________

承办人________

填发人________

填发时间______

第一联统一保存

×检　不捕〔　〕号

××××人民检察院

不批准逮捕决定书

（副本）

检　不捕〔　〕　号

________：

你__于__年__月__日以______号文书提请批准逮捕犯罪嫌疑人________，经本院审查认为：________________________________根据《中华人民共和国刑事诉讼法》第六十八条的规定，决定不批准逮捕犯罪嫌疑人________。请依法立即执行，并在三日内将执行情况通知本院。

年　月　日

（院印）

第二联附卷

×检　不捕〔××××〕××号

××××人民检察院

不批准逮捕决定书

检 不捕〔 〕 号

________：

你__于__年__月__日以______号文书提请批准逮捕犯罪嫌疑人________，经本院审查认为：________________________________根据《中华人民共和国刑事诉讼法》第六十八条的规定，决定不批准逮捕犯罪嫌疑人________。请依法立即执行，并在三日内将执行情况通知本院。

年 月 日
（院印）

第三联送达侦查机关

检 不捕〔 〕 号

××××人民检察院

不批准逮捕决定书

（回执）

________人民检察院：

现将你院______号不批准逮捕决定书的执行情况通知如下：____。

年 月 日
（公章）

第四联侦查机关退回后附卷

（三）逮捕决定书

××××人民检察院

逮捕决定书

（存根）

检 捕〔 〕号

案由________

犯罪嫌疑人基本情况（姓名、性别、年龄、工作单位、住址、身份证号码、是否人大代表、政协委员）

____

____

____

____

送达机关________

批准人________

承办人________

填发人________

填发时间______

第一联统一保存

×检捕〔 〕号

××××人民检察院

逮捕决定书

（副本）

检 捕〔 〕 号

犯罪嫌疑人__________涉嫌__________，根据《中华人民共和国刑事诉讼法》第六十条和第一百三十二条的规定，决定予以逮捕。

此致

____

年 月 日

（院印）

第二联附卷

检捕〔 〕号

××××人民检察院

逮捕决定书

检 捕〔 〕 号

犯罪嫌疑人 ________ 涉嫌 ________，根据《中华人民共和国刑事诉讼法》第六十条和第一百三十二条的规定，决定予以逮捕。

此致

______

年 月 日
（院印）

附：犯罪嫌疑人基本情况

第三联送达执行机关

检捕〔 〕号

××××人民检察院

逮捕决定书

（回执）

________人民检察院：

你院 ___ 年 ___ 月 ___ 日以 ________ 号逮捕决定书决定逮捕的犯罪嫌疑人 ________ 已于 ___ 年 ___ 月 ___ 日，由 ________ 执行逮捕。

特此通知

年 月 日

（公章）

第四联执行机关执行后退回附卷

（四）应当逮捕犯罪嫌疑人意见书

×××人民检察院

应当逮捕犯罪嫌疑人意见书

检　　捕意〔　　〕　　号

×××（侦查机关名称）：

你×××（侦查机关简称和文号）号提请批准逮捕书移送的犯罪嫌疑人×××（姓名）涉嫌×××（案由）一案，本院经审查认为：

你×（侦查机关简称）提请批准逮捕书未列明的犯罪嫌疑人……（写明需要追捕的人的姓名，性别，出生年月日及年龄），有证据证明有下列犯罪事实：……（围绕犯罪构成及情节写明需要追捕的人实施的犯罪事实，之后写明上述事实的主要证据）。上列犯罪嫌疑人×××（姓名）的行为已触犯《中华人民共和国刑法》或全国人大常委会有关决定第×条的规定，可能判处徒刑以上刑罚，有逮捕必要。依照《中华人民共和国刑事诉讼法》第六十条第一款的规定，应立即依法逮捕。请你×（侦查机关简称）写出提请批准逮捕书，连同案卷材料、证据，一并移送本院审查批准逮捕。

年　月　日
（院印）

××××人民检察院

应当逮捕犯罪嫌疑人意见书

×检捕意〔××××〕×××号

××区公安局：

你局×公捕（××××）第××号提请批准逮捕书移送的犯罪嫌疑人郭×、李×盗窃一案，经本院审查认为：

你局提请批准逮捕书列明的同案人赵×（男，32岁×年×月×日生，系××区××镇××村农民，住该村），根据本案材料，有证据证明赵×有下列犯罪事实：19××年9月，赵×在本村村民马×家打麻将时，乘主人不注意之机，将主人放在鞋柜上的钥匙盗走。19××年12月，赵×因赌博欠人巨额钱财，便密谋用盗来的钥匙盗窃钱财还债。由于赵×与马×认识，赵×便与郭×、李×密议，由郭×、李×具体实施盗窃行为，然后三人平分盗取的财物。赵×将盗来的钥匙交给郭×、李×的同时，还将马×的家庭地址、一家活动的规律告诉了二犯罪嫌疑人。19××年12月25日，郭×、李×利用赵×提供的钥匙打开马×的家门，盗得现金、财物价值人民币3万余元。事后赵×分得人民币8000元。

上述犯罪事实，有郭×、李×的供述，有马×的证言在案为证。

本院认为，犯罪嫌疑人赵×的行为已触犯《中华人民共和国刑法》第二百六十四条之规定，涉嫌盗窃罪，可能判处徒刑以上刑罚，有逮捕必要。依照《中华人民共和国刑事诉讼法》第六十条第一款之规定，应即依法逮捕。请你局补查后，写出提请批准逮捕书，连同案卷材料、证据，一并移送本院审查批准。

××人民检察院

（院印）

××××年××月××日

（五）立案决定书

××××人民检察院

立案决定书

（存根）

检 立〔 〕 号

案由 ____________

犯罪嫌疑人基本情况（姓名、性别、年龄、工作单位、住址、身份证号码、是否人大代表、政协委员）

____

____

____

____

批准人 ________

承办人 ________

填发人 ________

填发时间 ________

第一联统一保存

检 立〔 〕号

××人民检察院

立案决定书

检 立〔 〕 号

根据《中华人民共和国刑事诉讼法》第 ________ 条的规定，本院决定对 ____________ ______________________________ 涉嫌 ________________ 一案立案侦查。

检察长（印）

年 月 日

（院印）

第二联附卷

（六）撤销案件决定书

人民检察院

撤销案件决定书

检　　撤〔　　〕　　号

犯罪嫌疑人×××（姓名）……（犯罪嫌疑人基本情况）

犯罪嫌疑人×××（姓名）涉嫌……（罪名）一案，系……（案件来源），本院于×年×月×日立案侦查……（采取强制措施情况）。

现查明：犯罪嫌疑人×××（姓名）……（简要叙述涉嫌犯罪的事实、损害后果及不作有罪认定的理由）。

……（撤案理由：依据刑事诉讼法第十五条的规定；没有犯罪事实的，或者依照刑法规定不负刑事责任和不是犯罪的；证据不足，不能证明犯罪事实系犯罪嫌疑人所为的等）。根据……（具体法律依据）不构成犯罪（或者为：不应当追究刑事责任）。现决定撤销此案。

检察长：

年　　月　　日

（院印）

北京市×区人民检察院

撤销案件决定书

×检反贪撤〔　　〕　　号

犯罪嫌疑人刘×，男，××××年6月13日出生，××市人，汉族，大学文化，原系××市×区文物局副局长，中共党员，住××市××区×街×号。

犯罪嫌疑人刘×涉嫌贪污一案，由××市×区文物局纪委举报至本院。本院于20××年8月4日立案侦查，于20××年8月5日将犯罪嫌疑人刑事拘留，同年8月15日取保候审。

现查明：20××年5月至10月，犯罪嫌疑人刘×利用担任文物局副局长的职务之便，使用伪造的发票先后在本单位报销个人支出3次，共计从单位虚报冒领人民币××××元据为己有。上述事实有证人证言、书证等证据材料在案为证，犯罪嫌疑人亦供认不讳。

本院认为：犯罪嫌疑人刘×利用职务上的便利，非法将公共财产据为己有，其行为属于贪污行为，但其贪污数额较小，根据《中华人民共和国刑法》第三百八十二条、第三百八十三条第一款第（四）项的规定，犯罪嫌疑人刘×的行为情节轻微，危害不大，不认为是犯罪。根据《中华人民共和国刑事诉讼法》第十五条第（一）项和第一百三十五条之规定，现决定撤销刘×涉嫌贪污一案。

检察长：张×
二〇〇×年×月×日
（院章）

注：1. 扣押在案的赃款××××元发还××市×区文物局。
2. 撤销对犯罪嫌疑人刘×采取的取保候审措施。
3. 建议××市文物局对刘×利用职务之便贪污公款的行为予以适当的党纪、政纪处分。

（七）起诉书

（1. 普通程序案件适用）

×××人民检察院

起　诉　书

检　　刑诉〔　　〕　　号

被告人……（写明姓名、性别、出生年月日、身份证号码、民族、文化程度、职业或者工作单位及职务、住址、曾受到行政处罚、刑事处罚的情况和因本案采取强制措施的情况等）

本案由×××（侦查机关）侦查终结，以被告人×××涉嫌×××罪，于×年×月×日向本院移送审查起诉。本院受理后，于×年×月×日已告知被告人有权委托辩护人，×年×月×日已告知被害人及其法定代理人（或者近亲属）、附带民事诉讼的当事人及其法定代理人有权委托诉讼代理人，依法讯问了被告人，听取了被害人的诉讼代理人×××和被告人的辩护人×××的意见，审查了全部案件材料……（写明退回补充侦查、延长审查起诉期限等情况）。

〔对于侦查机关移送审查起诉的需变更管辖权的案件，表述为“本案由×××（侦查机关）侦查终结，以被告人×××涉嫌××罪，于×年×月×日向×××人民检察院移送审查起诉。××人民检察院于×年×月×日转至本院审查起诉。本院受理中，于×年×月×日已告知被告人有权……”。

对于本院侦查终结并审查起诉的案件，表述为："被告人×××涉嫌×××罪一案，由本院侦查终结。本院×年×月×日已告知被告人有权……"

对于其他人民检察院侦查终结的需变更管辖权的案件，表述为："本案由×××人民检察院侦查终结，以被告人×××涉嫌×××罪，于×年×月×日向本院移送审查起诉。本院受理后，于×年×月×日已告知被告人有权……"]

经依法审查查明：……（写明经检察机关审查认定的犯罪事实包括犯罪时间、地点、经过、手段、目的、动机、危害后果等与定罪有关的事实要素。应当根据具体案件情况，围绕刑法规定的该罪构成要件叙写。）

（对于只有一个犯罪嫌疑人的案件，犯罪嫌疑人实施多次犯罪的犯罪事实应逐一列举；同时触犯数个罪名的犯罪嫌疑人的犯罪事实应该按照主次顺序分类列举。对于共同犯罪的案件，写明犯罪嫌疑人的共同犯罪事实及各自在共同犯罪中的地位和作用后，按照犯罪嫌疑人的主次顺序，分别叙明各个犯罪嫌疑人的单独犯罪事实。）

认定上述事实的证据如下：

……（针对上述犯罪事实，分别相关证据）

本院认为，……（概括论述被告人行为的性质、危害程度、情节轻重），其行为触犯了《中华人民共和国刑法》第×条（引用罪状、法定刑条款），犯罪事实清楚，证据确实充分，应当以×××罪追究其刑事责任。根据《中华人民共和国刑事诉讼法》第一百四十一条的规定，提起公诉，请依法判处。

此致

×××人民法院

检察员：

年　　月　　日

（院印）

附：

1. 被告人现在处所。具体包括在押被告人的羁押场所和监视居住、取保候审的处所。

2. 证据目录、证人名单和主要证据复印件，并注明数量。

3. 有关涉案款物情况。

4. 被害人（单位）附带民事诉讼的情况。

5. 其他需要附注的事项。

（2. 单位犯罪案件适用）

×××人民检察院

起 诉 书

检 刑诉〔 〕 号

被告单位……（写明单位名称、住所地、法定代表人姓名、职务等）

诉讼代表人……（写明性别、年龄、工作单位、职务）

被告人……（写明直接负责的主管人员、其他直接责任人员的姓名、性别、出生年月日、身份证号码、民族、文化程度、职业或者工作单位及职务、住址，曾受到行政处罚、刑事处罚的情况和因本案采取强制措施的情况等）

本案由×××（侦查机关）侦查终结，以被告单位×××涉嫌×××罪，被告人×××涉嫌×××罪，于×年×月×日向本院移送审查起诉。本院受理后，于×年×月×日已告知被告单位和被告人有权委托辩护人，×年×月×日已告知被害人及其法定代理人（或者近亲属、被害单位及其诉讼代表人）、附带民事诉讼的当事人及其法定代理人有权委托诉讼代理人，依法讯问了被告人，听取了被害人的诉讼代理人×××和被告单位的辩护人×××、被告人的辩护人×××的意见，审查了全部案件材料。……（写明退回补充侦查延长审查起诉期限等情况）

〔对于侦查机关移送审查起诉的需变更管辖权的案件，表述为："本案由×××（侦查机关）侦查终结，以被告单位×××涉嫌×××罪，被告人×××涉嫌×××罪，于×年×月×日向×××人民检察院移送审查起诉。×××人民检察院于×年×月×日转至本院移送审查起诉。本院受理后，于×年×月×日已告知被告人有权……"

对于本院侦查终结并审查起诉的案件，表述为："被告单位×××涉嫌×××罪，被告人×××涉嫌×××罪一案，由本院侦查终结。本院于×年×月×日已告知被告人有权……"

对于其他人民检察院侦查终结的需变更管辖权的案件，表述为："本案由×××人民检察院侦查终结，以被告单位×××涉嫌×××罪，被告人×××涉嫌×××罪，于×年×月×日向本院移送审查起诉。本院受理后，于×年×月×日已告知被告人有权……"〕

经依法审查查明：……（写明经检察机关审查认定的犯罪事实包括犯罪时间、地点、经过、手段、目的、动机、危害后果等与定罪有关的事实要素。应当根据具体案件情况，围绕刑法规定的该罪构成要件叙写。）

认定上述事实的证据如下：

……（针对上述犯罪事实，分列相关证据）

本院认为，……（分别概括论述被告单位、被告人行为的性质、危害程度、情节轻重），其行为触犯了《中华人民共和国刑法》第×条（引用罪状、法定刑条款），犯罪事实清楚，证据确实充分，应当以×××罪追究其刑事责任。根据《中华人民共和国刑事诉讼法》第一百四十一条的规定，提起公诉，请依法判处。

此致

×××人民法院

检察员：

年 月 日

（院印）

附：1. 被告人现在处所。具体包括在押被告人的羁押场所和监视居住、取保候审的处所。

2. 证据目录、证人名单和主要证据复印件，并注明数量。

3. 有关涉案款物情况。

4. 被害人（单位）附带民事诉讼的情况。

5. 其他需要附注的事项。

（3. 简易程序案件适用）

×××人民检察院

起 诉 书

检 刑诉〔 〕 号

被告人……（写明姓名、性别、出生年月日、身份证号码、民族、文化程度、职业或者工作单位及职务、住址、曾受到行政处罚、刑事处罚的情况和因本案采取强制措施的情况等）

本案由×××（侦查机关）侦查终结，以被告人×××涉嫌×××罪，于×年×月×日向本院移送审查起诉。本院受理后，于×年×月×日已告知被告人有权委托辩护人，×年×月×日已告知被害人及其法定代理人（或者近亲属）、附带民事诉讼的当事人及其法定代理人有权委托诉讼代理人，依法讯问了被告人，听取了被害人的诉讼代理人×××和被告人的辩护人×××的意见，审查了全部案件材料……（写明退回补充侦查、延长审查起诉期限等情况）。

〔对于侦查机关移送审查起诉的需变更管辖权的案件，表述为："本案由×××（侦查机关）侦查终结，以被告人×××涉嫌××罪，于×年×月×日向×××人民检察院移送审查起诉。×××人民检察院于×年×月×日转至本院审查起诉。本院受理中，于×年×月×日已告知被告人有权……"

对于本院侦查终结并审查起诉的案件，表述为："被告人×××涉嫌×××罪一案，由本院侦查终结。本院×年×月×日已告知被告人有权……”

对于其他人民检察院侦查终结的需变更管辖权的案件，表述为：“本案由×××人民检察院侦查终结，以被告人×××涉嫌×××罪，于×年×月×日向本院移送审查起诉。本院受理后，于×年×月×日已告知被告人有权……”〕

经依法审查查明：……（写明经检察机关审查认定的犯罪事实包括犯罪时间、地点、经过、手段、目的、动机、危害后果等与定罪有关的事实要素。应当根据具体案件情况，围绕刑法规定的该罪构成要件叙写。）

认定上述事实的证据如下：

……（针对上述犯罪事实，分列相关证据）

本院认为，……（概括论述被告人行为的性质、危害程度、情节轻重），其行为触犯了《中华人民共和国刑法》第×条（引用罪状、法定刑条款），犯罪事实清楚，证据确实充分，应当以×××罪追究其刑事责任。……（概括写明具体量刑情节），……依照刑法第×条，应当（或者可以）……根据《中华人民共和国刑事诉讼法》第一百四十一条的规定，提起公诉，请依法判处。

此致

×××人民法院

检察员：

年　　月　　日

（院印）

附：

1. 被告人现在处所。具体包括在押被告人的羁押场所和监视居住、取保候审的处所。

2. 证据目录、证人名单和主要证据复印件，并注明数量。

3. 有关涉案款物情况。

4. 被害人（单位）附带民事诉讼的情况。

5. 其他需要附注的事项。

（4. 附带民事诉讼案件适用）

×××人民检察院

刑事附带民事起诉书

检　　刑附民诉〔　　〕　　号

被告人……（写明姓名、性别、年龄、民族、职业、工作单位及职务、住址、是否刑事案件被告人等）

（对于被告单位，写明单位名称、住所地、是否刑事案件被告单位、法定代表人姓名、职务等）

被害单位……（写明单位名称、所有制性质、住所地、法定代表人姓名、职务等）

诉讼请求：

……（写明具体的诉讼请求）

事实证据和理由：

……（写明检察机关审查认定的导致国家、集体财产损失的犯罪事实及有关证据）

本院认为，……（概括叙述被告人应承担民事责任的理由），根据……（引用被告人应承担民事责任的法律条款）的规定，应当承担赔偿责任。因被告人×××的上述行为构成×××罪，依法应当追究刑事责任，本院已于×年×月×日以×××号起诉书向你院提起公诉。现根据《中华人民共和国刑事诉讼法》第七十七条第二款的规定，提起附带民事诉讼，请依法裁判。

此致

×××人民法院

检察员：

年　　月　　日

（院印）

附：

1. 刑事附带民事起诉书副本一式×份。
2. 主要证据复印件已移送。
3. 其他需附注的事项。

人民检察院

提起公诉案件证人名单

×检刑诉证〔××××〕×号

案　由＿＿＿＿＿＿＿＿

被告人＿＿＿＿＿＿＿＿

序号	证人姓名	性别	年龄	民族	通信地址或工作单位地址

（院印）

人民检察院

提起公诉案件证据目录

×检刑诉证〔××××〕×号

案　由________________

被告人________________

序号	种类	名称	数量	备注

（院印）

北京市×××区人民检察院

起　诉　书

×检刑诉〔2002〕×××号

被告人李××，男，1970年10月21日出生，身份证号码为×××××，汉族，大专文化，××省××市×××投资发展有限公司北京分公司职员，住本市××区酒仙桥××街坊××楼×门×号。1991年4月5日，因犯贪污罪被××市××区人民法院判处有期徒刑5年，1994年12月18日刑满释放。现因涉嫌犯票据诈骗罪，20××年4月21日被××市公安局××分局刑事拘留，同年5月25日经本院批准被××分局逮捕，现押于××分局看守所。

被害人××公司，住所为市××区××街××号，法定代表人李×。

被害人××科技发展公司，住所为××市××区××街××号，法定代表人马×。

被害人××商贸有限责任公司，住所为市××区××街××号，法定代表人李×。

被害人××经仪商贸有限公司，住所为××市××区××街××号，法定代表人王×。

本案由××市公安局××分局侦查终结，以被告人李××涉嫌票据诈骗罪，于200×年7月20日向本院移送审查起诉。本院受理后，于200×年7月21日已告知被告人有权委托辩护人，200×年7月22日已告知被害人有权委托诉讼代理人。本院依法讯问了被告人，审查了全部案卷材料。本院于200×年7月31日将此案退回补充侦查。现查明：

1997年11月，被告人李××在本市×××的站口购得“××××汽车装饰厂”的营业执照一份及印章三枚，并伪造了姓名为“郭广智”的身份证一份和人名章一枚。1997年11月13日，被告人李××在中国农业银行××市分行××支行沙河分理处（以下简称农行沙河分理处）开设了“××××汽车装饰厂”的账户，并购买现金支票一本、转账支票二本；1998年3月17日、1998年9月3日，被告人李××又先后在中国建设银行××市分行××支行（以下简称建行××支行）、中国农业银行××市分行××支行××分理处（以下简称农行××分理处）开设了“××××汽车装饰厂”的账户，并购买了支票，企图以此骗取财物。

上述事实，有被告人李××开立账户的手续、银行存款账等书证在案为证，被告人李××亦供认，事实清楚、证据充分。

1997年12月10日，被告人李××持“××××汽车装饰厂”的空白转账支票一张（农行××分理处、票号03581726、金额为6700元），到××××公司骗得松下828CN型传真机2台及墨盒。

1998年9月17日，被告人李××持“××××汽车装饰厂”的空白转账支票一张（建行××支行、票号03327224、金额为6650元），到××××科技发展公司骗得爱普生1520K型打印机1台。

1998年9月18日，被告人李××持“××××汽车装饰厂”的空白转账支票一张（建行××支行、票号03327224、金额为6650元），到××××商贸有限责任公司骗得爱普生152OK型打印机一台。

200×年4月17日，被告人李××持“××××汽车装饰厂”的空白转账支票一张（农行××分理处、票号03581732、金额为5600元），到××××商贸有限公司骗得松下868型传真机2台。

200×年4月17日，被告人李××持“××××汽车装饰厂”的空白转账支票一张（农行××分理处、票号03581726），到××××商贸有限公司欲以5800元的价格购买2台松下868型传真机时，被该公司的职员识破，将其扭送归案。

上述犯罪，有证人证言，转账支票、退票票证等书证在案为证，被告人李××亦供认。

本院认为：被告人李××以非法占有为目的，签发空头支票，骗取他人财物且数额巨大，其行为已触犯《中华人民共和国刑法》第一百九十四条第一款第（四）项之规定，犯罪事实清楚，证据确实、充分，应当以票据诈骗罪追究其刑事责任。被告人李××曾因犯贪污罪被判处有期徒刑5年，刑满释放后5年内又犯应判处有期徒刑以上刑罚之罪，系累犯，根据《中华人民共和国刑法》第六十五条之规定，应当从重处罚。依据《中华人民共和国刑事诉讼法》第一百四十一条之规定，本院提起公诉，请依法判处。

此致

××市××区人民法院

检察员：×××

××××年××月××日

（院印）

书记员：× ×

附：1. 证据目录一份；

2. 主要证据复印件一册。

北京市××区人民检察院

提起公诉案件证人名单

×检刑诉〔××××〕×××号

案　由：票据诈骗

被告人：李××

序号	证人姓名	性别	年龄	民族	通信地址或工作单位地址
1	×××	女	×	汉	×××××
2	×××	女	×	汉	×××××
3	×××	男	×	汉	×××××
4	×××	男	×	汉	×××××
5	×××	男	×	汉	×××××

（院印）

北京市××区人民检察院

提起公诉案件证据目录

京×检刑诉〔××××〕×××号

案　由：票据诈骗
被告人：李××

序号	种　类	名　称	数量	备　注
一	被告人供述与辩解	李××的供述与辩解	1份	证明其诈骗的故意、手段、经过、被抓获情况等
二	书　证	营业执照	1份	证明李××非法开立账户的情况
		存款证明材料	3份	
三	证人证言	吕××证言	1份	（院印）证明各被骗单位被李××使用空头支票诈骗的经过、被诈骗物品
		包××证言	1份	
		虞××证言	1份	
		宋×证言	1份	
		陈××证言	1份	
		王××证言	1份	
		曹××证言	1份	
		贾××证言	1份	
		张××证言	1份	
		张××证言	1份	

（院印）

（八）不起诉决定书

（1. 根据《刑事诉讼法》第 142 条第 1 款规定决定不起诉时适用）

×××人民检察院

不起诉决定书

检　　刑不诉〔　　〕号

被不起诉人……〔写明姓名、性别、出生年月日、身份证号码、民族、文化程度、职业或工作单位及职务（国家机关工作人员利用职权实施的犯罪，应当写明犯罪期间在何单位任何职）、住址（被不起诉人住址写居住地，如果户籍所在地与暂住地不一致的，应当写明户籍所在地和暂住地），是否受过刑事处罚，采取强制措施的种类、时间、决定机关等。〕

（如系被不起诉单位，则应写明名称、住所地等）

辩护人……（写姓名、单位）

本案由×××（侦查机关名称）侦查终结，以被不起诉人×××涉嫌×××罪，于×年×月×日移送本院审查起诉。

（如果是自侦案件，此处写“被不起诉人×××涉嫌×××一案，由本院侦查终结，于×年×月×日移送审查起诉或不起诉”。如果案件是其他人民检察院移送的，此处应当将指定管辖、移送单位以及移送时间等写清楚。）

（如果案件曾经退回补充侦查，应当写明退回补充侦查的日期、次数以及再次移送审查起诉的时间。）

经本院依法审查查明：

……

〔如果是根据刑事诉讼法第十五条第（一）项即侦查机关移送起诉认为行为构成犯罪，经检察机关审查后认定行为情节显著轻微、危害不大，不认为是犯罪而决定不起诉的，则不起诉决定书应当先概括叙述公安机关移送审查起诉意见书认定的犯罪事实（如果是检察机关的自侦案件，则不写这部分），然后叙写检察机关审查后认定的事实及相应的证据，重点反映显著轻微的情节和危害程度较小的结果。如果是行为已经构成犯罪，本应当追究刑事责任，但审查过程中有刑事诉讼法第十五条第（二）至（六）项法定不追究刑事责任的情形，因而决定不起诉的，应当重点叙明符合法定不追究刑事责任的事实和证据，充分反映出法律规定的内容。〕

本院认为，×××（被不起诉人的姓名）的上述行为，情节显著轻微、危害不大，不构成犯罪。依照《中华人民共和国刑事诉讼法》第十五条第（一）项和第一百四十二条第一款的规定，决定对×××（被不起诉人的姓名）不起诉。

（如果是根据刑事诉讼法第十五条第（二）至（六）项法定不追究刑事责任的情形而决定的不起诉，重点阐明不追究被不起诉人刑事责任的理由及法律依据，最后写决定不起诉的法律依据。）

被害人如果不服本决定，可以自收到本决定书后七日以内向×××人民检察院申诉，请求提起公诉；也可以不经申诉，直接向×××人民法院提起自诉。

×××人民检察院（院印）

年　　月　　日

（2. 根据《刑事诉讼法》第 142 条第 2 款规定决定不起诉时适用）

×××人民检察院

不起诉决定书

检　　刑不诉〔　　〕号

被不起诉人……〔写明姓名、性别、出生年月日、身份证号码、民族、文化程度、职业或工作单位及职务（国家机关工作人员利用职权实施的犯罪，应当写明犯罪期间在何单位任何职）、住址（被不起诉人住址写居住地，如果户籍所在地与暂住地不一致的，应当写明户籍所在地和暂住地），是否受过刑事处罚，采取强制措施的种类、时间、决定机关等。〕

（如系被不起诉单位，则应写明名称、住所地等）

辩护人……（写姓名、单位）

本案由×××（侦查机关名称）侦查终结，以被不起诉人×××涉嫌×××罪，于×年×月×日移送本院审查起诉。

（如果是自侦案件，此处写“被不起诉人×××涉嫌×××一案，由本院侦查终结，于×年×月×日移送审查起诉或不起诉”。如果案件是其他人民检察院移送的，此处应当将指定管辖、移送单位以及移送时间等写清楚。）

（如果案件曾经退回补充侦查，应当写明退回补充侦查的日期、次数以及再次移达审查起诉的时间。）

经本院依法审查查明：

……

（概括叙写案件事实，其重点内容是有关被不起诉人具有的法定情节及检察机关酌情作出不起诉决定的具体理由的事实。要将检察机关审查后认定的事实和证据写清楚，不必叙写侦查机关移送审查时认定的事实和证据。对于证据不足的事实，不能写入不起诉决定书中。在事实部分中表述犯罪情节时应当以犯罪构成要件为标准，还要将体现其情节轻微的事实及符合不起诉条件的特征叙述清楚。叙述事实之后，应当将证明“犯罪情节”的各项证据一一列举，以阐明犯罪情节如何轻微。）

本院认为，犯罪嫌疑人×××实施了《中华人民共和国刑法》第×条规定的行为，但犯罪情节轻微，具有×××情节（此处写明从轻、减轻或免除刑事处罚具体情节的表现），根据《中华人民共和国刑法》第×条的规定，不需要判处刑罚（或者免除刑罚）。依据《中华人民共和国刑事诉讼法》第一百四十二条第二款的规定，决定对×××（被不起诉人的姓名）不起诉。

被不起诉人如不服本决定，可以自收到本决定书后七日以内向×××人民检察院申诉。

被养人如不服本决定，可以自收到本决定书后七日以内向×××人民检察院申诉，请求提起公诉；也可以不经申诉，直接向×××人民法院提起自诉。

×××人民检察院（院印）

年　　月　　日

（3. 根据《刑事诉讼法》第140条第4款规定决定不起诉时适用）

×××人民检察院

不起诉决定书

检　　刑不诉〔　　〕号

被不起诉人……〔写明姓名、性别、出生年月日、身份证号码、民族、文化程度、职业或工作单位及职务（国家机关工作人员利用职权实施的犯罪，应当写明犯罪期间在何单位任何职）、住址（被不起诉人住址写居住地，如果户籍所在地与暂住地不一致的，应当写明户籍所在地和暂住地），是否受过刑事处罚，采取强制措施的种类、时间、决定机关等。〕

（如系被不起诉单位，则应写明名称、住所地等）

辩护人……（写姓名、单位）

本案由×××（侦查机关名称）侦查终结，以被不起诉人×××涉嫌×××罪，于×年×月×日移送本院审查起诉。

（如果是自侦案件，此处写“被不起诉人×××涉嫌×××一案，由本院侦查终结，于×年×月×日移送审查起诉或不起诉”。如果案件是其他人民检察院移送的，此处应当将指定管辖、移送单位以及移送时间等写清楚。)

(如果案件曾经退回补充侦查，应当写明退回补充侦查的日期、次数以及再次移送审查起诉的时间。)

×××（侦查机关名称）移送审查起诉认定……（概括叙述侦查机关认定的事实），经本院审查并退回补充侦查，本院仍然认为×××（侦查机关名称）认定的犯罪事实不清、证据不足（或本案证据不足），不符合起诉条件。依照《中华人民共和国刑事诉讼法》第一百四十条第四款的规定，决定对×××（被不起诉人的姓名）不起诉。

(如系检察机关直接受理案件，则写为：本案经本院侦查终结后，在审查起诉期间，经两次补充侦查，本院仍认为本案证据不足，不符合起诉条件。依照《中华人民共和国刑事诉讼法》第一百四十条第四款的规定，决定对×××不起诉。)

被害人如不服本决定，可以自收到本决定书后七日以内向×××人民检察院申诉，请求提起公诉；也可以不经申诉，直接向×××人民法院提起自诉。

×××人民检察院（院印）

年　　月　　日

××市××区人民检察院

不起诉决定书

×检刑不诉〔××××〕73号

被不起诉人李××，男，36岁，汉族，初中文化，××省××县人，系××市××工厂工人，住××市××××厂家属院×号楼×单元1层2号。20××年2月11日因盗窃被××市公安局××分局刑事拘留，同年2月26日经××市××区人民检察院批准逮捕。

被不起诉人李××盗窃一案，由××市公安局××分局侦查终结，移送本院审查起诉认定：

一、20××年5月的一天深夜，被不起诉人李××携带螺丝刀翻窗窜入本厂家属院×号楼×单元4层姜××家，盗窃现金4190元。

二、20××年8月29日晚，被不起诉人李××携带作案工具翻窗窜入本厂家属院吕××家，盗窃现金1982元。次日失主吕××察觉找其谈话，被不起诉人李××退回现金1500元。

三、20××年9月30日晚，被不起诉人李××携带作案工具翻窗窜入本厂×号家属楼杜××家，盗窃现金2900元；金项链1条，价值480元；珍珠项链1条，价值800元；仿珍珠项链1条，价值20元；活期存折1本。破案后追回3条项链及存折，已发还失主。

四、20××年2月8日晚，被不起诉人李××携带作案工具窜入本厂××车间，撬开 3 个工具柜，盗窃现金 1400 元；套铜板一套，价值 52 元；试电笔一把，价值 28 元。破案后，追回赃款赃物，发还失主。

上述犯罪事实，有报案材料、物证、书证、证人证言、现场勘查笔录等证据为证，被不起诉人亦供认。

本案在本院审查起诉期间，20××年 5 月 10 日，被不起诉人李××因急性肝病医治无效死亡（有××医院病历，死亡证明，法医检查结论）。

被不起诉人李××多次盗窃公私财物，数额巨大，其行为已触犯了《中华人民共和国刑法》第二百六十四条之规定，本应追究刑事责任。鉴于被不起诉人李××在审查起诉期间因病死亡，根据《中华人民共和国刑事诉讼法》第一百四十二条第一款之规定，本院决定对李××不起诉。

检察长×××
20××年六月十一日
（院印）

××市××区人民检察院

不起诉决定书

×检刑不诉〔××××〕×号

被不起诉人吴××，男，1972 年 5 月 7 日生，汉族，××省×县人，文化程度小学，原系××市××制品厂临时工，住××省×县×乡×村。1999 年 1 月 17 日被刑事拘留，同年 1 月 30 日被逮捕，现羁押于××市看守所。

被不起诉人吴××盗窃一案，由××市公安局××分局侦查终结，向本院移送起诉。经审查查明：

2000 年 1 月 15 日凌晨 2 时许，被不起诉人吴××伙同赖×华、黄×、李×福（另案处理）在其工作单位××市××制品厂冲压车间门口，从废品堆内将一块 120 公斤（价值人民币 1200 元）废铜模具板抬到黄×的宿舍内。后 4 人轮流用锯子把铜板锯成 4 块，用纸箱装好准备销赃。次日下午 14 时，赖×华用借来的摩托车将铜块运出厂时，被查获。

以上事实有物证、证人证言予以证实，被不起诉人亦供认，证据确实、充分，足以认定。

本院认为，被不起诉人吴××伙同他人进行盗窃，数额较大，其行为已触犯了《中华人民共和国刑法》第二百六十四条的规定。鉴于被不起诉人吴××犯罪情节轻微，案发后认罪态度较好，有悔罪表现，依据《中华人民共和国刑法》第三十七条的规定，不需要判处刑罚。根据《中华人民共和国刑事诉讼法》第一百四十二条第二款之规定，决定对吴××不起诉。

被不起诉人如不服本决定，可在收到本决定书后7日内向本院提出申诉。

被害人如不服本决定，可在收到本决定书后7日内向上一级人民检察院提出申诉，请求提起公诉；也可以不经申诉，直接向×××人民法院提起自诉。

检察长×××
20××年三月二十四日
（院印）

（九）公诉意见书

公诉意见书

被告人 ________________
案　由 ________________
起诉书号 ______________

审判长、审判员（人民陪审员）：

根据《中华人民共和国刑事诉讼法》第一百五十三条、一百六十条、第一百六十五条和一百六十九条之规定，我（们）受×××人民检察院指派，代表本院，以国家公诉人的身份出席法庭支持公诉，并依法对刑事诉讼实行法律监督。现对本案证据和案件情况发表如下公诉意见，请法庭注意。

（结合案情重点阐述以下问题）

一、根据法庭调查的情况，概述法庭质证的情况、各证据的证明作用，并运用各证据之间的逻辑关系证明被告人的犯罪事实清楚，证据确实、充分。

二、根据被告人的犯罪事实，论证应适用的法律规定并提出从重、从轻、减轻处罚等意见。

三、根据庭审情况，在揭露被告人犯罪行为的社会危害性的基础上，作必要的法制宣传和教育工作。

综上所述，起诉书认定本案被告人的犯罪事实清楚，证据确实、充分，依法应当认定被告人有罪，并应当（从轻、从重或减轻）处罚。

公诉人：
年　月　日　当庭发表

公诉意见书

被告人　张××　刘××
案　由　抢劫、盗窃
起诉书号××号

审判长、审判员：

依照《中华人民共和国刑事诉讼法》第一百五十三条之规定，我受检察长指派，以国家公诉人的身份出席法庭，对被告人张××抢劫、盗窃及刘××抢劫一案支持公诉，并依法履行法律监督职责。

通过法庭调查，依据《中华人民共和国刑事诉讼法》第一百五十四条、第一百五十五条、第一百五十六条、第一百五十七条、第一百六十条之规定，公诉人所出示的物证经过当庭辨认，宣读的被害人陈述经过当庭质证，充分的事实和有力的证据证实，本院起诉书所指控被告人张××、刘××的犯罪，事实清楚，证据确实、充分，且得到了被告人当庭供述的印证。现就被告人张××构成抢劫罪、盗窃罪，刘××构成抢劫罪的法律依据和所造成的社会危害，发表如下公诉意见：

一、被告人张××、刘××的行为构成抢劫罪，且系共同犯罪

根据我国《刑法》第二百六十三条的规定，以暴力、胁迫或者其他方法抢劫公私财物的，是抢劫罪。其本质特征，是以非法占有为目的，使用暴力、胁迫或其他方法，强行劫取公私财物，或者迫使被害人立即交出财物的行为。它不仅侵犯了公私财产所有权，同时也侵犯了被害人的人身权利。

首先，本案被告人张××、刘××抢劫犯罪的主观故意是明确的，非法占有目的也是确定的。

其一，抢劫行为完全是有预谋的。张××于 1999 年 3 月刑满释放后，即找到刘××，提出化装成警察搞钱。

其二，两被告人为实施犯罪做了精心准备。被告人找了八八式警服和用以伪装的对讲机，企图以警察执行公务的特殊身份，迫使他人交出财物，达到占有财物的目的，并将抢劫行为付诸实施，非法占有目的明确。1999 年 5 月 26 日晚 11 时 30 分许，两被告人穿戴警服，冒充公安人员在光线昏暗的岔路口佯装执行公务，将女青年任××拦截后，以检验证件为名要过任××背包，并以次日让任单位领导到×××公安分局取包为借口，企图占有包内财物。当任××识破两被告人的骗局，坚持要回自己背包时，张××便以暴力推倒被害人任××，二被告人夺路而逃，将任××的背包及包内财物共计价值人民币 4900 余元的手机、首饰、人民币等非法占有。

其三，被告人张××、刘××犯罪过程中使用暴力、胁迫手段的客观行为是清楚的。他们先用警察特殊身份，以执行公务名义，迫使被害人任××不敢违抗交出财物进行检查，而后又使用暴力推倒被害人任××，非法占有了任××财物。

综上所述，根据主客观相一致的原则，被告人张××、刘××抢劫犯罪主观故意明确、客观行为清楚，均已构成抢劫罪。

在此，公诉人需要强调的是，根据我国《刑法》第二百六十三条的规定，冒充军警人员抢劫的，属于抢劫犯罪的从重情节，应处十年以上有期徒刑、无期徒刑或死刑。请合议庭量刑时考虑。

二、被告人张××系累犯，且构成盗窃犯罪，应对其数罪并罚

张××1997年3月因盗窃犯罪被判有期徒刑2年，1999年3月刑满刚刚释放，即纠集同案犯刘××预谋并实施抢劫犯罪，依照我国《刑法》第六十五条之规定，已构成累犯，应从重处罚。

1999年4月，张××以秘密窃取的手段偷得××公司计算机设备共计价值人民币1万余元，其行为已触犯我国《刑法》第二百六十四条之规定，构成盗窃犯罪。根据《刑法》第六十九条的规定，对被告人张××应以抢劫罪、盗窃罪数罪并罚。

三、被告人刘××检举张××盗窃犯罪事实经过查证属实，应视为立功

依据《刑法》第六十八条之规定，可对被告人刘××从轻或减轻处罚。

综上所述，被告人张××、刘××的行为已构成抢劫罪；被告人刘××还构成盗窃罪，且系累犯，依法应当对其数罪并罚和从重处罚；被告人刘××有立功表现，依法可以从轻或减轻处罚。以上意见，请合议庭考虑并做出判决。

公诉人　×××

××××年××月××日　当庭发表

（十）刑事抗诉书

（1. 二审程序适用）

××××人民检察院

刑事抗诉书

检　刑抗〔　　〕号

×××人民法院以××号刑事判决书（裁定书）对被告人×××（姓名）×××（案由）一案判决（裁定）……（判决、裁定结果）。本院依法审查后认为（如果是被害人及其法定代理人不服地方各级人民法院第一审的判决而请求人民检察院提出抗诉的，应当写明这一程序，然后再写“本院依法审查后认为”），该判决（裁定）确有错误（包括认定事实有误、适用法律不当、审判程序严重违法），理由如下：

……（根据不同情况，理由从认定事实错误、适用法律不当和审判程序违法等几方面阐述）

综上所述……（概括上述理由），为维护司法公正，准确惩治犯罪，依照《中华人民共和国刑事诉讼法》第一百八十一条的规定，特提出抗诉，请依法判处。

此致

××××人民法院

××××人民检察院

年 月 日

（院印）

附：1. 被告人×××现羁押于×××（或者现住×××）。

2. 新的证人名单或者证据目录。

（2. 审判监督程序适用）

×××人民检察院

刑事抗诉书

检 刑抗〔 〕 号

原审被告人……（依次写明姓名、性别、出生年月日、民族、出生地、职业、单位及职务、住址、服刑情况。有数名被告人的，依犯罪事实情节由重至轻的顺序分别列出）

×××人民法院以×××号刑事判决书（裁定书）对被告人×××（姓名）×××（案由）一案判决（裁定）……（写明生效的一审判决、裁定或者一审及二审判决、裁定情况）。经依法审查（如果是被告人及其法定代理人不服地方各级人民法院的生效判决、裁定而请求人民检察院提出抗诉的，或者有关人民检察院提请抗诉的，应当写明这一程序，然后再写“经依法审查”），本案的事实如下：

……（概括叙述检察机关认定的事实、情节。应当根据具体案件事实、证据情况，围绕刑法规定该罪构成要件特别是争议问题，简明扼要地叙述案件事实、情节。一般应当具备时间、地点、动机、目的、关键行为情节、数额、危害结果、作案后表现等有关定罪量刑的事实、情节要素。一案有数罪、各罪有数次作案的，应当依由重至轻或者时间顺序叙述。）

本院认为，该判决（裁定）确有错误（包括认定事实有误、适用法律不当、审判程序严重违法），理由如下：

……（根据情况，理由可以从认定事实错误、适用法律不当和审判程序严重违法等几方面分别论述。）

综上所述……（概括上述理由），为维护司法公正，准确惩治犯罪，依照《中华人民共和国刑事诉讼法》第二百零五条第三款的规定，对×××法院×××号刑事判决（裁定）书，提出抗诉，请依法判处。

此致

×××人民法院

×××人民检察院（院印）

年　　月　　日

附：

1. 被告人×××现服刑于×××（或者现住×××）。

2. 新的证人名单或者证据目录。

×××人民检察院

刑事抗诉书

×检刑抗〔2001〕××号

原审被告人王×泊，男，1954年6月3日出生，汉族，××市人，初中文化程度，系××××大学培训中心7楼管理员，住本市××区×××路××号。因涉嫌贪污罪，经本院决定，于2001年××月××日被刑事拘留，同年××月××日被北京市公安局××分局逮捕，现押于北京市××看守所。

原审被告人王×利，女，1979年12月29日出生，汉族，××市××县人，初中文化程度，系××××大学培训中心7楼服务员，住××市××县××镇××村。因涉嫌职务侵占罪，经本院决定，于2001年××月××日被刑事拘留，同年××月××日被××市公安局××分局逮捕，现羁押于××市××看守所。

原审被告人王×泊贪污、王×利职务侵占一案，由本院侦查、审查终结，于2001年6月28日以被告人王×泊犯贪污罪、被告人王×利犯职务侵占罪提起公诉。××市××区人民法院以（2001）×刑初字第1640号刑事判决书于2001年××月××日做出判决：原审被告人王×泊犯挪用公款罪，判处有期徒刑4年；原审被告人王×利犯职务侵占罪，判处有期徒刑1年零6个月。本院于2001年××月××日收到此判决，经依法审查，本案的事实如下：

原审被告人王×泊于19××年4月至2000年5月，在任××××大学培训中心学7楼管理员，负责收取学员住宿费、培训费期间，又分别委托服务员王×利、董×、王××代为收取学员住宿费、培训费。服务员将收取的现金和开出的发票交出后，王×泊向服务员出具收款白条，然后将现金和发票交财务处报账。至2000年5月，经对开出的发票和收取的现金进行核对，共短款165760元，其中董×、王××代收的住宿费、培训费已与王×泊结清，票款相符。原审被告人王×利从其代收的培训费中侵吞21975元，大部分用于个人挥霍。原审被告人王×泊从收取的住宿费、培训费中侵吞143785元。

原审被告人上述犯罪事实清楚，证据确实、充分，足以认定。

本院认为原审被告人王×泊身为国有事业单位从事公务的人员，利用职务之便，贪污公款，其行为触犯了《中华人民共和国刑法》第三百八十二条、第三百八十三条第一款第（一）项之规定，构成贪污罪，被告人王×利利用代收学员培训费之机，采用收款不上交的手段，将公款据为已有，数额较大，其行为触犯了《中华人民共和国刑法》第二百七十一条之规定，构成职务侵占罪，应当依法判处刑罚，追究刑事责任。

原审被告人王×利对起诉书指控的内容无异议。原审被告人王×泊在庭审中承认短款的事实，但否认贪污或使用过公款，辩解短款的原因可能是保险柜被盗、未与服务员结清等原因。

原审判决与本院起诉书在认定原审被告人王×利构成职务侵占罪上没有差异，但对原审被告人王×泊所犯贪污罪的事实，原审判决认为：被告人王×泊在收取培训费、住宿费的过程中，并未采取涂改、隐匿、毁弃账目、单据或携款潜逃等方法，使公款脱离本单位的控制，而被其据为已有。对于未向单位如数上交公款的事实，被告人王×泊亦予以承认，只有拒绝说明公款的去向。因此，其行为侵犯的主要是公款的使用权，符合挪用公款罪的构成要件，应认定为挪用公款罪。据此做出一审判决。

本院认为：原审法院判决认定原审被告人王×泊犯挪用公款罪定性不准，适用法律不当，量刑畸轻。理由如下：

一、案件定性有误

首先，贪污罪和挪用公款罪都是职务犯罪，前者是以非法占有公共财物为目的，即为了将公共财物永久归为已有而占有公共财物；后者以取得公款的使用权为目的，暂时地占有公款，准备将来归还。这是区分二罪的关键所在。此外，在行为方式上，前者是永远地非法占有公共财物，因此行为人往往采用毁损凭证、掩盖真相等手段；后者从性质上说是暂时地非法使用公款，因此在财务账目上往往表现为没有平账。但这种区分不是绝对的，如果行为人主观上根本不想归还，在案发后实际也没有退还，则即使形式上具有挪用公款的特征，也应当以贪污罪定罪处罚。在本案中，虽然原审被告人王×泊承认开出的发票和收到的现金存在差额，但其辩解产生差额的原因是由于保险柜被盗、未与服务员结清及账目计算错误等原因，自始至终否认动用过公款，而且在案发后也没有任何归还的行为。由此可以认定，原审被告人具有非法占有公共财物的直接犯罪故意，属于侵吞公款143785元。

第二，原审被告人王×泊并非财务人员，根本无法做到平账，即使其毁弃、隐匿了发票，亦可凭借代为收款的服务员所留存的由其出具的收条等证据证实其收款的事实和数额。其否认动用公款且分文未归还的行为已充分说明其占有公款的主观故意，且已实际将公款据为已有，是否平账或毁弃、隐匿账目不影响对其行为性质的认定。

第三，挪用公款在客观方面具有三种表现形式：挪用公款数额较大，超过3个月未还；挪用公款归个人使用，进行非法活动；挪用公款数额较大，进行营利活动。但原审判决对原审被告人王×泊如何使用公款却语焉不详，只是笼统地表述为“私自截留公款143785元，归其个人使用，数额较大”。究竟原审被告人王×泊如何使用公款，原审判决并未确定。而对公款使用方式的不同直接影响着对行为人的定罪量刑。因为相关司法解释对三种使用公款的方式规定为犯罪的数额起点及认定为情节严重的数额起点是不相同的。认定挪用公款罪，应当确认行为人如何使用公款，否则将导致无法适用法律。在行为人根本不承认挪用公款，拒绝供认公款去向的情况下，如何能够认定其构成挪用公款罪呢？因此，原审法院在原审被告人王×泊否认挪用公款，拒绝说明公款去向的情况下认定原审被告人构成挪用公款罪是没有事实和法律依据的。

综上，原审法院判决认定被告人王×泊犯有挪用公款罪，定性不准，适用法律错误。

二、量刑明显畸轻

首先，根据《中华人民共和国刑法》第三百八十一条第一款第一项之规定，个人贪污10万元以上的，处10年以上有期徒刑或者无期徒刑。原审法院在定性不准的基础上，以挪用公款罪判处被告人王×伯有期徒刑4年，量刑畸轻。

其次，即使认定原审被告人王×泊犯有挪用公款罪，根据现有的事实和证据，可以认定王×泊系多次挪用公款。因为自1999年4月至2000年5月，原审被告人王×泊负责收取培训费和住宿费，不论是其本人亲自收费还是服务员收费后交到其处，数额一般并不巨大，侵吞公款达到143785元应当数次才能完成。此外，虽然王×泊拒绝说出公款去向，但根据证人周××等人的证言，王×泊的收入和日常支出不符，基本可以判定王×泊将公款用于个人日常使用。所以，应当认定王×泊在较长时间内多次挪用公款。根据最高人民法院《关于审理挪用公款案件具体应用法律若干问题的解释》第三条之规定，多次挪用公款系挪用公款情节严重的情形之一，而根据《刑法》第三百八十四条的规定，挪用公款情节严重的，处5年以上有期徒刑。原审法院判决没有认定原审被告人王×泊挪用公款情节严重，量刑畸轻。

综上所述，原审判决确有错误，为严肃国法，准确惩治犯罪，依据《中华人民共和国刑事诉讼法》第一百八十一条的规定，特提出抗诉。请依法改判。

此致

北京市第一中级人民法院

××××人民检察院（院印）

××××年××月××日

（十一）民事、行政抗诉书

×××人民检察院

民事抗诉书

××检　　民抗〔　　〕号

×××（申诉人）因与×××（对方当事人）×××（案由）纠纷一案，不服×××人民法院×××（生效判决、裁定文号）民事判决（或裁定），向我院提出申诉。（由下级人民检察院提请抗诉的案件写为：向×××人民检察院提出申诉，×××人民检察院提请我院抗诉。）[由检察机关自行发现的案件写为：我院对×××人民法院对×××（原审原告）与×××（原审被告）×××（案由）纠纷案的×××（生效判决、裁定文号）民事判决（或裁定）进行了审查。][由案外人申诉的案件写为：我院受理×××（申诉人）的申诉后，对×××人民法院对×××（原审原告）与×××（原审被告）×××（案由）纠纷案的×××（生效判决、裁定文号）民事判决（或裁定）进行了审查。] 我院对该案进行了审查……（简述审查过程，如审查了原审卷宗、进行了调查等），现已审查终结。

……（该部分写检察机关审查认定的事实，最后写明由谁提起诉讼）

……（该部分写诉讼过程，写明一审法院、二审法院判决、裁定的作出日期、文号、理由、主文及诉讼费负担，如果法院判决、裁定与检察机关认定事实有不同之处，要在该部分简要写明。）[如经过了再审，还要将再审情况写明。]

本院认为：……（结合案件具体情况，分析、论证生效判决、裁定存在的问题及错误）

综上所述，×××人民法院（作出生效判决、裁定的法院）对本案的判决（或裁定）……（指出生效判决、裁定存在哪几个方面的问题）。经本院第×届检察委员会第×次会议讨论决定（未经检察委员会讨论的，可不写），依照《中华人民共和国民事诉讼法》第一百八十五条第一款第×项的规定（如包括多项的，均列出），向你院提出抗诉，请依法再审。

此致

×××人民法院

年 月 日

（院印）

本件与原本核对无误

附：……（写明随案移送的卷宗及有关材料情况）

××市人民检察院

民事抗诉书

×检民抗〔××××〕××号

××公司不服××人民法院（××××）×民初字第××号民事判决，于××××年××月××日向××人民检察院提出申诉。××人民检察院提请我院抗诉。我院对该案进行了审查，查阅了原审卷宗和审查了有关证据材料，现已经审查终结。

××人民法院认定：200×年10月18日，××公司依照与××铁制品厂签订的购销合同，在将价值25万元的货物起运交货时，被××××原料加工厂强行扣留，并于次日以10万元的低价销售，其行为侵犯了原告的合法权益。判决××××原料加工厂赔偿××公司货款及损失共计人民币30万元，诉讼费由××××原料加工厂负担。

我院经审查查明：200×年元月，××公司欠××××原料加工厂货款19万元，××××原料加工厂多次催讨未果。200×年10月18日，××××原料加工厂得知××公司一批货物途经本地某港口外运，便组织本单位职工数十人在公路上将此笔货物拦截。经过清点，该笔货物计有钢筋3300公斤、青铜300公斤以及其他物品，共计价值人民币10万元。

本院认为：原审判决认定讼争货物系××公司依照购销合同销售给××铁制品厂的货物价值为25万元的证据不足，××人民法院对本案的判决认定事实错误：

一、被扣货物与购销合同不符。××公司与××铁制品厂签订的购销合同虽然规定合同金额为25万元，但其中规定的货物为钢筋，并不包括青铜及其他物品，因此，××人民法院依照购销合同确定被扣留货物的价值，证据不足。

二、出库单不能证明被扣货物即为出库货物。××公司向人民法院提交的出库单证明当日出库的货物价值人民币25万元，为××××原料加工厂的扣留的货物。但经审查，该单据与表明当时出库的还有铁坯等物，与××公司提供的被扣留物品明显矛盾。

三、××××原料加工厂提交的××公司外运证件等证明××公司外运的货物为钢筋2300公斤、青铜200公斤。××××原料加工厂向本院提交了当时扣留货物时从××公司押运员手中扣留的押运单和交货手续。经审查，该证据真实可信。

综上所述，××人民法院认定事实错误，应当依法纠正，根据《中华人民共和国民事诉讼法》第一百八十五条第一款第一项之规定，向你院提出抗诉，请依法再审。

此致

××人民法院

××人民检察院（院印）

二〇〇×年七月二日

附：卷宗一册。

××人民检察院

行政抗诉书

×检　　行抗〔　　　　〕　　号

×××申诉人因与×××（对方当事人）××××（案由）纠纷一案，不服×××

人民法院×××（生效判决、裁定文号）行政判决（或裁定），向我院提出申诉。（由下级人民检察院提请抗诉的案件写为：向×××人民检察院提出申诉，×××人民检察院提请我院抗诉。）［由检察机关自行发现的案件写为：我院对×××人民法院对×××（原审原告）与×××（原审被告）×××（案由）纠纷案的×××（生效判决、裁定文号）行政判决（或裁定）进行了审查。］［由案外人申诉的案件写为：我院受理×××（申诉人）的申诉后，对×××人民法院对×××（原审原告）与×××（原审被告）×××（案由）纠纷案的×××（生效判决、裁定文号）行政判决（或裁定）进行了审查。］我院对该案进行了审查……（简述审查过程，如查阅了原审卷宗、进行了调查等），现已审查终结。

……（该部分写检察机关审查认定的事实，最后写明由谁提起诉讼）

……（该部分写诉讼过程，写明一审法院、二审法院判决、裁定的作出日期、文号、理由、主文及诉讼费负担，如果法院判决、裁定与检察机关认定事实有不同之处，要在该部分简要写明。）［如经过了再审，还要将再审情况写明。］

本院认为：……（结合案件具体情况，分析、论证生效判决、裁定存在的问题及错误）

综上所述，×××人民法院（作出生效判决、裁定的法院）对本案的判决（或裁定）……（指出生效判决、裁定存在哪几个方面的问题）。经本院第×届检察委员会第×次会议讨论决定（未经检察委员会讨论的，可不写），依照《中华人民共和国民事诉讼法》第六十四条的规定，向你院提出抗诉，请依法再审。

此致

×××人民法院

年　　月　　日

（院印）

本件与原本核对无误

附：……（写明随案移送的卷宗及有关材料情况）

××省人民检察院

行政抗诉书

×检行抗〔××××〕1号

申诉人××市××县××村村民房×军、房×章，不服××市中级人民法院（2005）×行终字第81号行政判决，向我院申诉。我院现已审查终结，经依法审查查明：

2003年3月18日，××村公开竞标承包本村沙场。申诉人房×军、房×章中标，与村委会签订了承包沙场合同。合同规定：承包期为3年，自2003年3月18日至2006年3月18日止，承包费3万元，沙场长540米，宽160米（四至没有确切定位）。合同签订后，村委于2003年5月4日为其办理了××省《临时采矿许可证》，申诉人开始在承包的沙场采沙出售。由于沙场的四周没有确切的定位，夏季河水上涨时，申诉人采沙位置南移。在村民向××镇政府举报申诉人越界采沙后，镇司法所、土地管理所、××村委会派员进行实地查看和丈量，确定申诉人越界长25米，宽6米，深1.2米，采沙180立方米，损坏树木48棵（2001年种植的小杨树）。2004年8月6日，××县××河管理所××河管理段以"违反水法规定行政处罚决定通知书"对申诉人越界采沙行为做出罚款5000元处罚，对其损坏的48棵杨树，经××镇法庭调解，申诉人与××村委会达成赔偿损失800元的协议。以上处理各方无争议。

2004年7月，××县××河管理所××河管理段与××村委会对申诉人承包的沙场的权属问题发生争议。同年8月17日，经县人民法院调解，达成协议："××村地界内的××河沙塘由原告××河管理段收回；被告××村委会与第三人房×军、房×章签订的沙塘承包合同中止。"此后，申诉人即停止在该沙场采沙出售。申诉人终止承包合同后，该沙场因无人管理被乱采乱挖约半年时间。2005年2月，被申诉人××县土地矿产管理局又对申诉人房×军、房×章越界采沙立案调查，以求继续对截至2005年2月的采沙现场进行实地测量，并于2005年3月25日做出×土矿罚字（2005）第2号"关于对××沙场承包人房×军、房×章越界开采黄河矿的处罚决定"，认定：房×军、房×章越界开采黄沙34207立方米，同时毁坏花生地0.41公顷，沙疏林地2.55公顷，没收非法所得沙款122118.99元，罚款6105.95元，赔偿1372.5元，合计129597.44元。

申诉人不服××县土地矿产管理局的行政处罚决定，向××县法院提出行政诉讼。

2005年5月28日，××县人民法院做出（2005）×行初字第79号行政判决，认为二原告与××村委签订的沙场承包合同中未明确沙场四至；开始二原告在河道内采沙出售，至夏季雨水大，二原告在未办理变更采矿证范围情况下，擅自到河道外域疏林地采沙出售。2005年7月，因村民上访反映二原告越界采沙毁坏树木及花生，被××镇政府出面制止停工。被告认定事实清楚，证据充分，做出×土矿罚字（2005）第2号处罚决定，适用法律得当，程序合法，处罚正确。故判决：维持××县土地矿产管理局×土矿罚字（2005）第2号处罚决定。申诉人不服一审判决，上诉××市中级人民法院。2005年10月29日，××市中级人民法院做出（2005）×行终字第81号行政判决：驳回上诉，维持原判。

我院认为，判决维持2005年3月25日××县土地矿产管理局×土矿罚字（2005）第2号处罚决定认定事实的主要证据不足。

经查证实，2003年3月18日，申诉人与××村签订了沙场承包合同，并按规定于2003年5月4日领取了《临时采矿许可证》，开始采沙出售。因承包合同未明确沙场四至，颁发临时采矿许可证时也没提供沙场四至附图，申诉人在夏季河水上涨，沙场位置南移，越界采沙双方均有责任。事发后，××县××河管理所××河管理段于2004年8月6日对申诉人越界采沙180立方米已作了处罚，同时，××县××镇法庭对申诉人采沙损坏树木一案也已调解结案。同年 8 月 17 日，××县法院做出（2005）×民初字第 138 号民事调解书，载明：××村地界内的××河沙塘由原告××河管理段收回；被告××村委会与第三人房×军、房×章签订的沙塘承包合同中止。有证据证明申诉人履行了该调解协议，终止了沙场承包合同，未再在该沙场采过沙。沙场在无人承包管理情况下，被乱采乱挖达半年之久。2005 年 12 月，××县土地矿产管理局实地测量的越界采沙毁地毁林数量并非申诉人所为。同年 3 月 25 日，作出×土矿罚字（2005）第 2 号"关于对前庄镇房巡会村沙场承包人房×军、房×章越界开采黄沙的处罚决定"的认定事实错误；对申诉人没收非法所得沙款 122118.99 元，罚款 6105.95 元，赔偿 1372.5 元，合计 129597.44 元，证据不足。原审判决"维持××县土地矿产管理局，2005 年 3 月 25 日作出的×土矿罚字（2005）第 2 号处罚决定"，认定事实的主要证据不足，确有错误。

综上所述，本案判决认定事实的主要证据不足，确有错误。根据《中华人民共和国行政诉讼法》第六十四条之规定，特向你院提出抗诉，请依法再审纠正。

此致

××省高级人民法院

××省人民检察院

二〇〇×年四月二十八日

（院印）

附：检察卷宗一册。

（十二）民事行政检察提请抗诉报告书

×××人民检察院

民事行政检察提请抗诉报告书

检　　民行提抗〔　　〕　　号

×××（写明接受提请抗诉的人民检察院）：

×××（申诉人）因与×××（对方当事人）×××（案由）纠纷一案，不服×××人民法院×××（生效判决、裁定文号）判决（或裁定），向我院提出申诉。[由检察机关自行发现的案件写为：我院对×××人民法院对×××（原审原告）与×××（原审被告）×××（案由）纠纷案的×××（生效判决、裁定文号）判决（或裁定）进行了审查。][由案外人申诉的案件写为：我院受理×××（申诉人）的申诉后，对×××人民法院对×××（原审原告）与×××（原审被告）×××（案由）纠纷案的×××

(生效判决、裁定文号)判决(或裁定)进行了审查。] 我院对该案进行了审查……(简述审查过程,如审查了原审卷宗、进行了调查等),现已审查终结。

一、当事人基本情况

申诉人(一审________告、二审________人)×××。法定代表人×××。

对方当事人(一审________告、二审________人)×××。法定代表人×××。

(当事人为自然人时,要写明其姓名、性别及居住地等情况。其他案件当事人也要写明。检察机关自行发现的案件可以直接写明各方当事人在一、二审中的诉讼身份。

二、审查认定的案件事实

……(写明提请抗诉的检察院认定的案件事实)

三、诉讼过程

……(该部分中要写明一审、二审判决、裁定的理由及判决、裁定结果。如果法院判决、裁定认定的事实与检察机关认定的事实不一致的,应简要写明法院认定的事实。)

四、申诉主张及反驳意见

……(摘要写明申诉人的申诉理由,对方当事人如提出了反驳意见,亦要写明。检察机关自行发现的案件,取消本部分。)

五、提请抗诉的理由

本院经审查认为,×××人民法院(作出生效判决、裁定的法院)对本案的判决(或裁定)……(指出生效判决、裁定存在哪几个方面的问题)。

……(结合案件具体情况,分析、论证生效判决、裁定存在的问题及错误)

经本院第×届检察委员会第×次会议讨论决定(未经检察委员会讨论的,可不写),依照《中华人民共和国民事诉讼法》第一百八十五条第一款第×项的规定(写明判决、裁定存在的错误或问题符合民事诉讼法第一百八十五条第一款规定的何种抗诉条件)及该条第二款的规定(行政案件写为:依照《中华人民共和国行政诉讼法》第六十四条的规定),提请你院向×××人民法院(接受提请抗诉的人民检察院的同级人民法院)提出抗诉。

年 月 日

(院印)

附:……(写明随案移送的卷宗及有关材料情况)

××××人民检察院

民事案件提请抗诉报告书

×检民行提抗〔××××〕09号

××××人民检察院：

××公司与××××原料加工厂合同纠纷一案，不服×××人民法院（××××）×民初字第2号民事判决，向我院提出申诉。我院对该案进行了审查，查阅了原审卷宗，审查了××公司提交的申诉材料，调查了有关证人，现已审查终结。

一、当事人基本情况

申诉人：××公司（原审被告）

法定代表人：李××，公司经理

被申诉人：××××原料加工厂（原审原告）

法定代表人：王××，厂长

二、审查认定的案件事实

200×年元月，××公司欠××××原料加工厂货款19万元，××公司多次催讨未果。200×年10月18日，××××原料加工厂得知××公司一批货物途经本地某港口外运，便组织本单位职工数十人在公路上将此笔货物拦截。经过清点，该笔货物计有钢筋2300公斤、青铜200公斤以及其他物品，共计价值人民币10万元。

三、当事人讼争的要点

原审原告××公司于200×年10月29日，以侵权损害赔偿向××人民法院起诉，其主张为：其途经被告所在地外运的钢筋5000公斤、青铜300公斤以及其他物品，共计价值人民币25万元，被被告单位强行劫走，要求赔偿损失及利息30万元。

原审被告××××原料加工厂的答辩理由是：因为原告长期拖欠货款，其被迫实施扣留货物变卖的措施，但扣留的货物是钢筋2300公斤、青铜200公斤，价值是人民币10万元。

四、诉讼过程

200×年11月1日，××人民法院开庭审理此案，并于当日下达判决认定：200×年10月18日，××公司按照与××铁制品厂签订的购销合同，在将价值25万元的货物起运交货时，被××××原料加工厂强行扣留，并于次日以10万元的低价销售，其行为侵犯了原告的合法权益。判决××××原料加工厂赔偿××公司货款及损失共计人民币30万元。

五、申诉主张

申诉人××××原料加工厂申诉认为，当时本单位组织人员扣留的货物是钢筋2300公斤、青铜200公斤，价值10万元，抵偿××公司欠本单位的货款，并提供了检验物品清单、入库清单等证据。

六、提请抗诉的理由

本院经过审查认为，原审判决认定讼争货物系××公司依照购销合同销售给××铁制品厂价值为25万元货物的证据不足，××人民法院对本案的判决认定事实错误：

一、被扣货物与购销合同不符。××公司与××铁制品厂签订的购销合同虽然规定合同金额为25万元，但其中规定的货物为钢筋，并不包括青铜及其他物品，因此，××人民法院依照购销合同确定被扣留货物的价值，证据不足。

二、出库单不能证明被扣货物即为出库货物。××公司向人民法院提交的出库单证明当日出库的货物价值人民币25万元，为被××××原料加工厂扣留的货物。但经审查，该单据与表明当时出库的还有铁坯等物，与××公司提供的被扣留物品明显矛盾。

三、××××原料加工厂提交的××公司外运证件等证明，××公司外运的货物为钢筋2300公斤、青铜200公斤。××××原料加工厂向本院提交了当时扣留货物时从××公司押运员手中扣留的押运单和交货手续。经审查，该证据真实可信。

综上所述，××人民法院认定事实错误，应当依法纠正，根据《中华人民共和国民事诉讼法》第一百八十五条第一款第一项之规定，提请你院向××中级人民法院提出抗诉。

二〇××年七月二日

（院印）

三、审判机关法律文书格式、实例

（一）审判机关刑事裁判文书格式、实例

1. 第一审刑事判决书

（1）（一审公诉案件适用普通程序用）

×××人民法院

刑事判决书

（××××）×刑初字第××号

公诉机关×××人民检察院。

被告人……（写明姓名、性别、出生年月日、民族、出生地、文化程度、职业或者工作单位和职务、住址和因本案所受强制措施情况等，现羁押处所）。

辩护人……（写明姓名、工作单位和职务）。

×××人民检察院以×检×诉〔××××〕××号起诉书指控被告人×××犯××罪，于××××年××月××日向本院提起公诉。本院依法组成合议庭，公开（或者不公开）开庭审理了本案。×××人民检察院指派检察员×××出庭支持公诉，被害人×××及其法定代理人×××、诉讼代理人×××，被告人×××及其法定代理人×××、辩护人×××，证人×××，鉴定人×××，翻译人员×××等到庭参加诉讼。现已审理终结。

×××人民检察院指控……（概述人民检察院指控被告人犯罪的事实、证据和适用法律的意见）。

被告人×××辩称……（概述被告人对指控的犯罪事实予以供述、辩解、自行辩护的意见和有关证据）。辩护人×××提出的辩护意见是……（概述辩护人的辩护意见和有关证据）。

经审理查明，……（首先写明经庭审查明的事实；其次写明经举证、质证定案的证据及其来源；最后对控辩双方有异议的事实、证据进行分析、认证）。

本院认为，……（根据查证属实的事实、证据和有关法律规定，论证公诉机关指控的犯罪是否成立，被告人的行为是否构成犯罪，犯的什么罪，应否从轻、减轻、免除处

罚或者从重处罚。对于控辩双方关于适用法律方面的意见，应当有分析地表示是否予以采纳，并阐明理由）。依照……（写明判决的法律依据）的规定，判决如下：

……写明判决结果。分三种情况：

第一，定罪判刑的，表述为：

“一、被告人×××犯××罪，判处……（写明主刑、附加刑）。

（刑期从判决执行之日起计算。判决执行以前先行羁押的，羁押一日折抵刑期一日，即自××××年××月××日起至××××年××月××日止）

二、被告人×××……（写明决定追缴、退赔或者发还被害人、没收财物的名称、种类和数额）。”

第二，定罪免刑的，表述为：

“被告人×××犯××罪，免予刑事处罚（如有追缴、退赔或者没收财物的，续写第二项）。”

第三，宣告无罪的，无论是适用《中华人民共和国刑事诉讼法》第一百六十二条第（二）项还是第（三）项，均应表述为：

“被告人×××无罪。”

如不服本判决，可在接到判决书的第 2 日起 10 日内，通过本院或者直接向×××人民法院提出上诉。书面上诉的，应当提交上诉状正本一份，副本×份。

审　判　长　×××
审　判　员　×××
审　判　员　×××
××××年××月××日
（院印）

本件与原本核对无异

书　记　员　×××

（2）（一审单位犯罪案件用）

×××人民法院

刑事判决书

（××××）×刑初字第××号

公诉机关×××人民检察院。

被告单位……（写明单位名称、住所地）

诉讼代表人……（写明姓名、工作单位和职务）

辩护人……（写明姓名、工作单位和职务）

被告人……（写明直接负责的主管人员、其他直接责任人员的姓名、性别、出生年月日、民族、出生地、文化程度、职业或者工作单位和职务、住址以及因本案所受强制措施情况等，现羁押处所）

辩护人……（写明姓名、工作单位和职务）

×××人民检察院以×检×诉〔　　　〕××号起诉书指控被告单位×××犯××罪，被告人×××犯××罪，于××××年××月××日向本院提起公诉。本院依法组成合议庭，公开（或者不公开）开庭审理了本案。×××人民检察院指派检察员×××出庭支持公诉，被害人×××及其法定代理人×××、诉讼代理人×××，被告单位的诉讼代表人×××及其辩护人×××，证人×××，被告人×××及其辩护人×××，证人×××，鉴定人×××，翻译人员×××等到庭参加诉讼。现已审理终结。

×××人民检察院指控……（概述人民检察院指控被告单位和被告人犯罪的事实、证据和适用法律的意见）。

被告单位×××辩称……（概述被告单位对指控的犯罪事实予以供述、辩解、自行辩护的意见和有关证据）。辩护人×××提出的辩护意见是……（概述辩护人的辩护意见和有关证据）。

被告人×××辩称……（概述被告人对指控的犯罪事实予以供述、辩解、自行辩护的意见和有关证据）。辩护人×××提出的辩护意见是……（概述辩护人的辩护意见和主要证据）。

经审理查明，……（首先写明经法庭审理查明的有关被告单位犯罪的事实和被告人犯罪的事实；其次写明据以定案的证据及其来源；最后对控辩双方有异议的事实、证据进行分析、认证）

本院认为，……（根据查证属实的事实、证据和法律规定，论证公诉机关指控的单位犯罪是否成立，被告单位及其直接负责的主管人员、其他直接责任人员的行为是否构成犯罪，犯的什么罪，应否实行“双罚制”，应否从轻、减轻、免除处罚或者从重处罚。对于控辩双方关于适用法律方面的意见，应当有分析地表示是否予以采纳，并阐明理由）。依照……（写明判决的法律依据）的规定，判决如下：

……〔写明判决结果。分三种情况：

第一，定罪判刑的，表述为：

“一、被告单位×××犯××罪，判处罚金×××元，……（写明缴纳期限）；

二、被告人×××犯××罪，判处……（写明主刑、附加刑）。

（刑期从判决执行之日起计算。判决执行以前先行羁押的，羁押一日折抵刑期一日，即自××××年××月××日起至××××年××月××日止）。

三、（如有追缴、退赔或者发还被害人、没收财物的，应在以上各项之后续项写明）。”

第二，定罪免刑的，表述为：

“一、被告单位×××犯××罪，免予刑事处罚；

二、被告人×××犯××罪，免予刑事处罚。

三、（如有追缴、退赔或者发还被害人、没收财物的，应在以上各项之后续项写明）。”

第三，宣告无罪的，无论是适用《中华人民共和国刑事诉讼法》第一百六十二条第

（二）项还是第（三）项，均应表述为：

"一、被告单位×××无罪；

二、被告人×××无罪。"〕

如不服本判决，可在接到判决书的第二日起十日内，通过本院或者直接向×××人民法院提出上诉。书面上诉的，应当提交上诉状正本一份，副本×份。

审　判　长　×××
审　判　员　×××
审　判　员　×××
××××年××月××日
（院印）

本件与原本核对无异

书　记　员　×××

（3）（一审公诉案件适用普通程序用）

×××人民法院

刑事附带民事判决书

（××××）×刑初字第××号

公诉机关×××人民检察院。

附带民事诉讼原告人……（写明姓名、性别、出生年月日、民族、出生地、文化程度、职业或者工作单位和职务、住址等）

被告人……（写明姓名、性别、出生年月日、民族、出生地、文化程度、职业或者工作单位和职务、住址、因本案所受强制措施情况等，现羁押处所）

辩护人……（写明姓名、工作单位和职务）

×××人民检察院以×检×诉〔　　　　〕××号起诉书指控被告人×××犯××罪，于××××年××月××日向本院提起公诉。在诉讼过程中，附带民事诉讼原告人向本院提起附带民事诉讼。本院依法组成合议庭，公开（或者不公开）开庭进行了合并审理。×××人民检察院指派检察员×××出庭支持公诉，附带民事诉讼原告人×××及其法定（诉讼）代理人×××，被告人×××及其法定代理人×××、辩护人×××，证人×××，鉴定人×××，翻译人员×××等到庭参加诉讼。现已审理终结。

×××人民检察院指控……（概述人民检察院指控被告人犯罪的事实、证据和适用法律的意见）。附带民事诉讼原告人诉称……（概述附带民事诉讼原告人的诉讼请求和有关证据）。

被告人×××辩称……（概述被告人对人民检察院指控的犯罪事实和附带民事诉讼

原告人的诉讼请求予以供述、辩解、自行辩护的意见和有关证据)。辩护人×××提出的辩护意见是……(概述辩护人的辩护意见和有关证据)。

经审理查明，……(首先写明经法庭审理查明的事实，既要写明经法庭查明的全部犯罪事实，又要写明由于被告人的犯罪行为使被害人遭受经济损失的事实；其次写明据以定案的证据及其来源；最后对控辩双方有异议的事实、证据进行分析、认证)。

本院认为，……(根据查证属实的事实、证据和法律规定，论证公诉机关指控的犯罪是否成立，被告人的行为是否构成犯罪，犯的什么罪，应否追究刑事责任；论证被害人是否由于被告人的犯罪行为而遭受经济损失，被告人对被害人的经济损失应否负民事赔偿责任；应否从轻、减轻、免除处罚或者从重处罚。对于控辩双方关于适用法律方面的意见，应当有分析地表示是否予以采纳，并阐明理由。)依照……(写明判决的法律依据)的规定，判决如下：

……〔写明判决结果。分四种情况：

第一，定罪判刑并应当赔偿经济损失的，表述为：

"一、被告人××××犯××罪，……(写明主刑、附加刑)

(刑期从判决执行之日起计算。判决执行以前先行羁押的，羁押一日折抵刑期一日，即自××××年××月××日起至××××年××月××日止)

二、被告人×××赔偿附带民事诉讼原告人×××……(写明受偿人的姓名、赔偿的金额和支付的日期)。"

第二，定罪免刑并应当赔偿经济损失的，表述为：

"一、被告人×××犯××罪，免予刑事处罚；

二、被告人×××赔偿附带民事诉讼原告人×××……(写明受偿人的姓名、赔偿的金额和支付的日期)。"

第三，宣告无罪但应当赔偿经济损失的，表述为：

"一、被告人×××无罪；

二、被告人×××赔偿附带民事诉讼原告人×××……(写明受偿人的姓名、赔偿的金额和支付的日期)。"

第四，宣告无罪且不赔偿经济损失的，表述为：

"一、被告人×××无罪；

二、被告人×××不承担民事赔偿责任。"〕

如不服本判决，可在接到判决书的第二日起十日内，通过本院或者直接向×××人民法院提出上诉。书面上诉的，应当提交上诉状正本一份，副本×份。

审 判 长 ×××
审 判 员 ×××
审 判 员 ×××
××××年××月××日
(院印)

本件与原本核对无异

书 记 员 ×××

(4)(一审公诉案件适用简易程序用)

×××人民法院

刑事判决书

(××××)×刑初字第××号

公诉机关×××人民检察院。

被告人……(写明姓名、性别、出生年月日、民族、出生地、文化程度、职业或者工作单位和职务、住址、因本案所受强制措施情况等,现羁押处所)

辩护人……(写明姓名、工作单位和职务)

×××人民检察院以×检×诉〔 〕××号起诉书指控被告人×××犯××罪,于××××年××月××日向本院提起公诉。本院依法适用简易程序,实行独任审判,公开(或者不公开)开庭审理了本案。×××人民检察院检察员×××、被告人×××、辩护人×××等到庭参加诉讼。现已审理终结。

×××人民检察院指控……(概述人民检察院指控被告人犯罪的事实、证据和适用法律的意见)

被告人×××的供述、辩解和辩护人×××的辩护意见……(予以概述)。

经审理查明,……(写明经法院审理查明的被告人的犯罪事实和据以定案的证据)。

本院认为,……(写明判决的理由)。依照……(写明判决的法律依据)的规定,判决如下:

被告人×××犯××罪,判处……(写明判处的具体内容)。

(刑期从判决执行之日起计算。判决执行以前先行羁押的,羁押一日折抵刑期一日,即自××××年××月××日起至××××年××月××日止)。

如不服本判决,可在接到判决书的第二日起十日内,通过本院或者直接向×××人民法院提出上诉。书面上诉的,应当提交上诉状正本一份,副本×份。

审 判 员 ×××

××××年××月××日

(院印)

本件与原本核对无异

书 记 员 ×××

（5）（一审自诉案件用）

×××人民法院

刑事判决书

（××××）×刑初字第××号

自诉人……（写明姓名、性别、出生年月日、民族、出生地、文化程度、职业或者工作单位和职务、住址等）

诉讼代理人……（写明姓名、工作单位和职务）

被告人……（写明姓名、性别、出生年月日、民族、出生地、文化程度、职业或者工作单位和职务、住址等）

辩护人……（写明姓名、工作单位和职务）

自诉人×××以被告人×××犯××罪，于××××年××月××日向本院提起控诉。本院受理后，依法实行独任审判（或者组成合议庭），公开（或者不公开）开庭审查了本案。自诉人×××及其诉讼代理人×××、被告人×××及其辩护人×××等到庭参加诉讼。现已审理终结。

自诉人×××诉称……（概述自诉人指控被告人犯罪的事实、证据和诉讼请求）。

被告人×××辩称……（概述被告人对自诉人的指控予以供述、辩解、自行辩护的意见和有关证据）。辩护人×××提出的辩护意见是……（概述辩护人的辩护意见和有关证据）。

经审理查明，……（首先写明经法庭审理查明的事实；其次写明据以定案的证据及其来源；最后对控辩双方有异议的事实、证据进行分析、认证）。

本院认为……（写明根据查证属实的事实、证据和法律规定，论证自诉人的指控是否成立，被告人的行为是否构成犯罪，犯的什么罪，是否从轻、减轻、免除处罚或者从重处罚。对于控辩双方有关适用法律方面的意见，应当有分析地表示是否予以采纳，并阐明理由）。依照……（写明判决的法律依据）的规定，判决如下：

……〔写明判决结果。分三种情况：

第一，定罪判刑的，表述为：

“被告人×××犯××罪，判处……（写明判处的刑罚）。

（刑期从判决执行之日起计算。判决执行以前先行羁押的，羁押一日折抵刑期一日，即自××××年××月××日起至××××年××月××日止）。

第二，定罪免刑的，表述为：

“被告人×××犯××罪，免予刑事处罚。”

第三，宣告无罪的，表述为：“被告人×××无罪。”〕

如不服本判决，可在接到判决书的第二日起十日内，通过本院或者直接向×××人民法院提出上诉。书面上诉的，应当提交上诉状正本一份，副本×份。

审　判　员　×××
××××年××月××日
（院印）

本件与原本核对无异

书　记　员　×××

（6）（一审自诉案件用）

×××人民法院

刑事附带民事判决书

（××××）×刑初字第××号

自诉人暨附带民事诉讼原告人……（写明姓名、性别、出生年月日、民族、出生地、文化程度、职业或者工作单位和职务、住址等）

诉讼代理人……（写明姓名、工作单位和职务）

被告人……（写明姓名、性别、出生年月日、民族、出生地、文化程度、职业或者工作单位和职务、住址等）

辩护人……（写明姓名、工作单位和职务）

自诉人×××以被告人×××犯××罪，并由此造成经济损失为由，于××××年××月××日向本院提起控诉。本院受理后，依法实行独任审判（或者组成合议庭），公开（或者不公开）开庭审理了本案。自诉人×××及其诉讼代理人×××、被告人×××及其辩护人×××等到庭参加诉讼。现已审理终结。

自诉人×××诉称……（概述自诉人指控被告人犯罪和由此造成经济损失的事实、证据和诉讼请求）

被告人×××辩称……（概述被告人对自诉人的指控予以供述、辩解、自行辩护的意见和有关证据）辩护人×××提出的辩护意见是……（概述辩护人的辩护意见和有关证据）

经审理查明，……（首先写明经法庭审理查明的被告人的犯罪事实包括由此造成被害人经济损失的事实；其次写明据以定案的证据及其来源；最后对控辩双方有异议的事实、证据进行分析、认证。）

本院认为……（写明根据查证属实的事实、证据和法律规定，论证自诉人暨附带民事诉讼原告人的指控是否成立，被告人的行为是否构成犯罪，应如何处罚，被告人的行为是否给被害人造成经济损失和应否承担民事赔偿责任。对于控辩双方有关适用法律方面的意见，应当有分析地表示是否予以采纳，并阐明理由。）依照……（写明判决的法律依据）的规定，判决如下：

……〔写明判决结果。分四种情况：

第一，定罪判刑并应当赔偿经济损失的，表述为：

“一、被告人×××犯××罪，……（写明判处的刑罚）；

（刑期从判决执行之日起计算。判决执行以前先行羁押的，羁押一日折抵刑期一日，即自××××年××月××日起至××××年××月××日止）。

二、被告人×××赔偿自诉人×××……（写明赔偿的金额和支付的日期）。”

第二，定罪免刑并应当赔偿经济损失的，表述为：

“一、被告人×××犯××罪，免予刑事处罚；

二、被告人×××赔偿自诉人×××……（写明赔偿的金额和支付的日期）。”

第三，宣告无罪但应当赔偿经济损失的，表述为：

“一、被告人×××无罪；

二、被告人×××赔偿自诉人×××……（写明赔偿的金额和支付的日期）。”

第四，宣告无罪且不赔偿经济损失的，表述为：

“一、被告人×××无罪；

二、被告人×××不承担民事赔偿责任。”〕

如不服本判决，可在接到判决书的第二日起十日内，通过本院或者直接向×××人民法院提出上诉。书面上诉的，应当提交上诉状正本一份，副本×份。

审 判 员 ×××

××××年××月××日

（院印）

本件与原本核对无异

书 记 员 ×××

（7）（一审自诉、反诉并案审理用）

×××人民法院

刑事附带民事判决书

（××××）×刑初字第××号

自诉人（反诉被告人）……（写明姓名、性别、出生年月日、民族、出生地、文化程度、职业或者工作单位和职务、住址等）

诉讼代理人（辩护人）……（写明姓名、工作单位和职务）

被告人（反诉自诉人）……（写明姓名、性别、出生年月日、民族、出生地、文化程度、职业或者工作单位和职务、住址等）

辩护人（诉讼代理人）……（写明姓名、工作单位和职务）

自诉人×××以被告人×××犯××罪，于××××年××月××日向本院提起控诉。被告人×××于××××年××月××日以自诉人×××犯××罪提起反诉。本院受理后，依法组成合议庭（或者实行独任审判），公开（或者不公开）开庭进行了合并审理。自诉人（反诉被告人）×××及其诉讼代理人（辩护人）×××、被告人（反诉自诉人）×××及其辩护人（诉讼代理人）×××等到庭参加诉讼。现已审理终结。

自诉人×××诉称……（概述自诉人指控被告人犯罪的事实、证据和诉讼请求）

被告人×××辩称……（概述被告人对自诉人的指控予以供述、辩解、自行辩护的意见和有关证据）辩护人×××提出的辩护意见是……（概述辩护人的辩护意见和有关证据）

反诉自诉人×××诉称……（概述反诉自诉人指控反诉被告人犯罪的事实、证据和诉讼请求）

反诉被告人×××辩称……（概述反诉被告人对反诉自诉人的指控予以供述、辩解、自行辩护的意见和有关证据）辩护人×××提出的辩护意见是……（概述辩护人的辩护意见和有关证据）

经审理查明，……（首先写明经法庭审理查明的事实；其次写明据以定案的证据及其来源；最后对自诉、反诉各方有异议的事实、证据进行分析、认证。）

本院认为，……（写明根据查证属实的事实、证据和有关法律规定，论证自诉人、反诉自诉人的指控是否成立，被告人或者反诉被告人或者双方的行为是否构成犯罪，犯的什么罪，应当如何处罚。对于控辩双方有关适用法律方面的意见，应当有分析地表示是否予以采纳，并阐明理由。）依照……（写明判决的法律依据）的规定，判决如下：

……〔写明判决结果。分四种情况：

第一，被告人构成犯罪，反诉被告人无罪的，表述为：

“一、被告人×××犯××罪，……（写明判决结果）；

（刑期从……）

二、反诉被告人×××无罪。”

第二，被告人无罪，反诉被告人构成犯罪的，表述为：

“一、被告人×××无罪；

二、反诉被告人×××犯××罪，……（写明判决结果）。”

（刑期从……）

第三，双方都构成犯罪的，表述为：

“一、被告人×××犯××罪，……（写明判决结果）；

（刑期从……）

二、反诉被告人×××犯××罪，……（写明判决结果）。

（刑期从……）”

第四，双方都不构成犯罪的，表述为：

“一、被告人×××无罪；

二、反诉被告人×××无罪。”〕

如不服本判决，可在接到判决书的第二日起十日内，通过本院或者直接向×××人民法院提出上诉。书面上诉的，应当提交上诉状正本一份，副本×份。

审　判　长　×××
审　判　员　×××
审　判　员　×××
××××年××月××日
（院印）

本件与原本核对无异

书　记　员　×××

（8）（一审自诉案件用）

×××人民法院

刑事附带民事调解书

（××××）×刑初字第××号

自诉人暨附带民事诉讼原告人……（写明姓名、性别、出生年月日、民族、出生地、文化程度、职业或者工作单位和职务、住址等）

诉讼代理人……（写明姓名、工作单位和职务）

被告人……（写明姓名、性别、出生年月日、民族、出生地、文化程度、职业或者工作单位和职务、住址等）

自诉人×××以被告人×××犯××罪，并造成经济损失为由，于××××年××月××日向本院提起控诉。本院受理后，依法实行独任审判（或者组成合议庭），公开（或者不公开）开庭进行了审理。

经审理查明，……（概述经法庭审理查明的事实），双方当事人……（写明对认定的事实没有异议或者基本上没有意见的情况）

在本院主持调解下，……（概述被告人认错，愿意承担民事赔偿责任和双方互相谅解的情况）双方当事人自愿达成如下协议：

一、被告人×××向自诉人×××赔礼道歉；

二、自诉人×××自愿放弃对被告人×××的指控；

三、被告人×××赔偿自诉人×××……（写明赔偿数额、支付方法和给付期限）。

上述协议不违反有关法律规定，本院予以确认。

本调解书经双方当事人签收后即具有法律效力。

审　判　员　×××
××××年××月××日

（院印）

本件与原本核对无异

书 记 员 ×××

××省高级人民法院刑事判决书

（19××）×高刑初字第×号

公诉机关：××省人民检察院。

被告人褚××，男，1928年2月1日生，汉族，高中文化，××省××县人，原系××烟草（集团）有限责任公司董事长、总裁，住××卷烟厂职工宿舍。1997年2月8日因本案被监视居住，同年7月10日被逮捕。现羁押于××省公安厅看守所。

辩护人马×、罗×，××律师事务所律师。

被告人罗××，男，1953年6月13日生，汉族，大专文化，××省××县人，原系××烟草（集团）有限责任公司总会计师，住××卷烟厂职工宿舍。1997年8月8日因本案被刑事拘留，同年8月22日被逮捕。现羁押于××省公安厅看守所。

辩护人王××、何×，××律师事务所律师。

被告人乔××，男，1938年9月5日生，汉族，硕士研究生，××省××县人，原系××烟草（集团）有限责任公司副董事长、副总裁，住××卷烟厂职工宿舍。1997年8月8日因本案被刑事拘留，同年8月22日被逮捕。现羁押于××省公安厅看守所。

辩护人宦×，××律师事务所律师。

××省人民检察院于1998年8月6日以被告人褚××犯贪污罪、巨额财产来源不明罪，被告人罗××、乔××犯贪污罪向本院提起公诉。本院受理后，依法组成合议庭，公开开庭审理了本案。××省人民检察院检察员朱××、毛××、郑×出庭支持公诉，被告人褚××及其辩护人马×、罗×，被告人罗××及其辩护人王××、何×，被告人乔××及其辩护人宦×，证人刘××等到庭参加诉讼。本案经合议庭评议并报本院审判委员会讨论决定，现已审理终结。

起诉书对被告人褚××、罗××、乔××分别提出三项指控，法庭审理中，控、辩双方针对指控的事实、罪名及相关情节，当庭举证、质证和辩论，三被告人作了最后陈述。综合双方争议及各自理由，本院评判如下：

一、起诉书指控：1993年至1994年，××卷烟厂在下属的××华玉贸易发展有限公司（简称××公司）存放销售卷烟收入款（也称浮价款）和新加坡卷烟加工利润留成收入款共计28570748.5美元。褚××指使罗××将该款截留到××卷烟厂和××公司的账外存放，并规定由其签字授权后才能动用。1995年6月，褚××与罗××、乔××先后两次策划将这笔款先拿出300万美元进行私分。褚决定自己要100多万美元，给罗××、乔××每人60万至70万美元，××公司总经理盛××（在逃）、××公司副总经理刘××（另案处理）也分一点，并把钱存放在新加坡商人钟××的账户上。1995年7月15日，罗××身带褚××签字的四份授权委托书到达深圳，向盛××、刘××

转达了褚的旨意，盛、刘亦同意。罗××在授权委托书上填上转款数额，褚××为174万美元，罗××为681061美元，乔××为68万美元，盛××和刘××为45万美元。罗将填好转款数额的授权委托书和向钟××索取的收款银行账号交给盛××，并叫盛立即办理。7月19日，盛××将3551061美元转到钟××的账号上。罗××返回××卷烟厂后，将办理情况报告了褚××、乔××。上述款项案发后已追回。

对指控的这一事实，公诉机关当庭宣读和出示了下列证据：

1. ××公司的账页，以证明××卷烟厂在××公司存放销售卷烟收入款（浮价款）和卷烟加工利润留成款共计28570748.5美元。褚××等人汇出的3551061美元属上述款项中的一部分。

2. 被告人褚××、罗××、乔××在侦查期间的陈述，以证明三被告人预谋私分美元的经过。

3. ××公司的调账凭证，××公司副总经理刘××记录的调账备注和刘××的证言，以证明被告人罗××持被告人褚××签字的授权委托书到××公司调账的经过。

4. 银行转款凭证和银行收款凭证，以证明从××公司汇出款项的时间、金额及收款银行和账号。

5. 新加坡商人钟××证言，以证明被告人褚××等人将款汇到他在香港汇丰银行账户存放的经过。

6. 扣押款项凭证，以证明案发后款项已全部退回。

公诉机关认为，被告人褚××、罗××、乔××利用职务之便，共同私分公款，数额特别巨大，均已构成贪污罪。在共同犯罪中，被告人褚××提出犯意，起指挥作用，系主犯；被告人罗××实施转款行为，被告人乔××参与私分，均系从犯。

被告人褚××、罗××、乔××当庭陈述的事实与指控事实基本一致。被告人褚××提出，预谋私分美元的数额与指控贪污的数额有出入。

被告人褚××的辩护人对指控提出三点异议：第一，各证据间反映出的数额与起诉书认定的数额存在矛盾；起诉书认定三被告人各自贪污的美元数额，只有罗××的供述，没有其他证据证实。第二，三被告人私分的是销售卷烟浮价款，属账外资金，私分的决定是集体作出的，故应定集体私分国有资产罪，指控贪污的罪名不能成立。第三，款项转到新加坡商人钟××账户，被告人并未实际占有，属犯罪未遂。

被告人罗××的辩护人提出，被告人褚××指使被告人罗××将3551061美元从××公司账上转到新加坡商人钟××在香港的银行账户存放，这一行为只是为三被告人私分创造了条件，款项并未按预谋的份额为各人控制，公款的性质没有改变，事后也以××卷烟厂的名义将款全部转回，故三被告人的行为属犯罪预备。

被告人乔××的辩护人提出，被告人乔××仅有犯意表示，没有实施犯罪行为，也没有实际占有私分的美元，指控其贪污不能成立。

本院认为，指控被告人褚××、罗××、乔××共同私分公款3551061美元的基本事实清楚，基本证据充分，三被告人亦予供认。对争议的数额，本院确认三被告人在预谋私分美元时，商定褚××为100多万，罗××、乔××各为60万到70万，最后实际转款3551061美元的事实。

关于被告人褚××的辩护人提出应当定集体私分国有资产罪的观点，本院认为，集体私分国有资产罪属单位犯罪，犯罪的主体是单位，犯罪的客观方面表现为单位决定，集体私分。被告人褚××、罗××、乔××以个人非法占有为目的，利用职务上的便利，采用秘密的方式私分公款，既不属单位行为，也不是集体私分，不符合集体私分国有资产罪的基本特征。因此，辩护人的这一意见不予采纳。

关于被告人褚××的辩护人提出属犯罪未遂的观点，被告人罗××的辩护人提出属犯罪预备的观点，被告人乔××的辩护人提出乔××属犯意表示的观点，本院认为，三被告人主观上有共同私分公款的故意，客观上已将公款从××公司的银行账户转到钟××的账户，这一过程完成后，××卷烟厂和××公司都对该款失去了占有和控制，实际支配权在被告人，款项的所有权已被非法侵犯，三被告人的行为符合贪污罪的全部构成要件，属犯罪既遂，故三辩护人的意见均不予采纳。

综上所述，被告人褚××、罗××、乔××利用职务之便，共同私分公款 3551061 美元（按当日外汇牌价折合人民币 28741577 元），其行为均已构成贪污罪，且数额特别巨大。在共同犯罪中，被告人褚××起主要作用，系主犯；被告人罗××、乔××系从犯。公诉机关指控的基本事实和罪名成立，本院予以确认。

二、起诉书指控：1995 年 11 月中旬，褚××指使罗××将××公司账外存放的浮价款银行账户及相关的资料销毁，把剩余的 1150 多万美元以“支付设备配件款项”的名义全额转出。褚决定自己要 1150 多万美元，并拿给罗××一个钟××提供的用英文打印的银行收款账号，叫罗把钱转存到该账户。罗××在褚××给的收款账号上注明 1156 万美元，连同褚××签字的授权委托书一同带上，到深圳找到××公司总经理盛××，叫盛立即办理。1996 年 1 月 23 日，钟××提供给褚××的账户上收到了 1156 万美元。上述款项案发后已全部追回。

对指控的这一事实，公诉机关当庭宣读和出示了银行转款凭证，银行收款凭证，证人罗××、刘××、钟××的证言，以证明被告人褚××指使罗××将××公司银行账户上的 1156 万美元转到新加坡商人钟××在境外银行开设的账户的过程，被告人褚××及其辩护人对转款的事实无异议。

被告人褚××辩解：叫罗××销毁存放浮价款的银行账户，并把账户上的余款 150 多万美元全部转到钟××的账户上，是因为即将交接工作，为了掩盖私分 355 万美元的事实；款转出后是为××卷烟厂支付购买烟丝膨胀设备款，并不是自己要。

辩护人提出，指控褚××主观上具有非法占有故意的证据不足。公诉机关针对被告人褚××的辩解和辩护人的意见，进一步宣读和出示了下列证据：

1. 罗××证言，证明“褚××说自己要 1150 万美元”；同时证明“褚××给我一个用英文打印的银行账号用以转款”。

2. 钟××证言，证明“褚对我说要转一笔款到我账上，向我要个账号，我专门买了个公司，开设了银行账户，把账户提供给褚，款转到了这个账户上”。

3. 合同书、付款凭证，证明被告人褚××辩解的购买烟丝膨胀设备的款项，是由其他途径支付的。

公诉机关认为，上述证据充分证实被告人褚××主观上具有非法占有的故意，辩解不能成立。因此，被告人褚××的行为已构成贪污罪。

被告人褚××对罗××、钟××的证言表示异议。辩护人提出，罗××、钟××的证言均存在重大矛盾，不能作为认定事实的根据。

法庭依法传罗××出庭作证。罗××在当庭作证时，证明褚××说过转出的美元用作赞助款和其他开支。

本院认为，被告人褚××指使罗××将××公司账户上的1156万美元转到钟××在境外的银行账户上，这一事实清楚，双方并无争议。争议的焦点是指控被告人褚××具有非法占有的主观故意，证据是否充分；争议的实质是被告人褚××的行为是否具备贪污罪的主观要件，构成贪污罪。经审查：

1. 罗××的证言不能作为认定事实的根据。罗××直接实施转款行为，在这一指控中有利害关系，作为证人作证时，证言的内容前后不一，特别是出庭作证的内容与开庭前所作证言有重大变化，在重要情节上自相矛盾，对辩护人提出的质疑不能作出合理解释，没有其他证据相印证，故对罗××的证言不予采信。

2. 钟××的证言亦不能作为认定事实的根据。证言中关于专门为被告人褚××转款购买公司、开设银行账户一节，经查证，在时间上、用途上均存在矛盾；关于提供给被告人褚××账号一节，有多种说法，前后不一致，没有其他证据相印证，故对钟××的证言不予采信。

3. 公诉机关出示的合同书、付款凭证等证据仅能证明购买烟丝膨胀设备的款没有从转出的1156万美元中支付，不能直接证明被告人褚××非法占有的故意。由于罗××、钟××的证言不予采信，指控证据不能相互印证，形成锁链。

依照刑事诉讼法的规定，刑事诉讼中，控方负有提供证据证实犯罪的责任，证据不充分，指控不能成立。该指控中，证据反映出被告人褚××转款行为的主观故意，同时存在非法占有、购买设备或其他目的的可能性，不具有充分的排他性，因此，指控被告人褚××贪污1156万美元证据不充分，本院不予确认。

三、起诉书指控：1995年8月至1998年7月，××市公安局和××省人民检察院在侦查本案过程中，先后在××省××市、××市和××省××市等地，扣押、冻结了褚××的货币、黄金制品、房屋以及其他贵重物品等财产，共折合人民币521万元，港币62万元。对此，褚××能说明其合法收入来源经查证属实的为人民币118万元。其余财产计人民币403万元，港币62万元，褚××不能说明其合法来源。经查证，也无合法来源的根据。

对指控的这一事实，公诉机关当庭出示和宣读了扣押的存款单18份，黄金制品82件，“劳力士”金表2块，港币23万元，人民币9200元，商品房4套的照片、购房协议、付款凭证及房产价值鉴定书，证人马××、马××、马××、李××、喻×等人的证言，以及被告人褚××合法收入的相关证明等。

公诉机关认为，被告人褚××对其巨额财产明显超过合法收入的部分，不能说明其合法来源，经查证也无合法来源的根据，其行为已构成巨额财产来源不明罪。

被告人褚××对指控证据无异议，但提出上述财产中有一部分是外商赠与的。

辩护人提出对被告人褚××夫妇的共同财产中其妻子的合法财产应予扣除。

公诉机关针对被告人褚××及辩护人的异议，进一步说明，被告人褚××对辩解的外商赠与，未能准确地陈述事实，也未能提供外商姓名、住址等查证线索，不能查证属实，辩解不能成立。对被告人褚××夫妇的共同财产中其妻子的合法财产，起诉书认定时已作扣除。

本院认为，依照法律规定，被告人褚××对其财产明显超过合法收入的部分，负有说明的责任。被告人褚××的说明和辩解没有可供查证的事实予以证明，其辩解不能成立。公诉机关的指控事实清楚，证据充分，罪名成立，本院予以确认。

此外，公诉机关还认定，被告人褚××有自首和重大立功表现，被告人罗××有立功和重大立功表现，并当庭出示了相关证据。

被告人褚××、罗××、乔××及其辩护人对上述认定均无异议。

被告人褚××的辩护人提出，褚××对××卷烟厂的发展和全省的经济发展作出过重大贡献，量刑时应充分考虑被告人褚××的功劳，从宽处理。

被告人乔××的辩护人提出，乔××具有自首情节，过去曾对××卷烟厂的发展作出较大贡献，应考虑从宽。

公诉机关针对辩护人提出的观点认为，被告人褚××以及乔××确实对××卷烟厂做出重要贡献，但功不能抵刑，在法律适用上人人平等。被告人乔××是在侦查机关已经掌握犯罪事实并向其讯问的情况下供述犯罪，不能以自首论。

本院审查认为：被告人褚××因涉嫌其他犯罪被采取强制措施期间，在司法机关尚未完全掌握被告人褚××、罗××、乔××共同贪污3551061美元的事实前，交代了这一犯罪事实，应按自首论；在侦查期间，检举他人重大犯罪线索，经查证属实，有重大立功表现。被告人罗××在侦查期间检举他人侵占公共财产线索，但检举的事实未按刑事追究，立功不能成立；关于重大立功表现，指被告人罗××检举被告人褚××贪污1156万美元的重大犯罪事实，因对被告人褚××的这一指控本院不予确认，故被告人罗××重大立功表现亦不能成立，但该行为使检察机关及时追回流失在境外的巨额国有资产，可在量刑时作为酌定从轻情节。被告人乔××在同案人已经向检察机关供述了共同犯罪事实后，侦查人员向其询问时作如实供述，不属主动投案，自首不能成立，可作为认罪态度较好的情节，酌定从轻。

关于辩护人提出的被告人褚××以及乔××曾对××卷烟厂做出重大贡献，应从轻处罚的辩护意见，本院认为，被告人褚××以及乔××在担任××卷烟厂领导期间，为“×烟”发展做出了贡献，对此，党和政府给予了政治上、物质上的荣誉和待遇，但无论功劳多大，都不因此而享有超越法律的特权。在法律面前人人平等，任何公民犯罪都应依法受到刑事追究。我国《刑法》第六十一条规定，对于犯罪分子决定刑罚的时候，应当根据犯罪的事实、犯罪的性质、情节和对于社会的危害程度，依照本法的有关规定判处。被告人褚××以及乔××利用职务之便侵吞公款，数额特别巨大，属情节特别严重，这是被告人承担刑事责任的基础，确定刑罚必须与所犯的罪行相适应。至于被告人的历史表现反映出的主观方面的情节，可在量刑时酌情考虑。

综上所述，本院认为，被告人褚××、罗××、乔××利用职务之便，私分公款3551061美元，折合人民币2870万元，其行为均已构成贪污罪，且数额特别巨大，情节特别严重。被告人褚××在共同犯罪中起决定、组织的作用，系主犯，应对组织、参与的全部犯罪负责，论罪应依法判处死刑。但鉴于其有自首和重大立功表现，以及赃款全部追回，经济损失已被挽回和其他情节，依法应当减轻处罚。被告人褚××同时犯有巨额财产来源不明罪，依法应当数罪并罚。被告人罗××积极参与犯罪，具体实施转款行为，作用明显，但鉴于其系从犯，案发后如实供述犯罪事实，并揭举他人的违法事实，认罪态度较好等情节，依法可以减轻处罚。被告人乔××受邀约参与犯罪，系从犯，在共同犯罪活动中情节较轻，案发后如实供述犯罪事实，认罪态度较好，依法可以减轻处罚。据此，本院为保护公共财产不受侵犯，维护社会主义经济秩序，严惩严重经济犯罪，根据本院各被告人犯罪的事实，犯罪的性质、情节和对社会的危害程度，依照《中华人民共和国刑法》第十二条、第三百八十二条第一款、第三百八十三条第一款第（一）项、第二十六条第一款、第四款、第二十七条、第五十七条第一款、第六十七条、第六十八条、第六十九条和全国人大常委会《关于惩治贪污罪贿赂罪的补充规定》第十一条第一款之规定，判决如下：

一、被告人褚××犯贪污罪，判处无期徒刑，剥夺政治权利终身，并处没收财产人民币20万元；犯巨额财产来源不明罪，判处有期徒刑五年；数罪并罚，决定执行无期徒刑，剥夺政治权利终身，并处没收财产人民币20万元。

二、被告人褚××巨额财产中明显超过合法收入的差额部分，价值人民币403万元，港币62万元的财产依法没收。

三、被告人罗××犯贪污罪，判处有期徒刑14年，并处没收财产人民币13万元。

四、被告人乔××犯贪污罪，判处有期徒刑5年，并处没收财产人民币5万元。

如不服本判决，可在接到判决书的第二日起十日内，通过本院或者直接向中华人民共和国最高人民法院提出上诉。

审　判　长　郑××
审　判　员　田　×
审　判　员　吕××
审　判　员　张××
代理审判员　黄××
人民陪审员　倪××
人民陪审员　杨××

一九九九年一月九日

本件与原本核对无异

书　记　员　庆　×
顾　×

2. 第二审刑事判决书

(1)(二审改判用)

×××人民法院

刑事判决书

(××××)×刑终字第××号

原公诉机关×××人民检察院。

上诉人(原审被告人)……(写明姓名、性别、出生年月日、民族、出生地、文化程度、职业或工作单位和职务、住址和因本案所受强制措施情况等,现羁押处所)。

辩护人……(写明姓名、工作单位和职务)。

×××人民法院审理×××人民检察院指控原审被告人×××犯××罪一案,于××××年××月××日做出(××××),×刑初字第××号刑事判决。原审被告人×××不服,提出上诉。本院依法组成合议庭,公开(或者不公开)开庭审理了本案。×××人民检察院指派检察员×××出庭履行职务。上诉人(原审被告人)×××及其辩护人×××等到庭参加诉讼。现已审理终结。

……(首先概述原判决认定的事实、证据、理由和判处结果,其次概述上诉、辩护的意见,最后概述人民检察院在二审中提出的新意见)。

经审理查明,……(首先写明经二审审理查明的事实,其次写明二审据以定案的证据,最后针对上诉理由中与原判认定的事实、证据有异议的问题进行分析、认证)。

本院认为,……(根据二审查明的事实、证据和有关法律规定,论证原审法院判决认定的事实、证据和适用法律是否正确。对于上诉人、辩护人或者出庭履行职务的检察人员等在适用法律、定性处理方面的意见,应当有分析地表示是否予以采纳,并阐明理由)。依照……(写明判决的法律依据)的规定,判决如下:

……〔写明判决结果。分两种情况:

第一,全部改判的,表述为:

“一、撤销×××人民法院(××××)×刑初字第××号刑事判决;

二、上诉人(原审被告人)×××……(写明改判的具体内容)。

(刑期从……)”

第二,部分改判的,表述为:

“一、维持×××人民法院(××××)×刑初字第××号刑事判决的第×项,即……（写明维持的具体内容）；

二、撤销×××人民法院（××××）×刑初字第××号刑事判决的第×项，即……（写明撤销的具体内容）；

三、上诉人（原审被告人）×××……（写明部分改判的具体内容）。

（刑期从……）”。〕

本判决为终审判决。

审 判 长 ×××
审 判 员 ×××
审 判 员 ×××
××××年××月××日
（院印）

本件与原本核对无异

书 记 员 ×××

（2）（二审改判用）

×××人民法院

刑事附带民事判决书

（××××）×刑终字第××号

原公诉机关×××人民检察院。

上诉人（原审被告人）……（写明姓名、性别、出生年月日、民族、出生地、文化程度、职业或者工作单位和职务、住址和因本案所受强制措施情况等，现羁押处所）。

辩护人……（写明姓名、工作单位和职务）。

原审附带民事诉讼原告人……（写明姓名、性别、出生年月日、民族、出生地、文化程度、职业或者工作单位和职务、住址等）。

委托代理人……（写明姓名、工作单位和职务）。

×××人民法院审理×××人民检察院指控原审被告人×××犯××罪、原审附带民事诉讼原告人×××提起附带民事诉讼一案，于××××年××月××日作出（××××）×刑初字第××号刑事附带民事判决。原审被告人×××不服，提出上诉。本院依法组成合议案，公开（或者不公开）开庭审理了本案。×××人民检察院指派检察员×××出庭履行职务。上诉人（原审被告人）×××及其辩护人×××、附带民事诉讼原告人×××及其诉讼代理人×××等到庭参加诉讼。现已审理终结。

……（首先概述原判决认定的事实、证据、理由和判处结果；其次概述上诉、辩护的意见；最后，概述人民检察院和原审附带民事诉讼原告人在二审中提出的新意见）。

经审理查明，……（首先写明经二审审理查明的事实；其次写明二审据以定案的证据；最后针对上诉理由中与原判认定的事实、证据有异议的问题进行分析、认证。）

本院认为，……（根据二审查明的事实、证据和有关法律规定，论证原审法院判决认定的事实、证据和适用法律包括判处被告人赔偿经济损失是否正确。对于上诉人、辩护人或者出庭履行职务的检察人员等在适用法律、定性处理和赔偿经济损失方面的意见，应当有分析地表示是否予以采纳，并阐明理由）。依照……（写明判决的法律依据）的规定，判决如下：

……〔写明判决结果。分两种情况：

第一，全部改判的，表述为：

“一、撤销×××人民法院（××××）×刑初字第××号刑事附带民事判决；

二、上诉人（原审被告人）×××……（写明改判的刑事和附带民事的内容）。

（刑期从……）”

第二，部分改判的，表述为：

“一、维持×××人民法院（××××）×刑初字第××号刑事附带民事判决的第×项，即……（写明维持的具体内容）；

二、撤销×××人民法院（××××）×刑初字第××号刑事附带民事判决的第×项，即……（写明撤销的具体内容）；

三、上诉人（原审被告人）×××……（写明部分改判的刑事和附带民事的具体内容）。

（刑期从……）”〕

本判决为终审判决。

审　判　长　×××
审　判　员　×××
审　判　员　×××
××××年××月××日
（院印）

本件与原本核对无异

书　记　员　×××

××省××地区中级人民法院

刑事判决书

×刑终字第29号

原公诉机关××人民检察院。

上诉人（原审被告人）侯×，男，生于1957年9月8日，汉族，中专文化，××县人，中共党员，××县电冶厂厂长，××县电力公司副经理，住县电冶厂宿舍。1998年3月5日因涉嫌挪用公款由××县人民检察院决定刑事拘留，同月13日被逮捕。1999年6月1日由本院决定取保候审。

辩护人冯××、周××，××地区律师事务所律师。

××县人民法院审理××县人民检察院指控原审被告人侯×犯挪用公款罪和贪污罪一案，于1999年2月12日做出（1999）××刑初字第2号刑事判决。原审被告人侯×不服，提出上诉。本院依法组成合议庭，公开开庭审理了本案，××省人民检察院××分院指派检察员赵××、韩××出庭履行职务。上诉人（原审被告人）侯×及其辩护人冯××、周××，证人骆××、齐××到庭参加诉讼。本案现已审理终结。

××县人民法院（1999）××刑初字第2号刑事判决认定：1993年8月，被告人侯×经××县人民政府任命为××县电冶厂（国有企业）厂长。1994年6月至7月期间，侯×与私营企业××县锦成铁合金厂法定代表人钟××达成以每年80万元承包费，承包该厂的口头协议。此后，被告人侯×利用职务之便，于1994年8月1日至19日，安排××县电冶厂财务人员分4次将电冶厂资金51万元汇入××铁合金厂；同年9月2日至11月25日，以口头委托或安排××县电冶厂会计何××出具委托转款手续，分6次将××地区进出口公司支付给××县电冶厂货款中的90万元转入××铁合金厂，将上述款项用于××县锦成铁合金厂购买硅钙，并将购回的硅钙在××县电冶厂精加工后以××县锦成铁合金厂的名义销售，从中营利。然后，又以××县电冶厂向其供款等形式陆续收回上述款项。

1994年11月24日，××县电冶厂销往××无缝钢管厂硅钙27吨（××无缝钢管厂实收28.249吨），价值228275.55元。因钟××欠××无缝钢管厂集资款，故该厂拒付此款。被告人侯×同钟××协商，用该款冲抵钟××所欠集资款；××县电冶厂1994年12月25日开具这批硅钙的增值税专用发票，但该厂未予记账。被告人侯×授意会计何××将这批硅钙又以××县锦成铁合金厂的名义虚开了销往××无缝钢管厂的增值税专用发票一张，并于次日书面通知××县锦成铁合金厂财务，将上述款项作为应收锦成工业公司（钟××私营企业）款，摆在了××县锦成铁合金厂账上。1995年年底××县电冶厂将上述27吨硅钙列入损耗之中作了报损处理。故以被告人侯×犯挪用公款罪，判处有期徒刑7年，犯贪污罪，判处有期徒刑12年，并处没收财产人民币10万元；决定执行有期徒刑16年，并处没收财产人民币10万元；贪污款额228275.55元予以追缴。宣判后，被告人侯×不服，以“原审认定自己犯挪用公款罪和贪污罪事实不清，证据不足，适用法律不当，自己不是个人承包锦成铁合金厂并未授意会计虚开增值税发票以及27吨硅钙没有列入1995年电冶厂报损处理”等为由，向本院提起上诉。上诉人的辩护人辩称：1.侯×在担任××县电冶厂厂长期间，受县委、县政府指派同时经营锦成铁合金厂的行为，是企业法定代表人依法行使厂长职权的行为，从侯×经营锦成铁合金厂的具体运作和管理上，也证明了侯×的行为是法人行为，而非个人行为；2.原审法院认定侯×犯挪用公款罪和贪污罪，证据不足。请求二审法院宣告上诉人侯×无罪。××省人民检察院××分院提出：上诉人侯×利用职务之便，将国有企业电冶厂资金141万元挪作其私人承包的锦成铁合金厂用于营利活动，构成挪用公款罪；而且侯×

将电冶厂应收货款228275.55元，用以抵还钟××欠款的名义授意会计虚开增值税发票，将此应收货款摆在锦成铁合金厂账上，并在电冶厂作报损处理，已非法占有了这笔公款，又构成贪污罪。原公诉机关对侯×的指控以及原审法院依据事实和法律所作的判决在认定事实和适用法律上是正确的，量刑适当，审判程序合法，请求二审法院裁定驳回上诉，维持原判。

经审理查明：1993年8月和1995年上诉人侯×经××县人民政府先后任命为××县电冶厂厂长（国有企业）、××县电力公司副经理。××县锦成铁合金厂系当地影响较大的私营企业。1993年下半年该厂因资金、电力等原因停止生产，其法定代表人钟××也欲到××县槽渔滩办厂。××县委、县政府鉴于侯×作为电冶厂厂长，在技术、销售及与电力公司协调供电等方面均有一定的优势，有利于搞活锦成铁合金厂，遂初步确定由侯×承包该厂，以尽快恢复该厂的生产。1994年5月至6月期间由原××县政府县长骆××，原县委副书记唐××会同组织部人员及原五龙乡党委书记刘××等人多次找侯谈话，动员其承包锦成铁合金厂。经做工作，侯×同意承包并于同年6月至7月期间与钟××达成以每年缴纳80万元承包费的条件承包锦成铁合金厂的口头协议，但双方未对承包方式、期限、承包的风险责任、经营管理方式、结算等问题进行协商。此后，侯×即着手对锦成铁合金厂的经营、生产进行管理，并安排电冶厂会计何××、出纳白××分别兼任锦成铁合金厂的会计、出纳，兼做两厂的财务账，直至1995年4月才由张×、周×分别接替何××、白××对锦成铁合金厂的财务工作。其间，仓库保管人员也是对两厂的出、入库产品进行管理、登记。锦成铁合金厂于1995年4月更名为××县铁合金厂（未办理变更名称的登记）；同月电冶厂、铁合金厂联合下文，任命了财务室、办公室主任及两厂各班的班长、副班长。

鉴于侯×同意并着手经营锦城铁合金厂，××县委、政府于1994年12月24日主持召开了有关锦成铁合金厂生产、经营协调会议，并以会议纪要第20期《县办通报》下发。其内容为："对锦成铁合金厂的冶炼炉，一是不能拆，二是要实行承包的办法。当前鉴于钟××没有精力管这台炉子，县上同意由电冶厂厂长侯×承包，承包中的具体事项由双方协定。承包后，侯×应消除顾虑，放心大胆管起来，对两台炉子实行单独核算，财务公开，手续齐备，电力公司、经委、税务等部门要负责监督、协调，力争满负荷生产8个月，为县上贡献130万～140万税收。"1995年8月7日，××县委、政府领导召集电力公司等部门的负责人和侯×就电冶厂是否再建一台炉子以及侯×经营锦成铁合金厂存在的问题进行研究。侯×认为烧锦成铁合金厂的炉子不合算，提出了在电冶厂新建一台炉子的意见。骆××县长表态侯×继续经营锦成铁合金厂是县上的决定。1996年4月，××县电力公司与××县电冶厂签订租赁合同，侯×按合同规定交纳了抵押金，同月经××县工商局核准，将××县电冶厂变更为××县铁合金厂（全民所有制）。

1994年8月1日至19日，侯×安排电冶厂财务人员分4次将电冶厂资金51万元汇入××铁合金厂，同年9月2日至11月25日，以口头委托或安排电冶厂会计何××出具委托转款手续，分6次将××地区进出口公司支付给××县电冶厂货款中的90万元转入××铁合金厂，将上述款项用于锦成铁合金厂购买硅钙，并将购回的硅钙在电冶厂精加工后以锦成铁合金厂名义销售，所产生的利润22万余元，摆在锦成铁合金厂"盈余公积”账上。

还查明：1994年11月24日，××县电冶厂销往××无缝钢管厂硅钙27吨（××无缝钢管厂实收28.249吨），价值228275.55元。因钟××的锦成铁合金厂欠××无缝钢管厂集资款，故该厂拒付此货款。电冶厂在催收无果后，侯×便同钟××商定：用该货款冲抵钟所欠××无缝钢管厂的集资款。今后在水泥款或承包锦成铁合金厂承包费内收回。××县电冶厂于1994年12月25日开据此批硅钙的增值税专用发票一张（电冶厂未予记账），后侯×又叫会计何××以××县锦成铁合金厂名义按上述发票的时间、吨位、购货单位开具了一张增值税发票。26日，侯×书面通知财务室，将此笔硅钙款作为应收锦成工业公司（钟××私营企业）款，今后在水泥款或承包锦成铁合金厂承包费内收回，会计何××按通知要求将这笔应收款摆在了锦成铁合金厂账上，并在1994年12月26日第3号记账凭证上记明：销售无缝厂硅钙，转给锦成厂，应收锦成，在明细科目栏注明是锦成工业公司，借方额为228275.55元。

截止到案发前，侯×与钟××双方亦未对承包费及相互间的债权债务进行过结算。

上述事实，有××县政府对侯×的任命通知，县办通报，××省人民检察院××分院司法会计鉴定书，关于电冶厂代锦成铁合金厂分10次付款给××铁合金厂货款计141万元及将电冶厂和锦成铁合金厂1994年其他往来业务的应收、应付款相抵后，电冶厂尚欠锦成铁合金厂其他往来资金439070.77元的内容，电力公司1995年8月7日关于侯×是否继续经营锦成铁合金厂的会议记录。电冶厂、锦成铁合金厂、××无缝钢管厂关于27吨硅钙货款的增值税发票和账目、记账凭证，证人原××县委书记齐××、原县政府县长骆××、××电力公司经理周××及锦成铁合金厂法定代表人钟××等人证实侯×接受县委、县政府安排以电冶厂厂长身份承包锦成铁合金厂经过的证言等证据佐证。上诉人侯×亦有陈述和辩解。上列证据已经法庭调查、质证并予以确认。

本院认为：上诉人侯×在担任××县电冶厂厂长期间，按照××县县委、县政府的安排，对法定代表人为钟××的该县私营企业锦成铁合金厂进行承包。承包时，侯×与钟××对承包方式、结算方式、资产估评等方面均未涉及，仅对承包费，双方达成口头协议。在此期间，县委、县政府在为承包之事召集有关部门作了协调工作后，侯×即着手对两厂的财务、人员组合、产品生产、库存等方面进行了安排。侯×在上述情况下，于1994年将电冶厂141万元资金用于锦成铁合金厂的经营活动，并在电冶厂货款因故未收回时，经钟××同意和认可，将此货款抵还了钟××的欠款后作为应收锦成工业公司款摆在了锦成铁合金厂账上。直至检察机关立案查处时，双方未结算账目，侯×在经营期间未实际占有、侵吞公款。综上所述，根据本案现有的证人证言、书证等证据，认定上诉人侯×的行为已构成挪用公款罪和贪污罪，确属证据不足。上诉人侯×及其辩护人提出“认为侯×犯挪用公款罪、贪污罪证据不足”的辩解、辩护理由成立，本院予以采纳。据此，依照《中华人民共和国刑事诉讼法》第一百八十九条第（三）项、第一百六十二条第（三）项之规定，判决如下：

一、撤销××省××县人民法院（1999）××刑初字第2号刑事判决书。

二、上诉人（原审被告人）侯×无罪。

本判决为终审判决。

审 判 长 张 ×
代理审判员 彭××
代理审判员 傅××
一九九九年七月一日

本件与原本核对无异

书 记 员 刘 ×

3. 再审刑事判决书

×××人民法院

刑事判决书

(按二审程序再审改判用)

(××××) ×刑再终字第××号

原公诉机关×××人民检察院。

原审上诉人(原审被告人)……(写明姓名、性别、出生年月日、民族、出生地、文化程度、职业或者工作单位和职务、住址等,现羁押处所)。

辩护人……(写明姓名、工作单位和职务)。

×××人民检察院指控被告人×××犯××罪一案,×××人民法院于××××年××月××日做出(××××)×刑初字第××号刑事判决,本院于××××年××月××日做出(××××)×刑终字第××号刑事判决(或者裁定)。上述裁判发生法律效力后,……(写明提起再审的根据)。本院依法另行组成合议庭,公开(或者不公开)开庭审理了本案。×××人民检察院检察员×××出庭履行职务。被害人×××、原审被告人×××及其辩护人×××等到庭参加诉讼。现已审理终结。

……(概述原判认定的事实、证据、判决的理由和判决结果)。

……(概述再审中原审被告人的辩解和辩护人的辩护意见。对人民检察院在再审中提出的意见,应当一并写明)。

经再审查明,……(写明再审认定的事实和证据,并就诉讼双方对原判有异议的事实、证据做出分析、认证)。

本院认为,……(根据再审查明的事实、证据和有关法律规定,对原判和诉讼各方主要意见做出分析,阐明改判的理由)。依照……(写明判决的法律依据)的规定,判决如下:

……〔写明判决结果。分六种情况:

第一,原系一审,提审后全部改判的,表述为:

一、撤销×××人民法院（××××）×刑初字第××号刑事判决；

二、被告人×××……（写明改判的内容）。

第二，原系一审，提审后部分改判的，表述为：

一、维持×××人民法院（××××）×刑初字第××号刑事判决的第×项，即……（写明维持的具体内容）；

二、撤销×××人民法院（××××）×刑初字第××号刑事判决的第×项，即……（写明维持的具体内容）；

三、被告人×××……（写明部分改判的内容）。

第三，原系二审维持原判，再审后全部改判的，表述为：

一、撤销本院（××××）×刑终字第××号刑事裁定和×××人民法院（××××）刑初字第××号刑事判决；

二、被告人×××……（写明改判的内容）。

第四，原系二审维持原判，再审后部分改判的，表述为：

一、维持本院（××××）×刑终字第××号刑事裁定和×××人民法院（××××）×刑初字第××号刑事判决中……（写明维持的具体内容）；

二、撤销本院（××××）×刑终字第××号刑事裁定和×××人民法院（××××）×刑初字第××号刑事判决中……（写明撤销的具体内容）；

三、被告人×××……（写明部分改判的内容）。

第五，原系二审改判，再审后全部改判的，表述为：

一、撤销本院（××××）×刑终字第××号刑事判决和×××人民法院（××××）×刑初字第××号刑事判决；

二、被告人×××……（写明改判的内容）。

第六，原系二审改判的，再审后部分改判，表述为：

一、维持本院（××××）×刑终字第××号刑事判决的第×项，即……（写明维持的具体内容）；

二、撤销本院（××××）×刑终字第××号刑事判决的第×项，即……（写明撤销的具体内容）；

三、被告人×××……（写明改判的内容）。〕

本判决为终审判决。

审 判 长 ×××
审 判 员 ×××
审 判 员 ×××
××××年××月××日
（院印）

本件与原本核对无异

书 记 员 ×××

××省高级人民法院

刑事判决书

(1999)×刑再终字第17号

原公诉机关××省人民检察院××分院。

原审上诉人(原审被告人)黄××,男,生于1973年12月31日,汉族,××省××县人,小学文化程度,农民,住××县××镇永兴村3组。因本案于1998年6月17日被刑事拘留,同年7月23日被逮捕,现羁押于××县看守所。

××省人民检察院××分院指控被告人黄××犯故意杀人罪一案,××省××地区中级人民法院于1998年12月10日做出(1998)××法刑一初字第28号刑事判决。原审被告人黄××不服,提出上诉。本院于1999年5月24日做出(1999)×刑一终字第833号刑事裁定。裁定发生法律效力后,本院院长发现原裁定适用法律确有错误,提交审判委员会讨论决定再审,并于1999年8月24日做出(1999)×刑监字第61号再审决定,现已审理终结。

原裁定认定:1997年农历7月,被告人黄××卖给本村村民任××两头小猪,价值511元。黄××多次催收,任××未予给付,遂对任××不满,扬言:“只要任××舍得一条性命,我就舍得那几百块钱。”1998年6月14日凌晨4时许,黄××利用帮同村村民黄×家办理丧事的间隙时间,离开黄××家将事先安装好的炸药包置于任××家房门口,并用任家的背篼盖在炸药包上。凌晨6时许,任××之妻王××起床开门触动背篼引起爆炸,王××被当场炸死。认定上述事实的证据有:××县公安局从黄××家中搜出的炸药,经××省公安厅鉴定,与现场爆炸所使用的炸药属同类炸药,与黄××交代亦相符;村民任××、黄×、李××等人证实黄××离开过黄×吕家;村民黄××和被告人黄××之妻黄×莲证实黄××离开黄×吕家之后与其见面和对话过程;被告人黄××曾数次陈述并在其书写的“悔过书”中亦陈述了犯罪动机和事实经过;现场勘查笔录和刑事科学技术鉴定等证据均证实。本案事实清楚,证据确实充分。据此,原裁定认定黄××与任××发生买卖欠款纠纷,竟用爆炸方法将无辜者王××杀害,其行为已构成故意杀人罪,罪行严重,亦应予严惩。被告人及其辩护人上诉称黄××没有离开黄×吕家,没有作案时间的理由与查明的事实不符,不能成立。××省××地区中级人民法院做出(1998)××法刑一初字第28号以被告人黄××犯故意杀人罪,判处死刑,剥夺政治权利终身的刑事判决,认定事实和适用法律正确,量刑适当,审判程序合法。依照《中华人民共和国刑事诉讼法》第一百八十九条第(一)项和《中华人民共和国刑法》第二百三十二条、第五十七条第一款之规定,裁定驳回上诉,维持原判。

经再审查明的事实和证据与二审裁定认定的事实和证据相同,予以确认。

本院认为,死刑只适用于罪行极其严重的犯罪分子。对于应当判处死刑的犯罪分子,如果不是必须立即执行的,可以判处死刑,同时宣告缓期两年执行。原审上诉人黄

××因与他人发生债务纠纷竟用爆炸方法将无辜者杀害的行为已构成故意杀人罪，且罪行严重，情节恶劣，论罪应判处死刑，但根据本案的具体情况，可不立即执行。依照《中华人民共和国刑事诉讼法》第二百零四条第（三）项、第二百零六条、第二百零二条、第二百零八条和《中华人民共和国刑法》第二百三十二条、第四十八条、第五十七条第一款之规定，判决如下：

一、撤销本院（1999）×刑终字第833号刑事裁定和××省××地区中级人民法院（1998）××法刑一初字第28号刑事判决。

二、原审上诉人黄××犯故意杀人罪，判处死刑，缓期两年执行，剥夺政治权利终身。

本判决送达后即发生法律效力。

审 判 长 谢××
审 判 员 曾××
代理审判员 王××
一九九九年十月二十日

本件与原本核对无异

书 记 员 陈 ×

4. 第一审刑事裁定书

×××人民法院

刑事裁定书

（准许撤诉或者按撤诉处理用）

（××××）×刑初字第××号

自诉人……（写明姓名、性别、出生年月日、民族、出生地、文化程度、职业或者工作单位和职务、住址等）。

被告人……（写明姓名、性别、出生年月日、民族、出生地、文化程度、职业或者工作单位和职务、住址等）。

自诉人×××以被告人×××犯××罪，于××××年××月××日向本院提起控诉。本院受理后，在诉讼过程中……（简述自诉人申请撤诉或者法院按撤诉处理的事由）。

本院认为，……（简写是否准许撤诉或者按撤诉处理的理由）。依照……（写明裁定的法律依据）的规定，裁定如下：

……〔写明裁定内容。分两种情况：

第一，准许自诉人申请撤诉的，表述为：

“准许自诉人×××撤诉。”

第二，按撤诉处理的，表述为：

“对自诉人的控诉按撤诉处理。”〕

如不服本裁定，可在接到裁定书的第2日起5日内，通过本院或者直接向×××人民法院提出上诉。书面上诉的，应当提交上诉状正本一份，副本×份。

审　判　员　×××

××××年××月××日

（院印）

本件与原本核对无异

书　记　员　×××

××市×区人民法院

刑事裁定书

（××××）×刑初字第48号

自诉人高××，男，57岁，汉族，××省××县人，××医学院第二医院副院长，住本市×区×巷×号。

委托代理人田××，××市××律师事务所律师。

被告人区××，男，36岁，汉族，××省××县人，住本市×区××路××号。

被告人黄××，女，31岁，汉族，××省××县人，本市×区房管分局施工队工人，住本市×区××路××号。

自诉人高××诉被告人区××、黄××侮辱一案，经审理查明：

被告人区××、黄××系夫妻。19××年2月黄××曾3次到××医学院第二医院传染科找高××看病。3月28日上午，黄看病回家后，向区××称：高在给其检查病情时，侮辱了她。被告人区××、黄××等就于3月2日上午11时左右，邀约了朱××、黄×一起到医院找高××“算账”。该院保卫科表示立即对此事进行调查，叫被告人听候处理。被告人等也表示同意。但被告人等离开保卫科后，即到自诉人家中，强行拉高到派出所，途经××巷口时，被告人对高肆意进行辱骂，说高是流氓，甚至强行要高跪下认错，引起群众围观。后××地区治安联防队员，将被告人等带到派出所解决。自诉人于是以侮辱罪起诉来本院。

经本院调查，被告人黄××称高××趁看病时乘机对其进行侮辱，证据不足。黄、区等人对高进行侮辱有知情群众的证据为证。被告人亦供认。

本院认为，被告人区××、黄××，公然在大街上对他人进行侮辱，致使自诉人的声誉受到影响，其行为是错误的。鉴于二被告人经本院进行教育后，认识了错误，已向自诉人赔礼道歉；自诉人表示谅解，不再要求追究其刑事责任，自愿撤回诉讼。本院依照《中华人民共和国刑事诉讼法》第一百七十二条之规定，裁定如下：

准许自诉人高××撤诉。

如不服本裁定，可在接到裁定书的第 2 日起 5 日内，通过本院或者直接向×××人民法院提出上诉。书面上诉的，应当提交上诉状正本一份，副本×份。

审 判 员 杨××
一九××年××月××日
（院印）

本件与原本核对无异

书 记 员 乔××

5. 第二审刑事裁定书

（1）（二审维持原判用）

×××人民法院

刑事裁定书

（××××）×刑终字第××号

原公诉机关×××人民检察院。

上诉人（原审被告人）……（写明姓名、性别、出生年月日、民族、出生地、文化程度、职业或者工作单位和职务、住址和因本案所受强制措施情况等，现羁押处所）

辩护人……（写明姓名、工作单位和职务）

×××人民法院审理×××人民检察院指控原审被告人×××犯××罪一案，于××××年××月××日做出（××××）×刑初字第××号刑事判决。原审被告人×××不服，提出上诉。本院依法组成合议庭，公开（或者不公开）开庭审理了本案。×××人民检察院指派检察员×××出庭履行职务。上诉人（原审被告人）×××及其辩护人×××等到庭参加诉讼。现已审理终结。

……（首先概述原判决认定的事实、证据、理由和判决结果；其次概述上诉、辩护的意见；最后概述人民检察院在二审中提出的新意见。）

经审理查明，……（首先写明经二审审理查明的事实；其次写明二审据以定案的证据；最后针对上诉理由中与原判认定的事实、证据有异议的问题进行分析、认证。）

本院认为，……（根据二审查明的事实、证据和有关法律规定，论证原审法院判决认定事实、证据和适用法律是正确的。对于上诉人、辩护人或者出庭履行职务的检察人员等在适用法律、定性处理方面的意见，应当逐一做出回答，阐明不予采纳的理由）。依照……（写明裁定的法律依据）的规定，裁定如下：

驳回上诉，维持原判。

本裁定为终审裁定。

审　判　长　×××
审　判　员　×××
审　判　员　×××
××××年××月××日
（院印）

本件与原本核对无异

书　记　员　×××

（2）（二审维持原判用）

×××人民法院

刑事附带民事裁定书

（××××）×刑终字第××号

原公诉机关×××人民检察院。

上诉人（原审被告人）……（写明姓名、性别、出生年月日、民族、出生地、文化程度、职业或者工作单位和职务、住址和因本案所受强制措施情况等，现羁押处所）

辩护人……（写明姓名、工作单位和职务）

原审附带民事诉讼原告人……（写明姓名、性别、出生年月日、民族、出生地、文化程度、职业或者工作单位和职务、住址和因本案所受强制措施情况等，现羁押处所）

×××人民法院审理×××人民检察院指控原审被告人×××犯××罪、原审附带民事诉讼原告人×××提起附带民事诉讼一案，于××××年××月××日做出（××××）×刑初字第××号刑事附带民事判决。原审被告人×××不服，提出上诉。本院依法组成合议庭，公开（或者不公开）开庭审理了本案。×××人民检察院指派检察员×××出庭履行职务。上诉人（原审被告人）×××及其辩护人×××等到庭参加诉讼。现已审理终结。

……（首先概述原判决认定的事实、证据、理由和判处结果；其次概述上诉、辩护的意见；最后概述人民检察院和原审附带民事诉讼原告人在二审中提出的新意见。）

经审理查明，……（首先写明经二审审理查明的事实；其次写明二审据以定案的证据；最后针对上诉理由中与原判认定的事实、证据有异议的问题进行分析、认证。）

本院认为，……（根据二审查明的事实、证据和有关法律规定，论证原审法院判决认定事实、证据和适用法律包括判处被告人赔偿经济损失是正确的。对于上诉人、辩护人或者出庭履行职务的检察人员等在适用法律、定性处理方面的意见，应当逐一进行回答，说明不予采纳的理由。）依照……（写明裁定的法律依据）的规定，裁定如下：

驳回上诉，维持原判。

本裁定为终审裁定。

审　判　长　×××
审　判　员　×××
审　判　员　×××
××××年××月××日
（院印）

本件与原本核对无异

书　记　员　×××

（3）（二审发回重审用）

×××人民法院

刑事裁定书

（××××）×刑终字第××号

原公诉机关×××人民检察院。

上诉人（原审被告人）……（写明姓名、性别、出生年月日、民族、出生地、文化程度、职业或者工作单位和职务、住址和因本案所受强制措施情况等，现羁押处所）

辩护人……（写明姓名、工作单位和职务）

×××人民法院审理×××人民检察院指控原审被告人×××犯××罪一案，于××××年××月××日作出（××××）×刑初字第××号刑事判决。认定被告人×××犯××罪，判处……（写明判决结果）。被告人×××不服，以……（概述上诉的理由）为由，提出上诉。本院依法组成合议庭审理了本案。现已审理终结。

本院认为，……（具体写明原判事实不清、证据不足，或者违反法律规定的诉讼程序的情形，阐明发回重审的理由）。依照……（写明裁定的法律依据）的规定，裁定如下：

一、撤销×××人民法院（××××）×刑初字第××号刑事判决；

二、发回×××人民法院重新审判。

本裁定为终审裁定。

审　判　长　×××
审　判　员　×××
审　判　员　×××
××××年××月××日
（院印）

本件与原本核对无异

书　记　员　×××

(4)（二审维持、撤销、变更一审裁定用）

×××人民法院

刑事裁定书

（××××）×刑终字第××号

原公诉机关×××人民检察院。

上诉人（原审被告人）……（写明姓名、性别、出生年月日、民族、出生地、文化程度、职业或者工作单位和职务、住址和因本案所受强制措施情况等，现羁押处所）

×××人民法院审理×××人民检察院指控被告人×××犯××罪一案，于××××年××月××日作出（××××）×刑初字第××号刑事裁定。原审被告人×××不服，提出上诉。本院依法组成合议庭，审理了本案。现已审理终结。

……（概述原审裁定认定的主要事实、理由和裁定结果以及上诉人的上诉理由）

经审理查明，……（写明二审法院查明的事实）

本院认为，……（写明二审裁定维持、变更或者撤销一审法院裁定的理由）。依照……（写明裁定的法律依据）的规定，裁定如下：

……〔写明裁定结果。分三种情况：

第一，驳回上诉，维持原裁定的，表述为：

"驳回上诉，维持原裁定。"

第二，撤销原裁定，发回重审的，表述为：

"一、撤销×××人民法院（××××）×刑初字第××号刑事裁定；

二、发回×××人民法院重新审判。"

第三，变更原裁定的，表述为：

"一、撤销×××人民法院（××××）×刑初字第××号刑事裁定；

二、……（写明变更裁定的具体内容）"。〕

本裁定为终审裁定。

审　判　长　×××
审　判　员　×××
审　判　员　×××
××××年××月××日
（院印）

本件与原本核对无异

书　记　员　×××

（5）（准许撤回上诉、抗诉用）

×××人民法院

刑事裁定书

（××××）×刑终字第××号

原公诉机关×××人民检察院。

上诉人（原审被告人）……（写明姓名、性别、出生年月日、民族、出生地、文化程度、职业或者工作单位和职务、住址和因本案所受强制措施情况等，现羁押处所）

×××人民法院审理×××人民检察院指控原审被告人×××犯××罪一案，于××××年××月××日作出（××××）×刑初字第××号刑事判决，判处……（写明判处结果）被告人×××不服，提出上诉。本院审理过程中，上诉人（原审被告人）×××申请撤回上诉。

本院认为，……（写明准许上诉人撤回上诉的理由）依照……（写明裁定的法律依据）的规定，裁定如下：

准许上诉人×××撤回上诉。

×××人民法院（××××）×刑初字第××号刑事判决自本裁定送达之日起发生法律效力。

本裁定为终审裁定。

审　判　长　×××
审　判　员　×××
审　判　员　×××
××××年××月××日
（院印）

本件与原本核对无异

书 记 员 ×××

(6)(核准或者不核准法定刑以下判处刑罚用)

×××人民法院

刑事裁定书

(××××)×刑核字第××号

原公诉机关×××人民检察院。

原审被告人……(写明姓名、性别、出生年月日、民族、出生地、文化程度、职业或者工作单位和职务、住址和因本案所受强制措施情况等,现羁押处所)

×××人民法院审理×××人民检察院指控被告人×××犯××罪一案,于××××年××月××日作出(××××)×刑初字第××号刑事判决,以被告人×××犯××罪,依法在法定刑以下判处……(具体刑罚)控辩双方在法定期限内没有上诉、抗诉。×××人民法院依法逐级报送本院复核。本院依法组成合议庭进行审理。现已审理终结。

……(概述原判决认定的事实、证据和在法定刑以下判处刑罚的理由)

经复核查明,……(写明经复核查明的事实、证据和有无在法定刑以下处罚的特殊情况)

本院认为,……(阐明本院核准或者不核准对被告人在法定刑以下判处刑罚的理由)依照……(写明裁定的法律依据)的规定,裁定如下:

〔写明裁定结果。分两种情况:

第一,核准在法定刑以下判处刑罚的,表述为:

"核准×××人民法院(××××)×刑初字第××号以被告人×××犯××罪,在法定刑以下判处……(具体刑罚)的刑事判决。"

第二,不予核准的,表述为:

"一、撤销×××人民法院(××××)×刑初字第××号以被告人×××犯××罪,在法定刑以下判处……(具体刑罚)的刑事判决。

二、发回×××人民法院重新审判(或者指定其他下级人民法院重新审判)。"〕

本裁定送达后即发生法律效力。

审 判 长 ×××
审 判 员 ×××
审 判 员 ×××

本件与原本核对无异

××××年××月××日

书 记 员 ×××

××省××市中级人民法院

刑事裁定书

（1999）×刑终字第41号

原公诉机关××县人民检察院。

上诉人（原审被告人）杨××，男，生于1945年12月11日，汉族，出生地××省××县，大专文化，原中共××县委委员，××县卫生局副局长，××县人民医院院长，住××县人事局宿舍4楼。因本案于1999年3月25日被刑事拘留，4月2日被逮捕，现羁押于××市看守所。

辩护人谢×，×××律师事务所律师。

辩护人刘××，×××律师事务所律师。

××县人民法院审理××县人民检察院指控原审被告人杨××犯受贿罪一案，于1999年6月4日做出（1999）×刑初字第037号刑事判决。原审被告人杨××不服，提出上诉。本院依法组成合议庭，公开开庭审理了本案。××省××市人民检察院指派检察员黄××，代理检察员余××及辩护人谢×、刘××，证人吕××、李××等到庭参加诉讼。现已审理终结。

原判认定，1996年12月和1997年12月，被告人杨××生日，正在承建××县人民医院工程的吕×祥送给杨××人民币2000元；1997年12月，被告人杨××住院期间，正在承建××县人民医院工程的郭×勋到病房送给杨××人民币1万元；1998年12月，被告人杨××办生日宴，郭×勋送给杨××人民币4000元；1999年2月，郭×勋携带人民币5万元去杨××办公室将其叫到门外，把5万元塞到杨××的衣包中，杨推辞不要，郭说就当“借”给你，便急忙走了。杨××收钱后，曾找过李××说归还郭的钱，并给李××2000元，叫其给郭的子女发压岁钱。认定的证据有行贿人郭×勋的调查笔录及录像带，吕×祥的调查笔录，被告人杨××的供述笔录及录像带，杨××写给有关领导的信等。原判认为，××县人民检察院指控被告人杨××犯受贿罪的罪名成立。被告人及其辩护人辩称郭×勋祝贺生日送的4000元属礼尚往来的理由成立。依照有关条款，被告人杨××犯受贿罪，判处有期徒刑5年，赃款人民币62000元予以追缴，上缴国库。

上诉人杨××及其辩护人的上诉、辩护意见集中在三个方面：1. 程序违法。检察机关先介入，后立案。在提前介入期间，有非法拘禁、刑讯逼供、诱供行为。提前介入的检察人员在立案后未回避；2. 杨××主观上没有受贿的故意。郭×勋的5万元是言明系借款性质，杨××才收下，李××的证言能进一步证实是借贷关系。杨××对言明借给的5万元的处分行为是一种民事权利。吕××送的2000元生日贺礼属道德纪律范畴，没有证据证实杨××有受贿的故意和利用职务之便为吕××谋取了利益。检察机关指控郭×勋探病时送给杨××的1万元属受贿的证据不足。郭×勋在检察院取证和辩护人取证中的陈述不一致，应通知郭×勋出庭由控辩双方质证；3. 一审法院定性不准，杨××之行为不构成犯罪。同时，提出杨××在被审查时态度较好，如实供述事实，原审在判决有罪时对杨××自首情节未予以认定。基于以上理由提出上诉和辩护意见。

××省××市人民检察院坚持杨××受贿6.6万元的指控，在一审证据的基础上，补充举证：1.1999年7月6日××县人民检察院再次对郭×勋的调查笔录；2.××县人民检察院立案后，郭×勋向检察机关陈述案情的录音、录像，杨×陈述案情的录音、录像。

经审理查明，1996年和1997年年底，上诉人杨××的生日，正在承建××县人民医院水泥道路、堡坎、周转房等工程的吕××前往祝贺，两次各送杨××人民币1000元。1997年12月，杨××在县人民医院因病住院，正在承建××县人民医院集资宿舍楼工程的郭×勋到病房看望，送给杨××人民币1万元。1998年杨××生日，在"田丰园"设生日宴。正在承建××县人民医院综合医技大楼的郭×勋参加宴会并送给杨××人民币4000元。1999年1月下旬，郭×勋找到上诉人杨××和县人民医院副院长杨×辉，要求拨付60万元工程款。杨××多次找到××县卫生局局长凌××说："县医院职工的工资、奖金没钱发，要求借款。同年2月4日杨××签字从县卫生局借得人民币20万元付给郭×勋，后又叫财务上从业务经费中挤出40万元于2月10日付给郭×勋。同年，2月12日下午，郭×勋为感谢上诉人杨××争取了工程款，到杨的办公室，将正在开会的杨××叫出来，对杨说："快过年了，你可能需要钱，我这里有5万元，你拿去用"。边说边把钱往杨口袋里塞，杨说不要并推辞。此时，恰遇县人民医院办公室主任王××从办公室出来，杨××见有人来，未再推辞。王××走后，郭×勋说："不说了，就当我借给你的"。杨××收下了5万元钱后，认为金额太大，曾找过郭×勋管理工地的李××问郭的去向，说归还郭的钱，并给李××2000元，让李转给郭×勋的子女作为压岁钱。郭同时为感谢拨付工程款，送给副院长杨×辉人民币4000元，总务科长李××人民币2000元。春节期间，上诉人杨××将郭送给的5万元用去了1万余元，上诉人在得知郭×勋被有关部门审查后，于3月3日用余款还了所欠单位公款3.2万元。在修建工程期间，杨××在协调工程的用水、用电、拨付工程款等方面为工程承包人郭×勋谋取了一定的利益。××县纪委、监察局审查后，杨××的家属代其退款人民币6.6万元。

上述事实，有承包人郭×勋的证言证实承包县医院工程后，为感谢杨××及有关人员的关照，送钱给杨××人民币6.4万元，送给杨×辉副院长人民币4000元，李××人民币2000元的情况；杨××在审查期间，亲笔写的《关于个人经济问题汇报》，及杨××在写给县委、县纪委、县检察院有关领导的亲笔信件，供认收受承包人郭×勋人民币的情况；检察机关对杨审查期间的录音、录像，杨××如实供述了犯罪事实；李××的证言证实杨××曾问过郭的去向，说还郭的钱，并给郭的子女2000元压岁钱的情况；胥××、××栋的证言证实杨××在3月上旬，还所欠公款3.2万元的情况；罗××、邓×的证言证实县人民医院协调建筑工程用水、用电的情况；费用支出、报审单、转账支票存根等证实县人民医院为承包人郭×勋拨付工程款的情况；证人吕××亦证实在杨××生日中，送给人民币2000元。

本院认为，对杨××的审查分为两个阶段。1999年3月23日前是××县纪委、监察局依照中纪委和《中华人民共和国监察法》的有关规定对杨××、郭×勋、吕××进行审查，抽调了××县人民检察院的工作人员参加。上诉人及辩护人提出这一阶段有非法拘禁、刑讯逼供、诱供行为，没有充分的证据证实，且这一阶段尚未进入刑事诉讼程序。3月23日，××县人民检察院立案，进入刑事诉讼程序后，××县人民检察院的询问、讯问均依法进行。辩护人提出3月23日这天，相同的检察人员不可能在××县审查杨××，在××市市中区询问郭×勋并录像，又在××县询问吕××，证据不充分，不能成立。上诉人及辩护人关于程序违法的上诉、辩护意见不能成立。检察机关指控吕××在杨××生日送给杨××的2000元属受贿的证据不足，郭×勋在杨××生日送给杨××的4000元属礼尚往来，指控这6000元属受贿的意见不能成立，上诉人杨××及其辩护人称这6000元不属受贿的上诉、辩护意见成立，本院予以采纳。杨××在主观上对自己是县人民医院的院长，且工程承包人郭×勋正在承建县人民医院的工程，郭×勋分别送的1万元和5万元数额大是明知的。其辩称6万元是为医院达标，接待验收的客人打麻将输了，与杨××的亲笔交代材料、信件、陈述问题的录音、录像和郭×勋在检察机关的证言相矛盾，而且经查证医院达标招待费用已在单位报销，上诉人杨××的上诉意见没有任何证据证实且不是合法行为，其上诉、辩护意见不能成立。辩护人对郭×勋的调查笔录中，郭×勋称5万元是借给县医院用于争取资金。上诉人杨××及其辩护人辩称不是受贿行为，系民事借贷关系。经审理查明，上诉人杨××供述：我不缺钱用，也未向郭提出借款的意思。杨××收下郭送的5万元钱后，对其主观方面，在亲笔材料等证据中交代，开始心里不安，想退钱，以后“还钱的意愿淡薄了”。从客观方面看，杨××在得到郭的5万元钱后，在近20天内将5万元全部用于私人开支。根据我国民法通则有关规定，双方当事人意思表示要真实、一致，以合法形式掩盖非法行为的属无效民事行为。上诉人杨××从未提出借款，并称我不缺钱用，在收到款后，短期内全部用于个人开支。根据主观见之于客观，主客观相一致的原则，综合分析当时的环境、时机、上诉人和承包人的特殊关系，辩称5万元属借贷关系的意见不能成立。辩护方提出要求证人郭×勋到庭作证，本院经多次传呼，郭避而不到庭，其请求不影响本案定罪量刑。自首的本质特征是认罪、悔罪，要求“如实供述自己的罪行”。杨××在一审庭审中翻供，辩称其无罪，对犯罪的基本事实、性质和主要情节不如实供述，根据最高人民法院《关于处理自首和立功具体应用法律若干问题的解释》有关规定，上诉人杨××事前如实供述自己的事实，事后又翻供的不能认定其自首。故辩称有自首情节的理由不能成立。综上所述，检察机关指控上诉人杨××犯受贿罪罪名成立，上诉人杨××受贿人民币6万元。原判认定主要事实清楚，证据充分，量刑适当，审判程序合法。依照《中华人民共和国刑事诉讼法》第一百八十九条第（一）项，《中华人民共和国刑法》第十二条、第三百八十五条第一款、第三百八十六条、第三百八十三条第（二）项，第六十四条的规定，裁定如下：

驳回上诉，维持原判。

本裁定为终审裁定。

审 判 长 黄××
审 判 员 姜××
代理审判员 刘××
一九××年八月九日

本件与原本核对无异

书 记 员 邓 ×

（二）审判机关民事、行政裁判文书格式、实例

1. 第一审民事判决书

××××人民法院

民事判决书

（一审民事案件用）

（××××）×民初字第××号

原告……（写明姓名或名称等基本情况）。
法定代表人（或代表人）……（写明姓名和职务）。
法定代理人（或指定代理人）……（写明姓名等基本情况）。
委托代理人……（写明姓名等基本情况）。
被告……（写明姓名或名称等基本情况）。
法定代表人（或代表人）……（写明姓名和职务）。
法定代理人（或指定代理人）……（写明姓名等基本情况）。
委托代理人……（写明姓名等基本情况）。
第三人……（写明姓名或名称等基本情况）。
法定代表人（或代表人）……（写明姓名和职务）。
法定代理人（或指定代理人）……（写明姓名等基本情况）。
委托代理人……（写明姓名等基本情况）。

……（写明当事人的姓名或名称和案由）一案，本院受理后，依法组成合议庭（或依法由审判员×××独任审判），公开（或不公开）开庭进行了审理。……（写明本案当事人及其诉讼代理人等）到庭参加诉讼。本案现已审理终结。

原告×××诉称，……（概述原告提出的具体诉讼请求和所根据的事实与理由）。

被告×××辩称，……（概述被告答辩的主要内容）。

第三人×××述称，……（概述第三人的主要意见）。

经审理查明，……（写明法院认定的事实和证据）。

本院认为，……（写明判决的理由）。依照……（写明判决所依据的法律条款项）的规定，判决如下：

……（写明判决结果）。

……（写明诉讼费用的负担）。

如不服本判决，可在判决书送达之日起15日内，向本院递交上诉状，并按对方当事人的人数提出副本，上诉于×××人民法院。

审 判 长 ×××
审 判 员 ×××
审 判 员 ×××
××××年××月××日
（院印）

本件与原本核对无异

书 记 员 ×××

××市第一中级人民法院

民事判决书

（2000）×一中民初字第301号

原告茅××，女，1947年6月30日生，美国国籍，住×国×××州48375，××路24250号。

委托代理人陈×、段××，××市××律师事务所律师。

被告罗××，男，1952年2月24日生，汉族，××市××文化馆工作，住××市××小学宿舍楼。

被告胡××，女，1958年2月24日生，汉族，××市××小学教师，住××市××小学宿舍楼。

委托代理人罗××，同上。

被告××文艺出版社，住所地：××省××市××路××号。

法定代表人杨××，社长。

委托代理人李×，××律师事务所律师。

委托代理人宋××，该社《××传记》编辑部职员。

被告××日报社，住所地：××省××市××路××号。

法定代表人黄××，社长。

委托代理人郭××，该社《××文摘》编辑部副总编辑。

被告××之窗网络信息有限公司，住所地：××省××市××路××号×××学院图书馆6层。

法定代表人池×，总经理。

委托代理人郭××，同上。

被告××日报社，住所地：××省××市×××路××号。

法定代表人匡××，社长。

委托代理人姚××，该社《××周报》编辑部职员。

被告××周报社，住所地：××省××市××大街××号。

负责人王××，总编辑。

委托代理人刘××，××律师事务所律师。

被告××日报社，住所地：××市××区××街××号。

被告××大时代文摘报社，住所地：××省××市××路××号×号楼××室。

法定代表人林××。

被告××报社，住所地：××省××市××日报路××号。

法定代表人翟××，社长。

委托代理人郑××，该社职员。

被告××出版报社，住所地：××市××大街×号。

法定代表人邵××。

被告××日报社，住所地：××省××市××路××号。

法定代表人黎××，社长。

委托代理人方××、窦××，该社职员。

被告××日报社，住所地：××省××市××街××号。

法定代表人赵××，社长。

委托代理人杨××，该社《××文摘报》报社职员。

原告茅××诉被告罗××、胡××、××文艺出版社、××日报社等名誉权侵权纠纷一案，本院于2000年8月4日受理后，依法组成合议庭。被告××文艺出版社在提交答辩状期间对本案管辖权提出异议，我院经审查后以（2000）×一中民初字第301号民事裁定书裁定驳回被告××文艺出版社对本案管辖权提出的异议。被告不服，提出上诉，××市高级人民法院于2001年1月21日以（2001）×高民终字第4号民事裁定书裁定驳回被告××文艺出版社的上诉，维持原裁定。本院于2001年4月17日公开开庭对本案进行了审理，原告茅××及其委托代理人，被告罗××以及被告胡××、被告××文艺出版社、××日报社、××之窗网络信息有限公司、××报社、××日报社的委托代理人到庭参加诉讼。××日报社等其余被告经本院依法传唤，未到庭参加诉讼。本案经合议庭评议、审判委员会决定，现已审理终结。

原告茅××诉称，原告原系××芭蕾舞团主要演员，曾在著名的芭蕾舞剧《×××》中扮演“××”，平素生活检点正派，政治上亦无任何污点。但是被告××文艺出版社出版的刊物《名人传记》2000年第6期上却发表了一篇由被告罗××撰写的题为：

“‘××’茅××浮沉录”（以下简称“浮沉录”）的纪实性文章。该文使用了原告的真实姓名，杜撰了所谓原告“利用美貌和名气，与康生、张春桥等人勾搭，从戏剧舞台跳上政治舞台，最后又从政治舞台跳进监狱”的虚假“故事”。被告罗××在文章中使用大量侮辱性语言，并以大量篇幅虚构原告的心理活动，对原告恶意中伤和造谣诽谤。本案其余被告分别对该文予以摘载。“浮沉录”一文发表后，社会上对原告的各种谣传和议论纷至沓来，使原告在社会公众中的形象和声誉受到了极为严重的毁损和侵害，给原告及其亲属带来了难以形容的精神创伤和痛苦。原告认为：被告罗××、××文艺出版社、××日报社等撰写、发表和转载“浮沉录”一文的行为均构成对原告名誉权的侵害，其中，被告罗××和××文艺出版社应承担主要的民事侵权责任。据此，原告请求本院判令被告：停止侵权；公开在全国性报刊上向原告赔礼道歉，消除影响，恢复名誉；赔偿原告经济损失人民币 320200 元；给付原告精神抚慰金人民币 1000000 元。

原告为证明其诉称事实，向本院提供如下四组证据材料：

第一组证据材料是被告罗××撰写和发表在被告××文艺出版社出版的《名人传记》上的“浮沉录”一文以及本案其余被告转载该文的报刊，以证明被告捏造事实，侮辱、诽谤原告，构成对原告名誉权侵害的事实。

第二组证据材料是××芭蕾舞团提供的《关于茅××的情况介绍》、××市政协办公厅秘书处提供的《关于茅××系市政协常委的证明》、××市公证处提供的《关于茅××无刑事犯罪记录的证明》以及朱××、石××等人的书面证人证言，以证明原告一贯品学兼优、作风正派，“浮沉录”一文对原告的描述，纯属无中生有、凭空捏造。

第三组证据材料是刊登“浮沉录”一文的《×××时报》、《××之星文汇报》等海外报刊，以证明被告的侵权文章对原告所造成的损害后果已扩散到国外。

第四组证据材料是原告为诉讼而支出的办理公证、签证、通讯、交通、食宿、聘请律师等费用的计算凭证，以证明原告因被告的侵权行为而实际发生的经济损失。

被告罗××在法定答辩期内向本院提供的书面答辩状中称，被告撰写的“浮沉录”一文主要取材于××文艺出版社 1987 年出版的《疯狂的上海》这部纪实小说，并非虚构事实而侵犯原告的名誉权。庭审中，被告罗××表示其经过调查，已认识到“浮沉录”一文内容是错误的，给原告的名誉带来了伤害，被告对此向原告表示歉意，并愿意承担侵权责任。

被告罗××为证明其答辩主张，向本院提供小说《疯狂的上海》，以证明“浮沉录”一文的内容系引用该小说的部分故事情节而写。

被告××文艺出版社辩称，该社在其主办的公开发行的《××传记》期刊上刊登“浮沉录”一文时，该作品未被认定为侵权作品，由于该社对原告的生平和作为并不知情，因此也不知该作品是侵权作品。基于该社没有侵害原告名誉权的主观故意，因此不应承担侵权责任。此外，被告××文艺出版社认为原告提出的经济损失和精神损害的赔偿数额过高，缺乏法律依据。

被告××文艺出版社为证明其答辩主张，向本院提供如下证据材料：

1. 该社于 2000 年 7 月底收到的由署名为“胡××”寄来的关于“浮沉录”一文的情况说明，以证明被告××文艺出版社主动收集材料，积极协助原告对本案进行调查。

2.《××传记》2000 年第 10 期刊登原告律师函、被告××文艺出版社的声明以及该期杂志的付印通知书，以证明被告××文艺出版社为制止侵权和消除影响，采取了积极的措施。

被告××日报社、××之窗网络信息有限公司、××报社、××日报社均在庭审中辩称，根据《中华人民共和国著作权法》第三十二条第二款的规定：作品刊登后，除著作权人声明不得转载、摘编的外，其他可以转载。本案争议的“浮沉录”一文内容的真实性应由第一次发表的出版社核实，而作为转载该文的编辑出版单位的被告，不应承担审核该文的义务，故被告不应承担侵犯原告名誉权的民事责任。但对于因转载“浮沉录”一文给原告名誉权带来的实际损害，上述各被告均在庭审中向原告表示了歉意。

被告胡××的代理人即被告罗××在庭审中辩称，因《××传记》在发表“浮沉录”一文的同时，正在连载被告罗××撰写的其他文章，因此罗××即改署其妻胡××之名发表“浮沉录”一文，故被告胡××并非“浮沉录”一文的作者，其不应承担侵权责任。

××日报社等其余被告未向本院提供证据材料。

原、被告提交的证据材料经庭审公开质证，对于证据材料的真实性，双方均未表示异议。但是，被告××文艺出版社等认为原告因诉讼而发生的费用不尽合理。原告认为被告罗××提供的小说《疯狂的上海》不是纪实作品，被告罗××按照自己的推断，将该书虚构的内容写成真实的故事，对原告进行侮辱、诽谤，即构成名誉权侵权。原告同时认为被告××文艺出版社提供的证据材料不能证明该被告没有实施对原告名誉权侵害的行为。

综合原、被告的举证和质证意见，对双方无异议的证据，本院予以确认。对于原告就被告罗××和××文艺出版社的证据所提出异议，本院认为，虽然被告罗××提出“浮沉录”一文的内容与《疯狂的上海》中的部分故事情节相仿，但后者作为小说，允许故事内容上的虚构，而且该小说也没有指名道姓地将现实生活中真实的人物作为描写对象，故依据该小说不能证明被告罗××撰写的“浮沉录”系取材于真实事件。另外，被告××文艺出版社提供的证据，不能证明其在出版“浮沉录”一文时已对该文的内容进行了审查。

根据以上确认的证据，查明如下事实：

原告茅××，19××年 8 月毕业于××市舞蹈学校，后被××芭蕾舞团提任为主要演员，曾在《×××》、《××》等十余部芭蕾舞剧中担任主角。其中，舞剧《×××》被摄制成彩色电影，原告在该剧中饰演“××”一角。原告在艺术追求上严肃认真，且一贯作风正派。1977 年 12 月到 1983 年 3 月，原告担任上海市政协第五届常务委员会委员。1984 年 8 月，原告赴美留学，后定居。

2000 年 5 月，被告××文艺出版社出版的《××传记》2000 年第 6 期上刊登了题为“‘××’茅××浮沉录”的文章，该文系被告罗××以其妻胡××之名作为笔名发表。全文共计 11000 余字。在文章的引言部分，被告罗××将该文的主题作了概括，即“普通百姓只知道舞台与银幕上的‘××’光彩照人的一面，却不知道现实生活中的茅××是如何利用她的美貌与名气，与康生、张春桥等人勾搭，从戏剧舞台跳上政治舞台，最后从政治舞台跳进监狱的。”接着，被告罗××用“特殊手段”、“特殊任务”、“特殊人物”、“特殊命运”的小标题将文章分成四个部分，杜撰了作为××芭蕾舞学校及其芭蕾舞艺术团演员的原告如何利用为首长表演的机会，以出众的舞艺和美貌作为诱饵，与康生、张春桥等当时的一些“文革大员”结识、勾搭，并通过他们的帮助，登上政治舞台，在“文革”造反派组织中“呼风唤雨”，最后随着“四人帮”的粉碎终于跌进监狱的故事情节。

上述故事情节除原告曾经在芭蕾舞剧《×××》中扮演“××”的经历与客观事实相符外，其余事实均属被告罗××捏造。同时，“浮沉录”一文中还夹杂了许多关于女主人公权力欲和征服欲方面的心理活动和细节动作的描述。其中，被告罗××使用了大量侮辱性的语言针对原告的人格、名誉，主要是个人道德品质和生活作风进行丑化和贬低。如：“与康生、张春桥等人勾搭”，“二流芭蕾舞演员”，“浪迹于上层政治沙龙中的‘红色大明星’”，“人见人爱的‘珍稀动物’”，等等。

被告××文艺出版社在发表该文时，还配发了芭蕾舞剧中的“××”、“文革”中的康生、王洪文等三幅照片。

“浮沉录”一文在《××传记》上发表后，被告××日报社、××之窗网络信息有限公司、××日报社、××周报社、××日报社、××大时代文摘报社、××报社、××出版报社、××日报社、××日报社等国内新闻出版单位，分别于2000年5月至6月其各自主办的《××文摘》、“××之窗”电子刊物、《××周报》、《××周报》、《××文萃报》、《×××文摘》、《××报》、《××周末报》、《××日报》、《××文摘报》上以“‘××’茅××的悲剧人生”、“康生与‘××’茅××”等为题转载了发表在《××传记》上的“浮沉录”一文的主要内容。

被告××日报社在转载该文时，不但以“‘××’勾结康生王洪文”为题，而且另加了小标题和题为“茅××的情夫徐××”的照片。

此外，国外的一些报刊也曾转载过“浮沉录”一文。

本院认为，本案存在着两个争议的法律问题：

一是本案各被告的民事责任承担问题。众所周知，人格尊严是人的基本权利，对他人的人格尊重是一个文明社会所有人应当负担的基本义务。同时，公民的名誉权也依法受到保护。原告曾经是一名著名芭蕾舞演员，享有一定的社会知名度，其人格和名誉理应受到社会的尊重和法律的保护。被告罗××在没有经过任何调查采访的情况下，以原告茅××为特定的描写对象，捏造事实，杜撰情节，将原告描绘成一个为获取政治利益而不择手段，利欲熏心，道德败坏的人物。被告罗××的文章不但故事情节是虚假的，而且采用许多庸俗和带有侮辱、诽谤性的语言来营造格调低下的气氛，肆意毁损原告的名誉。由于被告在文章中所设置的人物姓名和曾经在舞剧《×××》中扮演“××”的人物特定经历与原告相同，必然使不明真相的读者自然联想到被告文章所描写的就是原告的真实经历，因此造成原告人格价值的社会评价的降低和个人名誉受到严重损害的后果。被告罗××的文章短时间内在国内十多家全国性和地方性报刊上刊登和转载，甚至在国外媒体上发表，对原告的名誉造成了极其广泛的社会恶劣影响，使原告承受了沉重的社会压力和极大的精神痛苦。根据我国《民法通则》第一百零一条的规定，被告罗××的行为构成对原告茅××名誉权的侵害，其侵权故意是明显的，侵权情节、程度和后果也是特别严重的。

最高人民法院《关于侵害名誉权案件有关报刊杂志社应否列为被告和如何适用管辖

问题的批复》〔法（民）复（1988）11号〕中规定：报刊杂志社对所发表的稿件，应负责审查核实。发表后侵犯了公民的名誉权，作者和报刊杂志社都负有责任，可将报刊杂志社和作者列为共同被告。据此，基于民事侵权责任的构成要件，报刊杂志社对所发表的稿件负有审查核实的义务，只要发表了损害他人名誉的稿件，就可以认定其在主观上未尽到审查核实的义务。本院认为，被告××文艺出版社应当负有审查罗××撰写的“浮沉录”一文的内容是否真实的义务，尤其是对于以现实生活中的真实人物为描写对象的纪实文章，被告更应恪尽审查之责，而且完全可以通过正常的渠道对文章的内容进行核实。但被告××文艺出版社对该侵权文章的刊登、发表采取了放任的态度，致使发生该文在社会上广为流传的严重后果。对此，被告××文艺出版社在主观上也有过错，客观上与被告罗××共同造成了原告名誉权受到严重损害的后果。两被告应承担共同侵权的民事责任。

关于转载该侵权文章的报刊杂志社的责任问题。本院认为，转载作品和首次刊登作品一样，也应当进行审查。本案中，“浮沉录”一文具有明显的侮辱和贬低现实生活中真实人物的人格的内容，××日报社等被告在转载该文时，理应审查核实其内容的真实性，但上述被告均未尽到这一义务，进一步扩大了原刊登作品侵害的后果和影响，其行为均构成了对原告名誉权的侵害。虽然在侵权行为的性质和情节上有别于直接造成原告损害后果的被告罗××和××文艺出版社，但也应当承担停止侵害、赔礼道歉、消除影响、恢复名誉的民事责任。被告××日报社在转载侵权文章时，不但将题目定为：‘××’勾结康生王洪文”，而且配发了针对原告的带有侮辱性语言的文字说明和照片，对该文的侵权内容作了进一步的渲染和发挥，其对原告因受侵权而造成的经济损失和精神损害应当承担相应的法律责任。

因被告胡××本人并未参与撰写“浮沉录”一文，也不存在具体的侵权行为，且原告对此也未表示异议，故被告胡××可不承担侵权之责。

二是原告的经济损失和精神损害的赔偿问题。根据侵权损失的全面赔偿原则，侵权人应当对被侵权人因民事权利受到侵害而造成的全部损失进行赔偿。本案中，原告因被告罗××、××文艺出版社、××日报社等的侵权行为而产生的直接经济损失和因诉讼而支出的合理费用，本院应予支持。原告经济损失的具体数额，本院主要根据原告提供的经庭审调查确认为真实有效的费用支出凭证，并依据公平合理的原则予以认定，其中，应当包括原告的医疗费人民币1707.76元、误工费人民币20104.37元、因诉讼而支出的证据公证和办理回国签证的费用人民币4662.85元、交通费人民币43247.27元、食宿费人民币11859元、通讯费人民币5198.85元和律师代理费人民币50000元，共计金额为人民币136780元。

关于原告精神损害的赔偿问题。根据最高人民法院《关于确定民事侵权精神损害赔偿责任若干问题的解释》的有关规定，自然人的名誉权遭受非法侵害，可以请求赔偿精神损害；因侵权致人精神损害，造成严重后果的，人民法院可以判令侵权人赔偿相应的精神损害抚慰金。本院认为，被告罗××撰写、被告××文艺出版社发表、被告××日报社等转载的“浮沉录”一文从头至尾捏造事实，使用侮辱、诽谤性语言对原告的名誉进行诋毁，被告侵权手段、方式之恶劣，社会影响范围之广，原告因此所遭受的精神损害后果之严重，实属罕见。鉴于被告对原告经济损失的赔偿数额尚不足以弥补原告因名誉权受到侵害而造成的精神创伤和痛苦，同时，对于被告的侵权行为应当予以必要的惩戒，故结合本案各被告侵权的过错程度，侵害的手段、场合、行为方式、侵权行为所造成的后果等因素，被告罗××、××文艺出版社和××日报社应赔偿原告相应的精神损害抚慰金。

据此，依照《中华人民共和国民法通则》第一百零一条、第一百三十条、第一百三十四条第一款第（一）、（七）、（九）、（十）项之规定，判决如下：

一、被告罗××、××文艺出版社、××日报社、××之窗网络信息有限公司、××日报社、××周报社、××日报社、××大时代文摘报社、××报社、××出版报社、××日报社、××日报社应停止对原告茅××名誉权的侵害。

二、被告罗××、××文艺出版社应于本判决生效后在《××传记》的显著位置上刊登声明（内容须经本院审核），向原告茅××赔礼道歉，消除影响，恢复名誉；被告××日报社、××之窗网络信息有限公司、××日报社、××周报社、××日报社、××大时代文摘报社、××报社、××出版报社、××日报社、××日报社应于本判决生效后分别在各自主办的《××文摘》、“××之窗”电子刊物、《××周报》、《××文萃报》、《×××文摘》、《××报》、《××周末报》、《××日报》、《××文摘报》等报刊的显著位置上刊登声明（内容须经本院审核），向原告茅××赔礼道歉，消除影响，恢复名誉。

三、被告罗××和××文艺出版社应于本判决生效后十日内共同赔偿原告茅××经济损失人民币95746元；被告××日报社应于本判决生效后十日内赔偿原告茅××经济损失人民币41034元。

四、被告罗××和××文艺出版社应于本判决生效后十日内共同赔偿原告茅××精神损害抚慰金人民币70000元；被告××日报社应于本判决生效后十日内赔偿原告茅××精神损害抚慰金人民币30000元。

案件受理费人民币16611元，由被告罗××负担5211元，被告××文艺出版社负担4000元，被告××日报社负担2000元，被告××日报社、××之窗网络信息有限公司、××日报社、××周报社、××日报社、××大时代文摘报社、××报社、××出版报社、××日报社各负担600元。

如不服本判决，原告茅××可在判决书送达之日起三十日内，其余当事人可在判决书送达之日起十五日内向本院递交上诉状，并按对方当事人的人数提供副本，上诉于××市高级人民法院。

审　判　长　许××
审　判　员　潘××
代理审判员　汪××
二〇〇一年八月十六日
书　记　员　沈××

2. 第二审民事判决书

××××人民法院

民事判决书

（二审维持原判或者改判用）

（××××）×民终字第××号

上诉人（原审×告）……（写明姓名或名称等基本情况）。

被上诉人（原审×告）……（写明姓名或名称等基本情况）。

第三人……（写明姓名或名称等基本情况）。

（当事人及其他诉讼参加人的列项和基本情况的写法，除双方当事人的称谓外，与一审民事判决书样式相同）。

上诉人×××因……（写明案由）一案，不服××××人民法院（××××）×民初字第××号民事判决，向本院提起上诉。本院依法组成合议庭，公开（或不公开）开庭审理了本案。……（写明当事人及其诉讼代理人等）到庭参加诉讼。本案现已审理终结（未开庭的，写："本院依法组成合议庭审理了本案，现已审理终结"）。

……（概括写明原审认定的事实和判决结果，简述上诉人提起上诉的请求和主要理由，被上诉人的主要答辩，以及第三人的意见）。

经审理查明，……（写明二审认定的事实和证据）。

本院认为，……（根据二审查明的事实，针对上诉请求和理由，就原审判决认定事实和适用法律是否正确，上诉理由能否成立，上诉请求是否应予支持，以及被上诉人的答辩是否有理等，进行有分析的评论，阐明维持原判或者改判的理由）。依照……（写明判决所依据的法律条款项）的规定，判决如下：

……〔写明判决结果。分四种情况：

第一，维持原判的，写：

"驳回上诉，维持原判。"

第二，全部改判的，写：

"一、撤销××××人民法院（××××）×民初字第××号民事判决；

二、……（写明改判的内容，内容多的可分项书写）。"

第三，部分改判的，写：

"一、维持××××人民法院（××××）×民初字第××号民事判决的第×项，即……（写明维持的具体内容）；

二、撤销××××人民法院（××××）×民初字第××号民事判决的第×项，即……（写明撤销的具体内容）；

三、……（写明部分改判的内容，内容多的可分项书写）。”

第四，维持原判，又有加判内容的，写：

“一、维持××××人民法院（××××）×民初字第××号民事判决；

二、……（写明加判的内容）。”

……（写明诉讼费用的负担）。〕

本判决为终审判决。

审　判　长　×××
审　判　员　×××
审　判　员　×××
××××年××月××日
（院印）

本件与原本核对无异

书　记　员　×××

××省高级人民法院

民事判决书

（1998）×民终字第204号

上诉人（原审原告）陈×，男，汉族，1968年9月10日出生，现住××市××区×××××段×号××栋×单元×号。

委托代理人杨××，××律师事务所律师。

委托代理人段××，××律师事务所律师。

上诉人（原审原告）廖××，男，汉族，1950年7月26日出生，现住××市××大街×××号。

委托代理人段××，××律师事务所律师。

上诉人（原审原告）张×，男，汉族，1969年3月9日出生，现住××市××区××路×号×栋×单元×楼×号。

委托代理人段××，××律师事务所律师。

上诉人（原审原告）刘××，男，汉族，1972年2月21日出生，现住××市×××乡××村×组。

委托代理人段××，××律师事务所律师。

被上诉人（原审被告）××出租汽车有限责任公司，住所地××市××路××桥。

法定代表人李××，总经理。

委托代理人王××，××律师事务所律师。

上诉人陈×、廖××、张×、刘××因出租车经营合同纠纷一案，不服××省××市中级人民法院1998年5月19日作出的（1997）××初字第484号民事判决，向本院提起上诉。本院1998年8月17日受理此案，并依法组成合议庭进行了审理。因出租车行业管理缺乏相应法律、行政法规予以规范，且××市范围内与本案类似的纠纷较多，为避免引发大范围的诉讼事件，××市有关行业主管部门多次来院反映，并协助本院主持双方当事人进行调解，致本案未能在法定审限内审结，经本院院长批准本案延长审理期限。本案现已审理终结。

原审法院审理查明，1993年5、6月份，陈×等4人与××出租汽车有限责任公司（下称××公司）签订了4份出租车经营合同书，约定：××公司将16辆出租车经营权，发放给早已投入营运的乙方（即驾驶员）继续经营，乙方一次性向××公司（交）集资（款）10000元后，享受经营权使用的待遇；乙方需更新车辆时，××公司收取5000元更新使用费及其他应收的费用。签约前，××公司已于1993年3月分别收取了4名驾驶员的有偿使用费各10000元。签约后，4名驾驶员均依约按时缴纳了各种费用。但4份合同均未约定履行期限，且签约时政府也未对出租车的经营权有偿使用费、经营权有偿出让期限、更车期限及由谁更车等问题做出明文规定。1997年9月4日，××公司通知已到更车期限的廖××限期结账，以签订第二轮出租车承包合同，致纠纷产生。原审法院认为，陈×等4人与××公司于1993年5、6月签订的4份出租车经营合同，是双方当事人真实意愿的表达，是在当时特定的条件下签订的，属有效合同；合同中约定陈×等4人一次性向××公司（交）集资（款）10000元，实为有偿使用费；根据×城客管（1993）134号文件规定，陈×等4人所交的10000元有偿使用费未超过该文件的规定；该文还明确可按车辆经营使用年限作为签订承包合同的时限周期，本案出租车经营合同中虽未约定履行期限，但应以5年作为一轮合同的周期；合同中关于更新车辆的约定，因与×公用（1995）189号文件关于经营者获得经营权后，应在半年内购车投入运营，必须做到投资者与经营者一致，营运车辆车籍与经营权获得一致，严禁带车靠挂经营的规定相抵触，该约定应从成×用（1995）189号文件下发之日起无效。导致该条款无效，是因双方未依据政府文件规定修改原合同，对此，双方均有责任；鉴于现行政府文件的相继出台及原签订的出租车经营合同不规范，约定更车和靠挂经营的条款与成公用（1995）189号文件规定相抵触，加之合同未约定履行期限，导致原合同无法继续履行。遂判决：解除陈×、廖××、张×、刘××与××公司1993年5、6月签订的4份××公司出租车经营合同，合同解除后，上述合同承包人在同等条件下，有优先承租权；驳回原告的诉讼请求。第一审案件受理费16008元，其他诉讼费6400元，共计22408元，由陈×、廖××、张×、刘××各承担2801元，××公司承担11204元。宣判后，陈×、廖××、张×、刘××均不服，向本院提起上诉。

本院审理中，各方当事人对上诉人自购车辆加入××公司、各交纳10000元经营权有偿使用费、每月向××公司交服务费等各种费用1152.50元及出租车经营权为××公所有无异议。各方当事人争议焦点是：上诉人陈×、廖××、张×、刘××认为：1. 出租车有偿经营合同合法有效；2. 所涉合同并非靠挂经营，未违反相应法规；3. 合同约定履行期限为长期使用，应按政府规定的使用期限20年确定合同履行期限。被上诉人××公司不予认同，本院就前述争议进行了审理。

（一）关于合同效力是否有效

陈×、廖××、张×、刘××的主张和证据是：其与××公司签订的合同合法有效，上诉人已全面履行了义务，其合同应继续履行。

××公司答辩理由和证据是：合同中未明确经营权有偿使用期限及带车靠挂、驾驶员自己更车等内容，违反了嗣后建设部、××市公用事业局、××市客管处作出的规定，依法应当终止履行。

本院对下列证据认定如下：

1.1993年5月4日、5月19日、5月25日，张×、廖××、吕××分别与××公司签订的3份出租车经营合同书，主要内容有：××公司将16辆出租车经营权发放给早已投入营运的乙方（即驾驶员）继续经营，乙方一次性向××公司（交）集资（款）10000元后即享受经营权使用的待遇（与张×所签合同，还注明乙方长期使用）；乙方带入公司的车辆，服从公司的统一管理；乙方须在每月6日前向公司交清各种代办费和公司应收费；乙方需更新车辆时，××公司收取每辆车5000元更新使用费；乙方转让车辆时，经营权不能转出公司，××公司除每辆车收取1000元内部过户费，还将增收有偿经营权费5000元，以及乙方应交的其他费用等。该3份协议真实有效，应予确认。

2.1996年3月11日，吕××将其车辆以24万元卖与陈×，××公司收取了陈×5000元经营权增值过户费、1000元过户手续费、10000元经营权使用费，并在卖车协议和其原与吕××签订的出租车经营合同书上注明“同意此车转让，但经营权使用期限按国家有关政策办理”后，加盖了公章，陈×与××公司据此形成的合同关系真实有效，予以确认。

3.刘××在本案审理期间虽未能提供其与××公司所签合同，但其于1993年3月8日向××公司交纳了10000元经营权有偿使用费，且每月向××公司交纳的各种费用及实际享有的权利义务均与前述驾驶员相同，其与××公司实际存在的合同关系真实有效，予以确认。前述合同均未约定履约截止期限，且签约时政府对出租车的经营权有偿使用费、经营权有偿出让期限、更车期限及由谁更车等问题均未有明确规定。

据此，本院认为：陈×购买吕××的车辆，××公司收取了经营权增值过户费、过户手续费、经营权使用费，并在卖车协议和其原与吕××签订的出租车经营合同书上注明“同意此车转让，但经营权使用期限按国家有关政策办理”后加盖了公章，应确认××公司对陈×承接吕××原与××公司所签合同的权利义务的认可；刘××虽未能提供其与××公司所签合同，但其向××公司交纳了经营权有偿使用费，且每月向××公司交纳的各种费用及实际享有的权利义务均与本案其余驾驶员相同，故应认定刘××与××公司事实上亦形成了与本案其余驾驶员相同的合同关系。陈×等4人与××公司所签出租车经营合同，是在当时特定的条件下签订的，属双方当事人真实意愿的表达，并不违反国家政策和法律、法规，双方所形成的出租车经营权有偿使用合同关系应为有效。

（二）关于靠挂经营问题

陈×、廖××、张×、刘××的主张和证据是：上诉人于1992年前就已在经营出租车并无偿使用经营权，后按政府便于管理的要求以自购车辆加入××公司，政府对出租车经营者的优惠，应是给上诉人的优惠，且优惠购买经营权的10000元亦系上诉人交纳，足以证明上诉人是投资经营，而非靠挂经营。

××公司答辩理由和证据是：本案所涉出租车车籍虽登记为××公司，但均系上诉人带入××公司，上诉人不仅占有使用且享有转让权，故上诉人实为车辆所有人，上诉人与××公司是一种带车靠挂关系。

本院认为，本案所涉出租车车籍登记为××公司，且经营权亦为××公司所有，其营运车辆车籍与经营权获得一致，不属带车靠挂经营关系，××市公用局虽规定不得靠挂经营，但该规定不属行政法规，即使本案属靠挂经营，亦不能因此而确定合同无效。

（三）关于合同履行期限问题

陈×、廖××、张×、刘××的主张和证据是：合同未约定具体履行期限，是因为当时政府没有对出租车经营权的年限做出明确规定，上诉人享有的经营权使用年限应与其后政府规定的一致，也符合合同关于长期使用的约定，且××公司于1996年3月亦明确表示经营权使用期限按国家政策办理。

××公司答辩理由和证据是：政府所规定的经营权使用期限20年，是对政府出让给经营权使用人即××公司使用经营权期限作出的规定，而非对××公司上诉人之间有偿使用期限作出的规定，二者主体不同，分属两个不同的法律关系。

本院认为，本案所涉合同，与一次交纳承包金、每月另交承包费的承包合同特征明显不符，应为经营权有偿使用合同，而非承包合同，合同明确约定上诉人交清10000元有偿使用费后，享受经营权使用或长期使用待遇，不适用×城客管（1993）134号文对内部承包时限按车辆使用年限作为签订合同周期的规定；合同中未明确经营权有偿使用截止期限，系因政府出让本案所涉出租车经营权时，未对经营权使用期限作出规定，××公司在与张×所签合同中承诺驾驶员长期使用经营权，在吕××与陈×的出租车转让协议书上亦明确表示经营权使用期限按国家政策办理，故在政府主管部门对该批出租车经营权使用期限作出规定后，即使用期从1998年元月1日起，经营权使用年限定为20年，其规定的截止日2017年12月31日应作为本案所涉经营权有偿使用合同的履行截止期限。

另查明，原××有限公司于1995年10月经××市工商行政管理局变更登记为××出租汽车有限责任公司。

本案所涉4辆出租车的经营权，系1993年6月30日××公司按照××市人民政府的优惠政策以每车10000元购买，同年7月8日，经××市公用局批准颁发经营权证书。

本案审理期间，××公司单方于1998年10月16日、11月23日到××市客管处办理了本案所涉×A53109（廖××）、×A49220（张×）、×A92473（刘××）、×A77856（陈×）4辆车的更车手续（包括更换驾驶员服务证），至廖××、张×、刘××、陈×不能再使用出租车经营权。

综上所述，本案所涉出租车经营权属××公司所有，但其经营权的取得，系1993年6月30日××公司按照××市人民政府的优惠政策以每车10000元购买，上诉人自购车辆加入××公司，并交纳10000元经营仅有偿使用费，对××公司优惠取得出租车经营权做出了特别的贡献。本着公平原则，基于经营权产生的利益，应由上诉人与××

公司共同分享，合同约定交纳使用费后享受经营权使用或长期使用待遇，亦系双方对经营权产生利益共享的特别约定。基于对经营权及其产生的利益的合理确定，确保了客观公正的解决本案争议。上诉人全面履行了合同义务后，××公司单方中止合同，并在诉讼中到××市客管处办理更车手续，导致合同无法继续履行，属违约行为，对其违约造成上诉人无法从事出租车经营的损失应当赔偿。目前，出租车经营权市场价值约在30万～40万元之间，本案所涉出租车经营使用期限至2018年止，廖××、张×、刘××已从1993年使用至1998年，陈×已从1996年使用至1998年，其间上诉人享受的利益明显大于××公司，因××公司已将本案所涉出租车经营权承包给案外人使用，其后的经营权利益上诉人将无法享受，对此，××公司应给予上诉人适当的赔偿。鉴于廖××、张×、刘××已使用出租车经营权约5年，××公司应按目前出租车经营权平均市场价值的45%左右进行赔偿，陈×使用出租车经营权约2年，且××公司对其投资24万元购买出租车及经营权使用待遇也予以了确认，××公司对其的赔偿应适当高于前述上诉人。原判认定本案为靠挂经营、承包经营，属认定事实错误，原判确定的更车时间作为合同周期属适用法律不当。上诉人提出经营权有偿使用合同合法有效，其与××公司不属承包关系、靠挂经营，上诉理由成立。原审判决认定事实错误，适用法律不当，依法应予改判。依照《中华人民共和国民事诉讼法》第一百五十三条第一款第（三）项、《中华人民共和国民法通则》第五十七条、第一百一十一条、第一百一十二条的规定，经本院审判委员会讨论决定，判决如下：

1. 撤销××省××市中级人民法院（1997）×民初字第484号民事判决；

2. 廖××、张×、陈×、刘××与××公司之间的出租车经营权有偿使用合同关系合法有效，因××公司已将出租车经营权承包给案外人使用，导致合同无法继续履行，廖××、张×、陈×、刘××与××公司之间的出租车经营权有偿使用合同关系应予解除；

3. ××公司赔偿廖××、张×、刘××各15万元，赔偿陈×18万元。该款于判决生效后10日内付清。

本案第一审、第二审案件受理费各16008元，均由××公司承担。

本判决为终审判决。

审 判 长 张××
代理审判员 徐 ×
代理审判员 管××
一九九九年十一月十二日

本件与原本核对无异

书 记 员 舒 ×

3. 再审民事判决书

××××人民法院

民事判决书

（依照审判监督程序提审的案件用）

（××××）×民再字第××号

原审原告（或原审上诉人）……（写明姓名或名称等基本情况）。

原审被告（或原审被上诉人）……（写明姓名或名称等基本情况）。

原审第三人……（写明姓名或名称等基本情况）。

（当事人及其他诉讼参加人的列项和基本情况的写法，与本院决定再审的案件用的民事判决书样式相同。）

……（写明原审当事人的姓名或名称和案由）一案，××××人民法院于××××年××月××日做出（××××）×民×字第××号民事判决（或裁定），已经发生法律效力。××××年××月××日，本院以（××××）×民监字第××号民事裁定，决定对本案进行提审。本院依法组成合议庭，公开（或不公开）开庭审理了本案。……（写明参加再审的当事人及其诉讼代理人等）到庭参加诉讼。本案现已审理终结（未开庭的写："本院依法组成合议庭审理了本案，现已审理终结。"）。

……（概括写明原审生效判决认定的主要事实、理由和判决结果；简述当事人提出的主要意见及其理由和请求）。

经审理查明，……（写明提审认定的事实和证据）。

本院认为，……（根据提审查明的事实，着重论述原审生效判决定性处理是否正确，阐明应予改判，如何改判或者维持原判的理由）。依照……（写明判决所依据的法律条款项）的规定，判决如下：

……（写明判决结果）。

……（写明诉讼费用的负担。维持原判的，此项不写）。

本判决为终审判决。

审 判 长 ×××

审 判 员 ×××

审 判 员 ×××

××××年××月××日

（院印）

本件与原本核对无异

书 记 员 ×××

××省高级人民法院

民事判决书

(1998)×再终字第47号

原审上诉人(一审被告)××市××区集资建房办公室(以下简称集资办),住所地××市××街×号。

负责人王××,主任。

委托代理人许××,××律师事务所律师。

委托代理人许××,××律师事务所律师。

原审被上诉人(一审原告)××市信托投资股份有限公司(以下简称信托公司),住所地××市××街××号。

法定代表人姜××,经理。

委托代理人简××,该公司××办事处主任。

委托代理人谢××,××律师事务所律师。

原审被上诉人(一审被告)××省园林实业开发总公司(以下简称园林公司),住所地××市××街××号。

法定代表人苑×,经理。

信托公司与园林公司、集资办借款合同纠纷一案,××县人民法院于1997年10月6日做出(1997)×民初字第35号民事判决。集资办不服,提出上诉。××市中级人民法院于1997年11月27日做出(1997)×民终字第374号民事判决,判决已经发生法律效力。1998年9月17日,本院以(1998)×民监字第28号民事裁定,决定对本案进行提审。本院依法组成合议庭,公开开庭审理了本案。集资办委托代理人许××、许××;信托公司委托代理人简××、谢××等到庭参加诉讼。园林公司法定代表人苑×因下落不明,按法定程序公告送达了有关法律文书,未到庭参加诉讼。

××市中级人民法院判决认定:信托公司与园林公司签订的借款合同,未违反法律规定,应属有效。信托公司按约履行了义务,但园林公司借款期满后,未按约还本付息,应承担相应的民事责任。因集资办与园林公司无其他业务往来,也无证据证明其与信托公司签订过高息存款协议,且在园林公司将"往来款"划给集资办近一年时间内,集资办也应知该款的来源和用途而未提出过异议,故集资办所收取的"往来款"实为委托存款协议中约定的"手续费"。虽然借款合同、不可撤销担保函、委托存款协议中所盖公章与集资办在其他业务中所用公章有别,但因集资办公章未依法在有关部门备案,不能证明前述3份文件中加盖的集资办公章系他人伪刻。故集资办为园林公司借款提供担保的事实成立且有效。集资办对园林公司向信托公司偿付本息的义务应承担连带担保责任。集资办所述借款合同、不可撤销担保函、委托存款协议系伪造及园林公司所划款项为信托公司支付的利息，集资办不应为该借款承担责任的上诉理由，因证据不足，本院不予支持。判决驳回上诉，维持原判：一、园林公司在判决生效后10日内偿还信托公司贷款240万元之本金和利息；二、园林公司到期不能归还贷款本金、利息，由集资办向信托公司归还贷款240万元的本金和利息。一审诉讼费担负不变，二审案件受理费27227元，其他诉讼费24403元，共计51630元由集资办担负。

集资办申请再审理由：1.集资办转款到信托公司××办事处只是一种简单的存款取息的存款关系；集资办没有与信托公司洽谈过担保事宜。2.集资办成立后对外开展业务和资金往来至今只有这一枚有效公章和法人私章。3.园林公司于1996年5月27日向集资办划款23.46万元，系信托公司如约应付的利息（超出国家利率17%～9.18%×300万元=23.46万元）。但不能改变在借款担保手续中虚构、伪造印章的这一客观事实。4.信托公司在审查借款过程中严重失职，违反了国家规定，导致园林公司诈骗贷款的后果发生，应承担本案的责任。原判虽认定借款合同、不可撤销担保函、委托存款协议中所盖公章与集资办在其他业务中所用公章有别，但以集资办公章未依法在有关部门备案为由判令承担担保责任不当。请求撤销一、二审判决，依法再审作出公正裁判。

经审理查明：1996年5月23日集资办从建设银行××市一支行账户（22338418）转款300万元存入信托公司××办事处，××办事处于5月24日将账号008164，存款人姓名××区集资建房办公室，年息9.18%的一年定期委托存款单交给集资办。5月24日，园林公司向信托公司××办事处申请借款，信托公司××办事处将空白的委托存款协议书、不可撤销担保函、借款合同交园林公司填写，5月28日园林公司将加盖了借款单位为园林公司，担保单位为集资办印章的上述3份文件送信托公司××办事处审查。其委托存款协议书主要内容：集资办同意以委托存款方式向信托公司××办事处提供300万元资金作为委托放款保证金，其委托存款期限一年即1996年5月24日至1997年5月24日止，利率9.18%。委托方同意受托方将款发放给信誉高、管理严、效益好的园林公司，经3方商定手续费由借款方交纳。不可撤销担保函中主要内容："致市信托××办：鉴于园林公司向信托××办申请贷款，应借款人的请求，我单位××区集资办特此开设贷款人为受益人的不可撤销的还款保证书，以保证借款人按时偿还贷款提供的贷款本金、利息及费用。担保金额为人民币240万元及其相应的利息及费用。"担保人集资办盖章，法定代表人王××盖章。担保人签发日期1996年5月24日。借款合同约定：信托公司向园林公司提供240万元贷款，月利率10.065%，借款时间从1996年5月29日起至1997年5月14日止；借款方还款资金来源为销售收入。还款保证，愿以固定资产净值340万元，流动资产1036万元为保证物，由借款方按时向中国人民保险公司办理财产保险手续，并将保险单送贷款方查验。1996年5月27日，园林公司在其信托公司××办事处开设的50540129号账户上以"往来款"的名义划款23.46万元到集资办在建设银行××市一支行开设的2238418账户上。1996年5月29日，信托公司××办事处向信托公司报送的《贷款审批通知书》中，借款单位园林公司，申请贷款金额为240万元。办事处的意见：同意以委托存款抵押贷款240万元。信托公司审贷小组意见：根据办事处意见，同意用存单抵押贷款240万元。同日，信托公司××办事处划款 240 万元到园林公司在信托公司××办事处开设的 5054129 账户上。1997 年 5 月 24 日，集资办持到期的 300 万元存款单到信托公司××办事处支取存款时，信托公司××办事处告知存款已作园林公司借款担保抵押，不能支取。集资办提出要求查验担保的有关资料，信托公司××办事处向集资办出示了园林公司提交的借款合同、不可撤销担保函、委托存款协议书。集资办当即提出上述文件中加盖的集资办印章和法定代表人印章均不是集资办的印章，且并未与任何单位签订过担保合同，要求支取存款。

再审中双方对集资办存款 300 万元在信托公司××办事处的事实均无异议。园林公司借款合同中担保栏上、委托存款协议书、不可撤销担保函中加盖的印章是否是集资办的，集资办与信托公司发生争议。再审庭审中，本庭针对上述争议的焦点进行庭审调查。对签订借款合同、委托存款协议书、不可撤销担保函的情况，信托公司在庭审中陈述，未与集资办接触，只将空白表交园林公司填写，园林公司于 1996 年 5 月 28 日已填写并加盖了园林公司、集资办印章的借款合同、委托存款协议书、不可撤销担保函送我庭审查。集资办主张印章是伪造，且信托公司违反《借款合同条例》、《中华人民共和国担保法》的规定，该办从未给园林公司担保过借款，担保不能成立；并向本庭举证出示了该办成立后经××区公安局批准刻制的公章和 1991 年 10 月在建设银行××市一支行开设账户时的预留印鉴以及其对外从事活动所使用印件的有关证据。信托公司向本庭提供了 1996 年 5 月 29 日信托公司××办事处向信托公司报批的借款单位为园林公司的《贷款审批通知书》，该通知书中办事处的意见：同意以委托存款抵押贷款 240 万元。审贷小组的意见：同意用存单抵押贷款 240 万元。但该《贷款审批通知书》中未注明用谁的委托存款单、存单号、存单金额多少作贷款抵押；向本庭出示的借款合同、不可撤销担保函、委托存款协议书中，除委托存款协议书中约定集资办提供 300 万元作为委托放款的保证金外，其余均未表明用谁的存款、多少号的存单为园林公司作贷款担保。同时查明信托公司提供的委托存款单、不可撤销担保函、委托存款协议书与集资办提供的在其对外从事活动中使用的公章、法定代表人印章有别。

本院认为：集资办存入信托公司××办事处的 300 万元存款，符合存款的规定，存款行为有效，应予以保护。园林公司与信托公司签订借款合同时，信托公司未严格按照借款审查程序对借款人、担保人的主体资格以及担保人是否愿意承担保证责任进行审查，将空白合同文件交园林公司，后由园林公司将已填写并加盖印章文件送信托公司，信托公司又未认真核实即同意并发放贷款。且信托公司在再审中向本庭提供的《贷款审批通知书》、委托存款协议书、不可撤销担保函、借款合同中除委托存款协议中约定集资办提供 300 万元作为委托放款的保证金外，其他文件中均未注明以谁的存款、存单号、存单金额多少抵押贷款；信托公司没有向本庭提供以存单作抵押贷款应订立的书面质押合同，以及质押权利交付的凭证（存单）。同时查明：信托公司提供的文件上加盖的集资办印章以及负责人印章与集资办在诉讼中提供的集资办成立以来对外从事业务活动中使用的公章、法定代表人的印章有别。信托公司也没有向本庭提供与集资办协商签订委托存款协议书、不可撤销担保函、借款合同的证据。综上所述，信托公司发放贷款的程序违反了《借款合同条例》、《中华人民共和国担保法》的有关规定，导致贷款无法收回，应由信托公司承担责任。原判决集资办承担担保责任的事实不清，证据不足，集资办为园林公司借款担保的事实不能成立，应免除担保责任。据此，依照《中华人民共和国民事诉讼法》第一百八十四条、第一百五十三条第三项之规定，判决如下：

一、撤销××省××县人民法院（1997）×民初字第35号民事判决和××省××市中级人民法院（1997）×民终字第374号民事判决。

二、园林公司在本判决生效后30日内偿还信托公司贷款240万元及利息；逾期按银行同期存款的利息计算。

三、信托公司在本判决生效后30日内支付集资办存款300万元及资金利息；逾期按银行同期存款利息计算。

本案一、二审案件受理费54454.00元，其他诉讼费48806.00元，诉讼保全费12000.00元，共计115260.00元，由园林公司承担57630.00元，信托公司承担57630.00元。

本判决为终审判决。

审 判 长 向××
代理审判员 李 ×
代理审判员 王××

本件与原本核对无异

一九九九年五月三十一日
书 记 员 张 ×

4. 第一审民事调解书

××××人民法院

民事调解书

（一审民事案件用）

（××××）×民初字第××号

原告……（写明姓名或名称等基本情况）。

被告……（写明姓名或名称等基本情况）。

第三人……（写明姓名或名称等基本情况）。

（当事人及其他诉讼参加人的列项和基本情况的写法，与一审民事判决书样式相同）。

案由，……（写明当事人的诉讼请求和案件的事实）。

本案在审理过程中，经本院主持调解，双方当事人自愿达成如下协议：

……（写明协议的内容）。

……（写明诉讼费用的负担）。

上述协议，符合有关法律规定，本院予以确认。

本调解书经双方当事人签收后，即具有法律效力。

审　判　长　×××
审　判　员　×××
审　判　员　×××
××××年××月××日
（院印）

本件与原本核对无异

书　记　员　×××

×县人民法院

民事调解书

（1998）×民初字第6号

原告李××，男，42岁，汉族，农民，文盲，住×县××乡×××村。

被告闫××，男，35岁，汉族，农民，小学毕业，住址同上。

案由：不当得利。

原告为与被告不当得利纠纷一案，于1998年1月16日向本院起诉，请求依法追回被告不应当得到的现金1500元。

被告对原告所称事实未提出书面答辩。

经审理查明：1997年9月21日，原告请被告到本村张××家去拉水泥预制板，在装到四轮拖拉机上的一块板的空心孔中有一只老鼠，张××之子张××在用高粱杆捣老鼠时，不慎将被告的右眼捣伤，后原告和张××两家共同出资为被告在×县的×镇、××市人民医院治疗20余天，被告在去××省人民医院医治前，要求原告继续出资，原告以被告的眼不是他直接致伤的，他不应负担医疗费为由拒绝继续付款，后经本村委会有关干部调解，原告又付给被告现金1500元。原告认为他不应承担该笔费用，要求依法追回。

本案在审理过程中，经本院主持调解，双方当事人自愿达成如下协议：

闫××退还李××现金1500元，1998年3月20日前付清。

本案诉讼费及其他费用190元，由原被告各负担95元（原告已垫付不再退还，被告付款时一并付给原告）。

上述协议符合有关法律规定，本院予以确认。

本调解书经双方当事人签收后即有法律效力。

审 判 员 徐××
一九九八年一月十九日
（院印）

本件与原本核对无异

书 记 员 王××

5．第二审民事调解书

××××人民法院

民事调解书

（二审民事案件用）

（××××）×民终字第××号

上诉人（原审××）……（写明姓名或名称等基本情况）。

被上诉人（原审××）……（写明姓名或名称等基本情况）。

第三人……（写明姓名或名称等基本情况）。

（当事人及其他诉讼参加人的列项和基本情况的写法，与二审维持原判或者改判用的民事判决书样式相同）。

案由：……

上诉人×××不服××××人民法院（××××）×民初字第××号民事判决，向本院提起上诉，请求……（写明上诉请求）。

……（写明案件的事实）。

本案在审理过程中，经本院主持调解，双方当事人自愿达成如下协议：

……（写明协议内容）。

……（写明诉讼费用的负担）。

上述协议，符合有关法律规定，本院予以确认。

本调解书经双方当事人签收后，即具有法律效力。

审 判 长 ×××
审 判 员 ×××
审 判 员 ×××
××××年××月××日
（院印）

本件与原本核对无异

书 记 员 ×××

××市中级人民法院

民事调解书

(1993) ×中经终字第72号

上诉人（原审被告）××市××区××净化设备厂，住所地××市××区××大队×××号。

法定代表人李××，厂长。

委托代理人赵××，男，××市××区××净化设备厂法律顾问，住××市××区××街×号楼×门×××号。

被上诉人（原审原告）××市××县××电器厂，住所地××市××县××乡×××村。

法定代表人王××，厂长。

案由：加工承揽合同纠纷。

上诉人××市××区××净化设备厂（以下简称净化厂）不服××县人民法院(1992) ×经初字第102号民事判决，向本院提起上诉，其上诉称，此案涉及经济犯罪，应移交有关部门处理，请求撤销原审法院判决。

1991年4月10日，净化厂与××市××县××电器厂（以下简称××厂）签订加工1211型灭火器压力表合同。合同约定：××厂为净化厂组装1211型灭火器压力表50万只，每只加工费0.75元，合计37.5万元；净化厂负责提供1211型灭火器压力表的零件、技术资料及培训等；××厂于1991年5月6日和5月10日付给净化厂设备及零件款11万元。合同签订后，净化厂向××厂提供了技术资料和图纸，××厂按约将转账支票5张交给净化厂聘用人员张××，总计数额11万元，并从净化厂拉回压力表零件指针、锁圈、表盘、游丝等零件及设备开始组装。因净化厂提供的零件及设备存在严重的质量问题，××厂未能组装出合格产品，故××厂要求净化厂返还其已付的零件及设备款11万元。净化厂以该款并未入到本厂账户，而由其厂聘用人员张××个人占用为由拒绝还款，××厂诉至原审法院。经查，净化厂、××厂均无加工、生产1211型灭火器压力表的经营项目。

本院认为：××厂与净化厂双方超越其经营范围签订加工1211型灭火器压力表合同，违反了工商管理部门的有关规定，故双方所签合同应属无效。对此，双方均有责任。

本案在审理过程中，经本院主持调解，双方当事人自愿达成如下协议：

一、净化厂返还××厂压力表零件及设备款85500元，于本调解书生效当日给付×

×厂25500元，剩余款6万元于1994年3月10日前一次还清；若逾期未还，余款按同期银行存款利率加付利息至给付之日止。

二、净化厂不要求××厂返还从该厂已拉走的压力表零件及设备，该零件及设备全部归××厂自行处理。

三、一审案件受理费3710元，由××厂负担（已交纳）；二审案件受理费3710元，由净化厂负担（已交纳）。

上述协议，符合有关法律规定，本院予以确认。

本调解书经双方当事人签收后，即具有法律效力。

审　判　长　赵××
审　判　员　战××
代理审判员　付××
一九九三年三月三十一日
（院印）

本件与原本核对无异

书　记　员　周××

6. 民事裁定书

××××人民法院

民事裁定书

（对管辖权提出异议的案件用）

（××××）×民初字第××号

原告……（写明姓名或名称等基本情况）。

被告……（写明姓名或名称等基本情况）。

（当事人及其他诉讼参加人的列项和基本情况的写法，与一审民事判决书样式相同）

本院受理……（写明当事人姓名或名称和案由）一审后，被告×××在提交答辩状期间对管辖权提出异议，认为……（写明异议的内容及理由）。

经审查，本院认为，……（写明异议成立或异议不成立的根据和理由）。

依照《中华人民共和国民事诉讼法》第三十八条的规定，裁定如下：

……（写明裁定结果。分两种情况：

第一，异议成立的，写：

“被告×××对管辖权提出的异议成立，本案移送××××人民法院处理。”

第二，异议不成立的，写：

"驳回被告×××对本案管辖权提出的异议。")

如不服本裁定，可在裁定书送达之日起10日内，向本院递交上诉状，并按对方当事人的人数提出副本，上诉于××××人民法院。

审 判 员 ×××
××××年××月××日
(院印)

本件与原本核对无异

书 记 员 ×××

××市××县人民法院

民事裁定书

(1993)×民初字第349号

原告××市××县水利局，住所地××市××县×××路××号。

法定代表人庄××，××县水利局局长。

委托代理人陈××，××县第一律师事务所律师。

委托代理人吴××，××县第一律师事务所律师。

被告××省××市航运公司，住所地××省××市××路××号。

法定代表人韩××，××省××市航运公司经理。

委托代理人王××，××省××市航运公司第一分公司经理。

委托代理人李××，××省××市××律师事务所律师。

本院受理原告××市××县水利局诉被告××省××市航运公司财产损害赔偿一案后，被告××省××市航运公司在提交答辩状期间对管辖权提出异议，认为该案系海事损害赔偿案件，根据最高人民法院法发(1992)22号《关于适用〈中华人民共和国民事诉讼法〉若干问题的意见》的通知第二条之意见及最高人民法院《关于海事法院收案范围的规定》，此案应移送有管辖权的海事法院受理。

本院经审查认为，根据最高人民法院《关于设立海事法院几个问题的决定》及《关于海事法院收案范围的规定》的有关规定，被告××省××市航运公司所属的拖2号轮队中的104号驳船行驶在××运河中碰撞了××运河22号拱桥，而××运河系××市××县管辖的内河水域，在该水域发生的船舶碰撞损害赔偿案件，不属××市海事法院管辖。根据《中华人民共和国民事诉讼法》第三十一条的规定，因船舶碰撞请求损害赔偿提出的诉讼，由碰撞发生地人民法院管辖。据此，××市××县人民法院对此案有管辖权。现本院依照《中华人民共和国民事诉讼法》第三十八条的规定，裁定如下：

驳回被告××省××市航运公司对本案管辖权提出的异议。

如不服本裁定，可在裁定书送达之日起10日内，向本院递交上诉状及副本3份，上诉于××市中级人民法院。

审　判　长　王××
代理审判员　韩　×
代理审判员　肖××
一九九三年五月六日
（院印）

本件与原本核对无异

书　记　员　乔　×

7. 第一审行政判决书

××××人民法院

行政判决书

（一审行政案件用）

（××××）×行初字第××号

原告……（写明起诉人的姓名或名称等基本情况）。
法定代表人（或代表人）……（写明姓名和职务）。
法定代理人（或指定代理人）……（写明姓名等基本情况）。
委托代理人……（写明姓名等基本情况）。
被告……（写明被诉的行政机关名称和所在地址）。
法定代表人（或代表人）……（写明姓名和职务）。
委托代理人……（写明姓名等基本情况）。
第三人……（写明姓名或名称等基本情况）。
法定代表人（或代表人）……（写明姓名和职务）。
法定代理人（或指定代理人）……（写明姓名等基本情况）。
委托代理人……（写明姓名等基本情况）。

原告××××不服××××（行政机关名称）××××年××月××日（××××）×××字第××号××××处罚决定（或复议决定、其他具体行政行为），向本院提起诉讼。本院受理后，依法组成合议庭，公开（或不公开）开庭审理了本案。……（写明到庭的当事人、代理人等）到庭参加诉讼。本案现已审理终结。

……（概括写明被告所作的具体行政行为的主要内容及其事实与根据，以及原告不

服的主要意见、理由和请求等）

经审理查明，……（写明法院认定的事实和证据）。

本院认为，……（根据查明的事实和有关法律规定，就行政机关所作的具体行政行为是否合法，原告的诉讼请求是否有理，进行分析论述）。依照……（写明判决所依据的法律条款项）的规定，判决如下：

……写明判决结果。分六种情况：

第一，维持行政机关具体行政行为的，写：

维持××××（行政机关名称）××××年××月××日（××××）×××字第××号处罚决定（或复议决定、其他具体行政行为）。

第二，撤销行政机关具体行政行为的，写：

一、撤销××××（行政机关名称）××××年××月××日（××××）×××字第××号处罚决定（或复议决定、其他具体行政行为）；

二、……（写明判决被告重新做出具体行政行为的内容。如果不需要重新做出具体行政行为的，此项不写。如果是确认被告的具体行政行为侵犯原告合法权益而需承担行政赔偿责任的，应当写明赔偿的数额和交付时间等）。

第三，部分撤销行政机关具体行政行为的，写：

一、维持××××（行政机关名称）××××年××月××日（××××）×××字第××号处罚决定（或复议决定、其他具体行政行为）的第×项，即……（写明维持的具体内容）；

二、撤销××××（行政机关名称）××××年××月××日（××××）×××字第××号处罚决定（或复议决定、其他具体行政行为）的第×项，即……（写明撤销的具体内容）；

三、……（相对撤销部分写明判决被告重新做出具体行政行为的内容。如果不是需要重新做出具体行政行为的，此项不写。如果是确认被告侵犯原告合法权益而需承担行政赔偿责任的，应当写明赔偿的数额和交付时间等）。

第四，判决行政机关在一定期限内履行法定职责的，写：

责成被告××××……（写明被告应当履行的法定职责内容和期限）。

第五，判决变更行政处罚的，写：

变更××××（行政机关名称）××××年××月××日（×××）××××字第××号处罚决定（或复议决定），改为……（写明变更后的处罚内容）。

第六，单独判决行政赔偿的，写：

被告×××赔偿原告×××……（写明赔偿的金额、交付时间，或者返还原物、恢复原状等）。

……（写明诉讼费用的负担）。

如不服本判决，可在判决书送达之日起 15 日内，向本院递交上诉状，并按对方当事人的人数提出副本，上诉于××××人民法院。

审 判 长 ×××
审 判 员 ×××

审　判　员　×××
××××年××月××日
（院印）

本件与原本核对无异

书　记　员　×××

××县人民法院

行政判决书

（1999）×行初字第 11 号

原告××省××农用化工厂，地址××县××镇。

法定代表人陈××，厂长。

被告××县农业局，地址××县××镇××路×号。

法定代表人宋××，局长。

全权委托代理人王××，男，31 岁，××县农业局干部。

委托代理人周×，××律师事务所律师。

原告××省××农用化工厂（以下简称“农用化工厂”）不服××县农业局 1999 年 6 月 11 日行决字（1999）经 9 号行政处罚决定，向本院提起诉讼。本院受理后，依法组成合议庭，公开开庭审理了本案。原告农用化工厂法定代表人陈××，被告××县农业局法定代表人宋××的全权委托代理人王××、委托代理人周×到庭参加诉讼。本案现已审理终结。

被告××县农业局行决字（1999）第 9 号行政处理决定书认定，原告农用化工厂 1999 年 3 月至 5 月期间，共生产 3.6％杀虫双大颗粒剂 32 吨，以每吨 850 元～950 元的销售价格，分别于 4 月初、5 月初销往××、××、××等地，共获销售收入 2.9 万余元。××县农药监督办公室执法人员在生产车间和销售门市部随机抽样 2 千克送××省农药产品质量检验二站检验，含量为 1.5％，为不合格产品。1999 年 5 月出台的 1998 年度中华人民共和国农药登记公告内容所示，该厂生产的 3.6％杀虫双大颗粒剂所用的农药登记证号 IS97314 为××农药厂所有，其有效期为 1997 年 1 月 9 日至 1998 年 1 月 15 日，属冒用失效农药登记证的行为。据此，认为农用化工厂违反《中华人民共和国农药管理条例》第十二条、第十三条、第二十九条、第三十一条的规定，并根据该条例第三十九条、第四十一条、第四十二条的规定，决定给予罚款人民币 26000 元的行政处罚。

原告诉称：我厂 1999 年 3 月与××市农药厂签订“联办杀虫双大颗粒剂生产车间的协议”。根据协议，联营产品的有关证件，由××市农药厂提供。该农药登记证已向农业部办理续展登记，冒用失效农药登记证不成立。被告××县农业局的工作人员到我厂检查时，因机器故障没有生产，库房无产品，坚持要把工人清扫场地、机器的成品拿走作样品，又不当面打封条，加盖双方印鉴。该样品不能代表我厂的产品质量。对不合格产品实施处罚时，未向我厂送达检验报告，未告知处罚的事实。这违反了《中华人民共和国行政处罚法》第三十一条、第三十二条的规定，其处罚程序违法。请求判决撤销××县农业局行决字（1999）第9号行政处罚决定。

被告××县农业局辩称：农用化工厂不具备生产3.6%杀虫双大颗粒剂的能力；农用化工厂与××农药厂签订的生产3.6%杀虫双大颗粒剂合同不具有法律效力；抽检样品过程、方法符合法定程序，其检验报告具有法律证明力；农用化工厂非法生产和销售劣质杀虫双大颗粒剂，给我市农业生产造成了不可估量的损失和严重的社会后果，应该承担法律责任。因此，该局的处罚决定事实清楚，证据充分，适用法律正确，处罚得当，请求维持我局的行政处罚决定，驳回原告的无理要求。

经审理查明，被告××县农业局认定原告农用化工厂冒用失效农药登记证的证据有：（1）1999年3月2日原告农用化工厂（协议简称乙方）与××省××市农药厂（协议简称甲方）签订的《关于联营办杀虫双大颗粒剂生产车间的协议》，该协议拟定联办3.6%杀虫双大颗粒剂车间，协商了双方的职责。主要包括：由甲方负责提供生产技术、产品质量标准、联营产品的有关证件；甲方每年向乙方收取联营费，1999年为8000元，从2000年起联营费随年递增。乙方按标准生产，甲方代为检测。乙方生产的3.6%杀虫双大颗粒剂用"××省××农用化工厂"字样对外销售，若出现产品质量、计量、包装等一切问题，由乙方自行负责等。（2）1997年1月10日中华人民共和国农业部颁发给××市农药厂的《农药登记证》。该证为临时登记，登记证号LS97314，有效期1997年1月9日至1998年1月15日，农药名称3.6%杀虫双大颗粒剂，有效成分含量3.6%。（3）原告农用化工厂法定代表人陈××1999年5月24日在接受被告××县农业局执法人员询问时所作的从1999年4月份开始生产，至接受调查时已生产产品约50吨的陈述。（4）被告××县农业局1999年5月24日的"因农药登记证过期，拟给予已生产的产品不能销售、罚款人民币25000元"的违法行为处理通知书。原告农用化工厂认为被告××县农业局认定其冒用失效农药登记证的事实不能成立，除提供了《关于联营办杀虫双大颗粒剂生产车间的协议》、《农药登记证》外，其他证据有：①××省农业厅1999年7月13日×农业药检函（1999）第020号证明，证实××省××市农药厂25%乐·氰乳油（登记证号LS96873）、3.6%杀虫双大颗粒剂（登记证号LS97314）均已获农业部临时登记证，现正办理续展。②化学工业部1997年12月15日颁发给××市农药厂的《农药生产批准证书》。该证书记载：编号HNP51031—A0959，产品名称3.6%杀虫双大颗粒剂，生产类型加工，有效期至1999年12月31日止。

被告××县农业局在实施行政处罚前，未对××市农药厂与原告农用化工厂签订联营协议以及提供农药生产批准证书、农药登记证和办理续展登记的情况调查核实。

被告××县农业局认定原告农用化工厂非法生产、销售劣质农药的证据有：（1）被告××县农业局的执法人员1999年5月24日在原告农用化工厂的抽样取证凭证。该凭证记载：证据物品3.6%杀虫双大颗粒剂，规格1千克1袋，数量2袋。（2）××省技术监督局农药产品质量监督检验二站1999年6月8日出具的《检验报告》。《检验报告》记载产品名称为3.6%杀虫双大颗粒的有效成分含量为1.5%，与标明值不符，结论为不合格。(3) 原告农用化工厂的法定代表人陈××1999 年 6 月 11 日在接受被告××县农业局执法人员询问时关于计划生产 50 吨，实际已生产 33 吨，销售 31 吨的陈述以及抽样产品不能代表该厂产品质量和产品数量的说明。(4) ×县农技植保公司、×县农资公司××分公司四门市部关于购买原告农用化工厂产品的证言以及××县植保植物服务部、张××购买原告农用化工厂产品的购货发票，证实原告农用化工厂 1999 年 4 至 6 月共销售产品 32 吨。(5) 原告农用化工厂的 3.6%杀虫双大颗粒剂产品照片 4 张，证明该产品大、小包装均印有“××省××农用化工厂出品”字样。

被告××县农业局在做出处罚决定前，未向原告农用化工厂送达××省技术监督局农药产品质量监督检验二站出具的《检验报告》，该报告注意事项中第五条写明：“对检验报告若有异议，应于收到报告之日起 15 日内向检验单位提出”。原告农用化工厂还当庭提供了××县技术监督局 1999 年 4 月 21 日给各县（市）技术监督局的证明，证实农用化工厂 3.6%杀虫双大颗粒剂产品因包装袋印刷有误，未印上“××市农药厂”字样，为减少该厂部分经济损失，同意该批包装袋限期于 1999 年 5 月底前使用。

庭审结束前，被告××县农业局未向本院提供原告农用化工厂生产销售劣质 3.6%杀虫双大颗粒剂给××市农业生产造成不可估量的损失和严重社会后果的事实及证据。

此外，被告××县农业局向本院提供了国务院 1997 年 5 月 8 日发布施行的《中华人民共和国农药管理条例》以及中华人民共和国农业部 1997 年 10 月 25 日发布施行的《农业行政处罚程序规定》。

另查，《中华人民共和国行政处罚法》第三十一条规定：“行政机关在作出行政处罚决定之前，应当告知当事人作出行政处罚决定的事实、理由和依据，并告知当事人依法享有的权利”。《农业行政处罚程序规定》第十六条亦作了同样的规定。《中华人民共和国农药管理条例》第十二条是关于开办农药生产企业的规定，第十三条是关于国家实行农药生产许可证制度的规定，第二十九条是关于不得生产未取得农药生产许可证或者农药生产批准文件的农药，不得生产、经营、进口或者使用未取得农药登记证、农药临时登记证的农药的规定。第三十一条是关于禁止生产、经营和使用劣质农药的规定。第三十九条、第四十一条、第四十二条规定了违法行为的事实要件、处罚种类及幅度。

本院认为，原告农用化工厂与××市农药厂签订的联办生产车间的协议客观存在，该协议是否合法，应按有关法律规定进行确认。××农药厂按协议向原告农用化工厂提供了农药生产批准证书、农药登记证等有关证件。该农药登记证虽然已经过期，但经××省农业厅证实正在办理续展登记，故认定原告农用化工厂冒用失效农药登记证的主要证据不足。被告××县农业局认定原告农用化工厂违反了《中华人民共和国农药管理条例》第十二条、第十三条、第二十九条，并根据该条例第三十九条、第四十一条的规定作出行政处罚，因以上条款规定的违法行为的事实要件与被告××县农业局认定原告农用化工厂属冒用失效农药登记证的性质不符，系适用法规错误。被告××县农业局在对原告农用化工厂产品抽样检验中，因抽样凭证没有记录所抽样品的生产时间、批次、代表数量，故认定销售不合格产品 32 吨的证据不足。被告××县农业局对产品进行抽检后，没有向原告农用化工厂送达检验报告，对生产销售不合格产品的行为在作出处罚前，未依法告知做出处罚决定的事实、理由、依据和有进行陈述、申辩的权利，违反了法定程序。被告××县农业局行政处罚决定所认定违法行为的主要证据不足，适用法规错误，程序违法，依法应予撤销。原告农用化工厂的诉讼请求应予支持。原告农用化工厂生产的产品确有部分为不合格产品，被告××县农业局可以对其重新处理。案经合议庭评议后报请本院审判委员会讨论决定，依照《中华人民共和国行政诉讼法》第五十四条第（二）项第1、2、3目之规定，判决如下：

一、撤销××县农业局1999年6月11日行决字（1999）第9号行政处罚决定书；

二、由××县农业局重新做出具体行政行为。

本案受理费1050元，其他诉讼费200元，合计1250元，由被告××县农业局负担1050元，原告××省××农用化工厂负担200元。

如不服本判决，可在判决书送达之日起15日内向本院递交上诉状，并按对方当事人的人数提出副本，上诉于××省××市中级人民法院。

审 判 长 张××
审 判 员 李××
审 判 员 谢××
一九九九年九月八日
（院印）

本件与原本核对无异

书 记 员 杨××

8. 行政裁定书

××××人民法院

行政裁定书

（驳回起诉用）

（××××）×行初字第××号

原告……（写明原告姓名或名称等基本情况）。

被告……（写明行政机关名称和所在地址）。

第三人……（写明姓名或名称等基本情况）。

（当事人及其他诉讼参加人的列项和基本情况的写法，与一审行政判决书样式相同）

原告×××不服××××（行政机关名称）××××年××月××日××字第××号处罚决定（复议决定或其他具体行政行为），向本院提起诉讼。本院受理后，依法组成合议庭，公开（或不公开）开庭审理了本案。

……（简述原告起诉的事由）。

本院认为，……（写明驳回起诉的理由）。依照……（写明引用的法律条款项）的规定，裁定如下：

……（写明诉讼费用的负担）。

如不服本裁定，可在裁定书送达之日起10日内，向本院递交上诉状，并按对方当事人的人数提出副本，上诉于××××人民法院。

审 判 长 ×××
审 判 员 ×××
审 判 员 ×××
××××年××月××日
（院印）

本件与原本核对无异

书 记 员 ×××

××市东城区人民法院

行政裁定书

（1992）东行初字第12号

原告柳××，女，72岁（注：应写明出生年月日），汉族，××市人，无业，住××区××胡同66号。

委托代理人张××，男，××市××饭庄工人，住××区××胡同66号。

被告××市××区文化局，住所地××区××条82号。

法定代表人刘××，局长。

委托代理人刘××，男，××区文化局干部。

委托代理人郑××，女，××区文化局干部。

原告柳××不服××市××文化局1992年11月12日×文罚字（1992）28号行政处罚裁决，向本院提起行政诉讼。本院受理后，依法组成合议庭，公开开庭审理了本案。

被告××区文化局认定，原告柳××未到工商局办理经营挂历的增项手续，违法销售挂历1500本。依据《××市图书报刊市场管理实施办法》第十二条第六款对原告处以10000元罚款。原告不服，向××市文化局申请复议，××市文化局鉴于原告已向××区文化局申领了挂历许可证，决定从轻处罚，于1992年12月28日做出×文罚字第10号复议决定书，将罚款10000元改为罚款5000元。原告仍不服，于1993年1月6日持××区文化局处罚裁决书，以××区文化局为被告向本院起诉。

本院认为，原告作为受到行政机关具体行政行为处罚的行政管理相对人，有权依照

《中华人民共和国行政诉讼法》第二条、第十一条的规定向本院提起诉讼。但是原告所诉被告的具体行政行为已被复议机关××市文化局变更，根据《中华人民共和国行政诉讼法》第二十五条第二款的规定："复议决定改变原具体行政行为的，复议机关是被告"。本院在告知原告变更被告后，原告不同意变更。鉴于本案被告资格不符合法律规定，审判活动已无法继续进行，故依照《中华人民共和国行政诉讼法》第二十五条第二款，裁定如下：

驳回原告柳××的起诉。

本案受理费 80 元由原告柳××负担（已交纳）。

如不服本裁定，可在裁定书送到之日起 10 日内，向本院递交上诉状，并按对方当事人的人数提出副本，上诉于××市中级人民法院。

审 判 长 赵 ×
审 判 员 王××
审 判 员 刘 ×
一九九三年一月三十日
（院印）

本件与原本核对无异

书 记 员 张××

四、狱政文书格式、实例

（一）提请减刑、假释意见书

×××监狱

提请减刑、假释意见书

（　　）　　字第　　号

罪犯________，男/女现年______岁，______族，________人，因________罪经________人民法院于________年________月________日以（　　）____字第______号刑事判决______________。于______年______月______日送________执行劳动改造。

该犯在服刑改造期间，确有悔改或者立功表现，具体事实如下：

____

____

____

____

____

为此，根据《中华人民共和国刑事诉讼法》第221条第2款的规定，建议对罪犯________予以________，特提请审核裁定。

此致

____________人民法院

（公章）

年　　月　　日

附：罪犯________劳改档案共________卷________页。

××市×××监狱

提请减刑意见书

（　　）　　　字第　　号

罪犯 杜× ，男 女，现年 34 岁， 汉 族， ××市××县 人，因 诈骗 罪经 ××市××县 人民法院于 1997 年 9 月 17 日以（1997） ×刑初 字第 100 号刑事判决判处 有期徒刑5年 。 1997 年 11 月 13 日 送 ××市×××监狱 服刑。

该犯在服刑改造期间，确有悔改或者立功表现，具体事实如下：

该犯入监以来，能够认罪服法，积极靠拢政府，严格遵守监规纪律，认真进行“三课”学习，特别是法律课的学习，通过学习该犯能够认识到自己所犯罪行严重地危害了社会，在思想和劳动改造中，注重学习，端正态度，用劳动洗刷自己的污点，树立新的人生观和价值观，积极投入到改造活动中，参加监内组织的各项政治活动和法律学习，取得了一定的成绩，确有悔改表现，具体事实如下：1998年上半年获改造积极分子奖励，1998年下半年获改造积极分子奖励，1999年上半年获改造积极分子奖励，2000年上半年获表扬奖励，1998年上半年在“文明活动”中获文明个人奖励，1998年下半年在“百日安全”活动中获先进个人奖励。

该犯在生产劳动中积极肯干，不怕劳累，对工作认真负责，并且带病坚持劳作，如：杜犯在2000年2月8日，因有病发烧队长批准其休息，但他看到队里编花人员紧，任务重，他就主动放弃休息，仍然带病坚持劳作，并且按时完成生产任务，他的这种带病劳作，积极追求改造的行为受到队长的表扬。〈见证一页〉又如：该犯在劳动中注重勤俭，厉行节约，在2000年8月8日清理草场的劳作时，杜犯发现土里埋着很多废铁和整砖，于是他主动把废铁和整砖捡出来，近一个星期的时间他就捡废铁500多斤，整砖2000多块，他的这种勤俭节约的精神，受到了队长的表扬。〈见证二页〉

该犯在改造中不但自觉遵守而且大胆维护监规纪律，如：1999年10月5日，罪犯王×与陈××因缝球争抢马扎发生口角，并动粗，王犯拾起地上的马扎向陈犯砸去，这时在车间缝球的杜犯见状冲上去夺下王犯手中的马扎，将二人劝开后及时报告了队长处理，他这种维护监纪的行为受到队长的表扬。〈见证三页〉

综上所述，该犯在服刑改造期间，能认罪服法，追求改造，带病坚持劳作，为国家节约财产，大胆维护监规纪律，多次受到政府奖励，因此，该犯确有悔改表现。

为此，根据《中华人民共和国刑事诉讼法》第二百二十一条第二款，《中华人民共和国监狱法》第二十九条的规定，建议对罪犯 杜× ，予以 减刑 ，特提请审核裁定。

此致

××市第一中级 人民法院

（公章）
二〇〇〇年九月十六日

附：罪犯＿杜×＿劳改档案共＿×卷＿＿××＿页。

××市×××监狱

提请假释意见书

（1997）××监释字第36号

罪犯王××，男，现年35岁，汉族，××省××县××乡人，因伤害罪、盗窃罪，经××县人民法院于1988年8月25日以（1988）×刑初字第136号刑事判决判处有期徒刑15年。于1988年9月4日送××监狱执行劳动改造。1991年减刑两年，实际执行刑期13年。

该犯在服刑改造期间，确有悔改和立功表现，具体事实如下：

该犯投入改造以来，认罪服法，深悔自己的罪行给社会和人民造成的危害，他说："我要在改造犯罪思想、矫正恶习上狠下工夫，彻底告别昨天，走弃旧迎新生之路。"他身体有病，但仍长期坚持生产劳动，勇于革新，修旧利废。今年3月，他就地取材，先后自制了3台筛砂机、4台气泵；修复1台卷扬机、14台电动机，解决了生产急需，为国家节约资金5700余元。

1996年5月3日，该犯在验收1365横溜巷时，发现煤层在6米处急剧下沉，如果继续按原设计的路线施工掘进，煤层将打入底层，势必无法采煤。该犯立即向中队部和工程师王××报告地质变化情况，并建议将巷道方位角向上偏7度掘进，被采纳后，使工程避免了近3万元的损失。

1997年1月11日，该犯在1475横溜巷验收中发现煤层因地质变化急剧下沉，并形成夹层。该犯向负责施工的技术干部报告后，大胆提出"卧底掘进"的革新方案。采用后效果良好，提高工效3.2倍，节约工时、物资价值9000多元。

1997年4月25日早班时间，八中队罪犯何××在井下库房领了雷管、炸药后，沿井下铁道返回施工地点。当行至南大巷压风房时，一辆满载原煤的机车从他背后疾驰而来，由于风机噪声大，何犯未听到机车铃声，机车距何犯仅4.3米，在这危急关头，王犯不顾危险冲上铁轨，将何犯一把推下水沟，这时机车擦身而过，避免了一次伤亡事故的发生。

该犯因伤害、盗窃罪被判刑15年。减刑2年，已服刑9年，余刑4年。

综上所述，罪犯王××在服刑期间，认罪服法，积极改造，在生产中修旧利废，大胆提出合理化建议，搞技术革新，为国家节约了大量资金，在事故即将发生的关键时刻，临危不惧，抢救犯人生命，确有悔改和立功表现，符合《中华人民共和国刑法》第八十一条第一款及有关劳改法规的假释条件。

为此，根据《中华人民共和国刑事诉讼法》第二百二十一条第二款和《中华人民共和国监狱法》第三十二条的规定，建议对罪犯王××予以假释，特提请审核裁定。

此致

××市中级人民法院

一九九七年八月十六日

（公章）

附：罪犯王××劳改档案共 2 卷 188 页。

（二）监狱起诉意见书

××监狱

起诉意见书

（　　）　　字第　　号

罪犯________，男/女，现年________岁，________族，____________________人，文化程度________，因____________________罪经________人民法院于________年________月________日以（　　）________字第________号刑事判决（裁定）判处________。于________年________月________日送我________执行劳动改造。

现经调查证实，罪犯________在服刑改造期间，____________________。主要事实如下：

____

____

为此，根据《中华人民共和国刑事诉讼法》第二百二十一条第一款和《中华人民共和国刑法》第__________条的规定，特提请你院审查，依法处理。

此致

________人民检察院

年　　月　　日

（公章）

附：1. 罪犯________劳改档案共________卷________页。

2. 罪犯________又犯新罪（或发现余罪）的案卷材料共________卷________页。

××省××监狱

起诉意见书

（199×）××监起字第 17 号

罪犯徐×，男，现年 34 岁，汉族，××省××市人，高小文化程度。因盗窃罪经××市中级人民法院于 1987 年 9 月 5 日以（1987）×刑终字第 76 号刑事判决判处有期徒刑 8 年，于 1987 年 11 月 4 日送我处执行劳动改造。

罪犯张××，男，现年 21 岁，汉族，××省××市人，初中文化程度，因强奸罪经××市中级人民法院于 1988 年 1 月 19 日以（1988）×刑终字第 22 号刑事判决判处有期徒刑 7 年，于 1988 年 3 月送××省××少年犯管教所执行劳动改造，1989 年 12 月转来我队执行劳动改造。

罪犯杨××，男，现年 25 岁，汉族，××省××县人，初小文化程度，因盗窃罪经××县人民法院于 1991 年以（1991）×刑终字第 28 号刑事判决判处有期徒刑 4 年，于 1991 年 9 月 13 日送我处执行劳动改造。

现经调查证实，罪犯徐×、张××、杨××在服刑改造期间，又犯有下列罪行。主要事实如下：

一、共同犯罪

罪犯徐×、张××、杨××系我监狱一大队十中队罪犯。1992 年 1 月中旬以来，以徐犯为首纠集张、杨二犯抗拒改造，策划脱逃，曾 7 次进行密谋。199×年 2 月 14 日晚 9 时半许，三犯乘大队放电影之机，翻越大队操场后面的围墙脱逃。

199×年 2 月 16 日凌晨 3 时许，3 犯撬门潜入××市金城乡“七一”茶场女单身宿舍行窃时，发现有 3 名女工在宿舍。徐犯上前关灭电灯，用尖刀对着女工，张、杨二犯用恶语恐吓，欲进行强奸。由于 3 名女工奋起反抗，大声呼救，强奸未遂，但女工蔡××在与徐犯搏斗中，双手被徐犯持刀砍伤。右手无名指、左手小指骨折致残。

199×年 2 月 21 日凌晨 1 时，3 犯窜至××县××厂女工杨×住处，翻窗入室，然后撞开该女工卧室。徐犯持刀对着该女工颈部，逼其交出钱财，并指使张犯找来玻璃纤维绳将该女工双手反绑，指使杨犯在室内翻找，劫得女孔雀牌手表 1 只，现金 9 元。随后徐、张、杨三犯又轮流将杨×强奸。作案后，3 犯唯恐罪行暴露，遂起杀人恶念。徐犯指使杨犯用被子捂住被害人头部，张犯用铁锤猛击其头部，直至被害人死亡才逃离现场。

二、单独犯罪

徐、张、杨3犯于2月22日各自分手后，徐犯先后流窜××市、××县、××县、××市，共盗窃作案9次，窃得现金480余元、债券及烟酒等物价值2300余元，3月4日上午被我队追捕干警在××市轮船码头抓获后，11时徐犯再次逃跑，被抓获。

张犯先后流窜××县、××市盗窃，作案3次，窃得现金4300余元，自行车1部、衣物12件，价值250余元。3月20日被××市公安机关收容审查后押回我监狱。

杨犯先后流窜××县、××市、××市等地，共作案14次，窃得衣物、债券价值4600余元。3月24日被公安机关收容审查后，押回我监狱。

综上所述，罪犯徐×、张××、杨××抗拒改造，组织脱逃集团，流窜进行杀人、强奸（轮奸）、抢劫、盗窃等一系列犯罪活动，对监狱秩序、社会治安秩序及人民的生命财产危害特别严重，性质、情节、手段恶劣，已构成重新犯罪。3犯的犯罪事实清楚，并有受害人蔡××、杨×的血衣、照片、现场勘查笔录，受害人和见证人蔡××、×××、×××、×××等人的证言，以及罪犯作案的凶器为证，3名罪犯亦供认不讳，并记录在卷。

为此，根据《中华人民共和国刑法》第一百六十一条、第一百三十九条第四款，第一百五十一条和《中华人民共和国刑事诉讼法》第一百六十二条第一款的规定，特提请你院审查，依法处理。

此致

××市人民检察院

一九九×年四月十五日

（公章）

附：1. 罪犯徐×、张××、杨××劳改档案共3卷224页。

2. 罪犯徐×、张××、杨××又犯新罪的案卷材料共4卷750页。

（三）对死缓罪犯提请执行死刑意见书

对死缓罪犯提请执行死刑意见书

（ ） 字第 号

罪犯，________，男/女 现年________岁，________族，____________________人，因__________________________罪经________人民法院于________年________月________日以（ ）________字第________号刑事判决处死刑缓期2年执行，剥夺政治权利终身，于________年________月________日送________执行劳动改造。

罪犯________在死刑缓期2年执行期间，故意犯罪，并经查证属实。具体犯罪事实如下：

____

____

____

____

为此，根据《中华人民共和国刑法》第五十条和《中华人民共和国刑事诉讼法》第二百一十条第二款的规定，建议对罪犯________执行死刑，特提请你院依法裁定。

此致

________高级人民法院

年 月 日

（公章）

附：罪犯________劳改档案共________卷________页，证据材料共________页。

××市监狱

对死缓犯提请执行死刑意见书

（1998）××字第×号

罪犯胡×中，男，38岁，汉族，××省××市人，因故意杀人罪，经××省××市中级人民法院于1997年3月1日以（1997）×刑初字第××号刑事判决判处死刑缓期2年执行，剥夺政治权利终身，于1997年5月10日送××市监狱执行劳动改造。

罪犯胡×中在死刑缓期2年执行期间，故意犯罪，并经查证属实。具体犯罪事实如下：

罪犯胡×中入监以来，对自己的罪行无悔改之意，在政治、文化、技术学习和生产劳动中消极应付，在年终评审鉴定时，受到同组犯人和管教人员的批评。罪犯张××在评审鉴定会上对胡×中提出了尖锐的批评，因此胡×中对张××怀恨在心，伺机报复。

1998年7月7日下午6时许，×组罪犯劳动结束，正忙收工回宿舍，罪犯张××奉命用手推车将饮水桶运送到库房，因而走在最后面，胡×中见有机可乘，就快步走到张的身后，并从地上捡起一块砖头，朝张××后脑部分猛砸两下，打得张××头破血流，立即昏倒在地，接着胡×中又对倒地的张××头部和胸部狠狠地踢了6脚。张××被管教人员和其他罪犯送医务所抢救，因失血过多，抢救无效，于次日上午10时死亡。

上述犯罪事实，有现场勘验笔录和法医鉴定以及证人证言证实，罪犯胡×中亦供认不讳。

综上所述，罪犯胡×中在服刑期间行凶，其行为触犯了《中华人民共和国刑法》第二百三十四条第二款之规定，构成故意伤害致死罪。根据《中华人民共和国刑法》第五十条和《中华人民共和国刑事诉讼法》第二百一十条第二款之规定，建议对罪犯胡×中执行死刑，特提请你院依法裁定。

此致

××省高级人民法院

××市监狱（公章）

一九九八年八月八日

附：罪犯胡×中劳改档案共 2 卷 102 页，证据材料 58 页。

（四）对罪犯刑事判决提请复查函

对罪犯刑事判决提请复查函

（ ） 字第 号

__________人民法院：

罪犯_______经_______人民法院以（ ）_______字第_______号刑事判决判处_______。在刑罚执行中，我们发现对罪犯_______的判决可能与事实有出入。具体理由是：

____

____

____

____

____

为此，根据《中华人民共和国刑事诉讼法》第二百二十三条的规定，提请你院对_______的判决予以复查处理，并请将结果告诉我们。

（公章）

年 月 日

××省××监狱

对罪犯刑事判决提请复查函

(1984) 省×监函字第 25 号

××市人民检察院：

罪犯王××经××市中级人民法院以 (1984) ×刑终字第 32 号刑事判决判处有期徒刑 8 年。在刑罚执行中，我们发现对罪犯王××的判决可能与事实有出入。具体理由是：量刑畸轻。

罪犯王×因奸淫幼女罪被××市中级人民法院判处有期徒刑 15 年，送我监劳动改造。今年 3 月，原判法院又以量刑畸重为由改判为有期徒刑 8 年。我们认为，该犯奸淫七八岁幼女 3 名，犯罪性质严重，判处有期徒刑 15 年，依据《刑法》第一百三十九条第二款的规定量刑适当，不存在畸重问题。而原判法院又将改判后的“判决书”送达我监，让代为宣判。我们对此有不同意见。

为此，根据《中华人民共和国刑事诉讼法》第一百六十三条的规定，提请你院对罪犯王××的判决予以复查处理，并请将结果告诉我们。

一九××年十二月十一日

(公章)

(注：本文书援引的法条是 1980 年 1 月实施的《刑法》和《刑事诉讼法》的条款)

(五) 罪犯奖惩审批表

罪犯奖惩审批表

单位：×××监狱

姓名	杜××	性别	男	年龄	32	民族	汉	文化程度	初中
罪名	诈骗		刑期	5 年		刑起期止	自 1997 年 1 月 22 日 至 2002 年 1 月 21 日		

单位：×××监狱

<table>
<tr><td>姓名</td><td>杜××</td><td>性别</td><td>男</td><td>年龄</td><td>32</td><td>民族</td><td>汉</td><td>文化程度</td><td>初中</td></tr>
<tr><td>家庭住址</td><td colspan="9">××市××区××楼二栋一门×××号</td></tr>
<tr><td>奖惩依据</td><td colspan="9">该犯在1998年上半年服刑期间，能够认真遵守监规纪律，服从管理教育，积极改造自己，严格按《罪犯改造行为规范》去做，在“三课”学习中成绩优异，在劳动改造中积极肯干、任劳任怨、表现突出，经分监区研究，建议给予该犯“改造积极分子”奖励。</td></tr>
<tr><td>分监区意见</td><td colspan="9">建议给予该犯“改造积极分子”的奖励。
中队长：×××
指导员：×××
（签章）
1998年6月22日</td></tr>
<tr><td>监区意见</td><td colspan="9">同意分监区意见。
大队长：×××
教导员：×××
（签章）
1998年6月23日</td></tr>
<tr><td>狱政科意见</td><td colspan="9">同意给予改造积极分子奖励。
×××（签章）
1998年6月25日</td></tr>
<tr><td>监狱领导批示</td><td colspan="9">同意。
×××（签章）
1998年6月28日</td></tr>
</table>

说明：凡提请对犯人给予表扬、记功、物质奖励、评选劳动改造积极分子和给予警告、记过，均填写本表。

（六）罪犯评审鉴定表

19××年度罪犯评审鉴定表

姓名　宋××

单位　×分监区

××省女监狱

<table>
<tr><td colspan="3">姓名</td><td>性别</td><td>年龄</td><td>民族</td><td>文化程度</td><td>籍贯</td><td>家庭住址</td></tr>
<tr><td colspan="3">宋××</td><td>女</td><td>48</td><td>汉</td><td>初小</td><td>河南</td><td>××市第四建筑工程公司</td></tr>
<tr><td>罪名</td><td>杀人</td><td>刑种</td><td>有期徒刑</td><td>刑期起止</td><td colspan="2">自19××年2月2日
至19××年2月1日</td><td>原判法院</td><td>××市中级人民法院</td></tr>
<tr><td>刑种及刑期变动情况</td><td colspan="6">原判死缓，19××年裁定减为无期徒刑，19××年裁定减为有期徒刑16年。</td><td>健康状况</td><td>一般</td></tr>
<tr><td>主要犯罪事实</td><td colspan="8">宋犯自19××年到19××年先后多次与罪犯王××通奸。因宋犯之夫发现并规劝、阻止，引起二犯不满，先后三次预谋将宋犯之夫杀害，未遂。19××年3月6日，二犯密谋由王犯将宋犯之夫骗至××市北郊××村附近杀害致死。</td></tr>
<tr><td>本年度奖、惩情况</td><td colspan="8">被评为劳动改造积极分子。</td></tr>
<tr><td rowspan="3">个人鉴定</td><td colspan="8">思想改造表现：
能够认识自己直接参与杀害丈夫的犯罪行为，无论在思想上，还是行动上都表现出愿意接受改造，并不断地向干警汇报自己的思想认识情况；能开展思想斗争，愿意协助政府搞好本队的改造工作。</td></tr>
<tr><td colspan="8">遵守监规纪律表现：
能够遵守监规纪律，愿意并能够在日常言行上用监规纪律、“日准则”来约束自己，敢于同监内一些不轨言行作斗争，愿意维护监舍的正常秩序。但是，有时方法简单，性格急躁，反而引起部分犯人不满，给管教工作造成了影响。</td></tr>
<tr><td colspan="8">劳动生产表现：
在劳动中比较踏实、肯干，愿意通过劳动来洗刷自己思想上的污垢；严格执行生产操作规程，完成生产任务比较好，并能参加监内组织的各项义务劳动。全年累计共超工时317个，超额13%完成生产定额。</td></tr>
</table>

<table>
<tr><td rowspan="2">个人鉴定</td><td>政治、文化、技术学习情况：
积极参加监内组织的各种理论学习活动，并结合自己的犯罪实际，记好日记，讨论时经常发言，受到犯人好评；政治考试成绩93分，语文88分，算术92分，监规纪律97分。对自己的缝纫技术不断钻研，提高较快。</td></tr>
<tr><td>今后努力的方向：
通过年终评审，自己看到了干警对自己的鼓励，犯人对自己的赞扬，但是也找到了差距，决心在新的一年里，要继续加强改造，克服思想上、方法上的简单急躁，与同监舍的犯人搞好团结，一起为监狱的生产翻番出大力；一定要加强文化技术学习，力争明年在文化课上达到初中水平。</td></tr>
<tr><td>小组鉴定</td><td>宋犯能认罪服法，改造情绪稳定，严格遵守监规纪律，积极靠拢政府，能及时向干部反映情况，敢于同不良现象作斗争，学习进步较快，生产任务完成较好。今后应注意加强思想改造，注意克服急躁情绪。

小组长：×××（签名）
19××年元月17日</td></tr>
<tr><td>分监区意见</td><td>经研究，认为小组意见是中肯的，是符合该犯的改造实际情况的。今后，宋犯应进一步加强文化学习，不断加深自己的认罪程度，进一步挖掘自己的犯罪根源。

中队长：×××
指导员：×××（签章）
19××年元月28日</td></tr>
<tr><td>监区意见</td><td>略

大队长：×××
教导员：×××（签章）
19×××年元月29日</td></tr>
<tr><td>监狱批示</td><td>应鼓励该犯进一步增强改造信心，帮助她努力学习文化知识，提高认识，积极改造。

（公章）
19×××年2月1日</td></tr>
</table>

（七）罪犯保外就医审批表

罪犯钱××保外就医审批表

<table>
<tr><td>姓名</td><td>钱××</td><td>性别</td><td>男</td><td>年龄</td><td>30</td><td>案由</td><td colspan="2">抢劫</td></tr>
<tr><td>刑期</td><td>10</td><td>起止日期</td><td colspan="4">自19××年×月×日
至19××年×月×日</td><td>剥夺政治权利年限</td><td>无</td></tr>
<tr><td>家庭住址</td><td colspan="8">××市××区×路×号</td></tr>
<tr><td>主要犯罪事实</td><td colspan="8">19××年×月×日晚21时在××市南郊区××村东拦路抢劫，抢得现金3200元，上海牌全钢男表一块。</td></tr>
<tr><td>家庭主要成员的姓名、职业、政治情况</td><td colspan="8">父亲：钱×兴，××市××区××街道家具厂工人，群众。
母亲：赵××，家庭妇女，群众，住××市××区×路×号。</td></tr>
<tr><td rowspan="2">具保人情况</td><td>姓名</td><td>李××</td><td>住址</td><td colspan="5">××市××区×路××号</td></tr>
<tr><td>工作单位及职务</td><td colspan="3">××市××区××街道办事处办公室副主任</td><td colspan="2">与罪犯的关系</td><td colspan="2">系罪犯姑父</td></tr>
<tr><td>改造表现</td><td colspan="8">该犯入监后，经教育能认罪服法，改造自己，争取重新做人的愿望比较强烈，积极参加政治和文化学习，在生产劳动中肯吃苦，经常超额完成生产任务，多次受到表扬，去年年终评为劳动改造积极分子。</td></tr>
<tr><td>疾病鉴定意见</td><td colspan="8">经检查确认罪犯钱××患乙型肝炎，有传染性。
主治医师：王××（签名）
医　　院：（公章）</td></tr>
<tr><td>监狱意见</td><td colspan="8">同意保外就医
（公章）
19××年×月×日</td></tr>
<tr><td>劳改局批示</td><td colspan="8">同意保外就医
（公章）
19××年×月×日</td></tr>
</table>

（八）罪犯出监鉴定表

罪犯出监鉴定表

姓　　名 何×

填表机关 ××省　第二监狱

1997 年 1 月 31 日

<table>
<tr><td>姓名</td><td>何　×</td><td>性别</td><td>男</td><td>年龄</td><td>37</td><td>民族</td><td>汉</td><td>罪名</td><td>盗窃</td></tr>
<tr><td>别名</td><td>贺　×</td><td colspan="2">健康状况</td><td>良好</td><td>籍贯</td><td colspan="4">××省××县</td></tr>
<tr><td rowspan="2">逮捕</td><td>机关</td><td colspan="3">××县公安局</td><td rowspan="2">判决</td><td>机关</td><td colspan="3">××县人民法院</td></tr>
<tr><td>日期</td><td colspan="3">1989 年 2 月 1 日</td><td>日期</td><td colspan="3">1989 年 6 月 14 日</td></tr>
<tr><td>家庭住址</td><td colspan="9">××省××县××机械厂</td></tr>
<tr><td rowspan="2">刑期</td><td colspan="2">原判刑期</td><td colspan="2">6 年，自 1989 年 2 月 1 日至 1995 年 1 月 31 日。</td><td colspan="2">剥夺政治权利年限</td><td colspan="3">自×年×月×日至×年×月×日</td></tr>
<tr><td colspan="2">变动情况</td><td colspan="7">1993 年 8 月因脱逃罪被加刑 2 年，刑期到 1997 年元月 31 日止。</td></tr>
<tr><td rowspan="2">出监原因</td><td colspan="2" rowspan="2">执行期满</td><td rowspan="2">文化程度</td><td colspan="2">原有：高中</td><td colspan="2" rowspan="2">有何特长及技术等级</td><td colspan="2" rowspan="2">瓦工，经考核达三级瓦工标准。</td></tr>
<tr><td colspan="2">现有：高中</td></tr>
<tr><td>主要犯罪事实</td><td colspan="9">何犯于 1989 年 1 月在××县通用机械厂家属区盗窃大量衣物和现金，共计 1760 余元。
该犯在服刑改造期间，于 1993 年 7 月 10 日脱逃，捕回后拒不认罪，被加刑 2 年。</td></tr>
<tr><td>家庭主要成员的姓名职业及政治情况。</td><td colspan="9">父：何××，××县第×百货门市部会计，已退休。
母：李××，××县×百货门市部售货员，已退休。
妻：杨××，××县××机械厂工人。</td></tr>
<tr><td>本人简历</td><td colspan="9">1970 年 9 月～1976 年 7 月在××县××小学读书。
1976 年 9 月～1982 年在××县××中学读书。
1983 年 12 月～1987 年在××县××乡插队。
1987 年 2 月招进××省××机械厂当工人至 1989 年 8 月 1 日被捕，1989 年 10 月服刑至今。</td></tr>
</table>

改造表现	何犯服刑初期，思想消极，由抗拒改造发展到越狱逃跑。捕回后，态度顽劣，拒不认罪，被加刑2年。从此，该犯才开始对自己的罪行有所认识，一方面他能自觉地汇报自己的思想认识，还写出了书面认识材料；另一方面，在劳动中，一反过去干活消极的做法，肯吃苦，常常超额完成生产定额，经考核达3级瓦工标准，特别是担任了犯人文化教员以后，改造信心更足了，8次受分监区、监区、监狱的表扬和奖励，1996年还被评为改造积极分子。
服刑期间奖惩情况	1993年因脱逃受禁闭处罚一次，后经人民法院以脱逃罪判处有期徒刑2年，合并前刑共执行有期徒刑8年。 1994年，1995年先后两次受到监狱大会表扬，并受到两次物质奖励。 1996年被评为改造积极分子。
分监区意见	该犯从不认罪受到加刑处罚，又从开始认罪到被评为改造积极分子，说明该犯在改造期间，已经抛弃了好逸恶劳、贪图享受的恶习。今后只要进一步加强学习和修养，一定能成为自食其力的守法公民。 刑满释放。 （签章） 1997年元月15日
监区意见	同意按期释放 （签章） 1997年元月15日
监狱意见	同意按期释放 （签章） 1997年元月15日
备注	

五、仲裁文书、公证文书格式、实例

（一）仲裁协议书

仲裁协议书

甲方：（甲方的名称、住所、法定代表人姓名与职务、委托代理人姓名与职务）

乙方：（乙方的名称、住所、法定代表人姓名与职务、委托代理人姓名与职务）

上述双方当事人曾于×年×月×日就×事项签订了×合同（合同编号为：×）。现双方一致确认凡因该合同所引起的或与该合同有关的任何争议，均提请××仲裁委员会按照该会仲裁规则进行仲裁。仲裁裁决是终局的，对双方均有约束力。

上述合同中对争议解决方式的约定如与本协议有不一致之处，以本协议为准。

（本协议签订地点）

甲方：（盖章、法定代表人或委托代理人签字）

乙方：（盖章、法定代表人或委托代理人签字）

（签订本协议的日期）

仲裁协议书

甲　　方：××建筑工程公司

住　　所：××省××市××区××路××号

法定代表人：×××董事长

委托代理人：××市××律师事务所律师

×××　××建筑工程公司项目经理

乙　　方：××机械总公司

住　　所：××市××区××街××号

法定代表人：×××　总经理

委托代理人：×××　该公司总经理办公室主任

上述双方当事人曾于××××年××月××日就××综合楼工程签订了《××市建

设工程施工合同》(合同编号为：××××)。现双方一致确认凡因该施工合同所引起的或与该合同有关的任何争议，均提请××仲裁委员会按照该会仲裁规则进行仲裁。仲裁裁决是终局的，对双方均有约束力。

上述合同中对争议解决方式的约定如与本协议有不一致之处，以本协议为准。

本协议签订地点为×省×市。

本协议自双方委托代理人签字并加盖公章之日起生效。

甲方：××建筑工程公司（加盖公章）
委托代理人：×××（签字）
××××年××月××日

乙方：××机械总公司（加盖公章）
委托代理人：×××（签字）
××××年××月××日

（二）仲裁申请书

仲裁申请书

申请人：（申请人的名称、住所、法定代表人姓名与职务、委托代理人姓名与职务）

被申请人：（被申请人的名称、住所、法定代表人姓名与职务、委托代理人姓名与职务）

请求事项：

（分项列出具体明确的请求事项，如请求确认或者变更某种法律关系、请求被申请人履行某种义务、仲裁费用的承担）

事实和理由：

（当事人之间争议事项形成的事实，双方当事人争执的具体内容和焦点，被申请人应承担的责任及其事实和法律依据）

此致

××仲裁委员会

申请人：（盖章、法定代表人或委托代理人签字）
（申请日期）

附件目录：（申请书所附的证据材料及份数）

仲裁申请书

申请人：××食品工业（集团）股份有限公司

住　所：××省××市××区××号　邮编：123456

法定代表人：×××　　董事长

地　址：××市××路××号

法定代表人：刘××　　厂长

请求事项：

请求冻结被申请人银行存款50万元人民币，或查封、扣押被申请人相应价值之财产。

事实和理由：

申请人与被申请人之间因设备购销合同发生纠纷，现已向你会提交仲裁申请书，申请你会仲裁裁决被申请人付清剩余货款。本案已被受理。根据被申请人所在区工商、税务管理部门的有关信息，被申请人由于长期经营不善，严重亏损，现正准备与其他企业合并。为防止其借合并之机转移资产，逃避债务，特向你会申请，对被申请人财产采取保全措施，以保证仲裁裁决得以顺利执行，实现申请人合法权益。

如因申请采取仲裁保全措施不当，造成被申请人的经济损失，申请人愿意承担赔偿责任，赔偿因错误保全造成的损失，并承担采取保全措施的费用。

此致

××市仲裁委员会

申请人　××国际贸易公司

法定代表人：杨××

一九九九年七月二日

（三）仲裁答辩书

仲裁答辩书

答辩人：（答辩人的名称、住所、法定代表人姓名与职务、委托代理人姓名与职务）

被答辩人：（被答辩人的名称、住所、法定代表人姓名与职务、委托代理人姓名与职务）

关于答辩人与被答辩人因××合同所发生的争议仲裁案（案件编号为×××），答辩人发表如下答辩意见：

（答辩人对申请人仲裁请求的具体反驳和理由，以及答辩人的态度）

此致

××仲裁委员会

答辩人：（盖章、法定代表人或委托代理人签字）

（答辩日期）

附件目录：（答辩书所附的证据材料及份数）

仲裁答辩书

答辩人：××集团有限公司

住　所：××市××区××街××号

法定代表人：×××　董事长

委托代理人：×××　工作单位：××市××律师事务所

职务：律师　电话：66554433

联系地址：××省××市××区××街××号　邮编：113456

被答辩人：××建筑工程公司

住所：××市××区××路

法定代表人：×××　总经理

委托代理人：×××　××市××律师事务所律师

我方就被答辩人××建筑工程公司与我方之间因1996年5月7日签订的《××市建筑工程施工合同》所发生的争议仲裁案［案件编号为（××××）×仲案字第×××号］，提出答辩如下：

一、被答辩人请求支付所谓的拖欠的工程款项及其利息缺乏事实和法律依据。（简述事实及理由，略）

二、被答辩人指责由于答辩人种种原因造成工期拖延及不能正常验收的观点是完全不能成立的。（简述事实及理由，略）

三、被答辩人提出因答辩人设计大量变更及资金不到位等原因造成工期延误的观点完全不能成立。（简述事实及理由，略）

综上所述，被答辩人申请仲裁的事实不清楚，理由不充分。为此答辩人认为被答辩人的仲裁请求不能成立，请贵会予以驳回。

此致

××仲裁委员会

答辩人：××集团有限公司

（加盖公章）

一九九九年七月三日

附件目录：
1. ×××
2. ××××
3. ×××××

（四）反请求申请书

反请求申请书

反申请人（本案被申请人）：
地址：
被反申请人（本案申请人）：
地址：
案由：
反请求事项：
事实与理由：

此致
×××仲裁委员会

附：1. 证据______份。
2. 本反申请书副本______份。

反申请人：
年 月 日

反请求申请书

反申请人（本案被申请人）：××市××房地产开发公司
地址：××省××市××路×号
法定代表人：邢×× 总经理
委托代理人：吴×× ××律师事务所律师
被反申请人（本案申请人）：××对外经济贸易公司
地址：××省××市××路×号
法定代表人：方×× 总经理

案由：房屋购销合同纠纷

反请求事项：

1. 付清剩余工程款 115 万元人民币。
2. 补付房屋调价款 95 万元人民币。

事实和理由：

19××年 8 月 14 日，反申请人与××对外经济贸易公司签订房屋购销合同一份。合同约定：反申请人将所建立于××区××路×号的 15 号楼 2 层至 6 层楼房，建筑面积约 2000 平方米，售与对外经济贸易公司，每平方米 1900 元，总售价 380 万元，自合同订立时起分 3 次付清。施工期间，由于市场建材价格大幅度上涨，××市政府下达《19××年建设工程材料价格及价差调整的通知》，反申请人根据此通知及实际施工情况，经市房屋开发管理办公室审核，将原定价调整至每平方米 2400 元。反申请人在房屋竣工并经市质检站验收合格后，通知××对外经济贸易公司按合同中所约定人民币付给。而××对外贸易公司不同意上调房价，至今未付剩余工程款。

反申请人认为，施工过程中建筑材料大幅度上涨，致使房屋成本提高，这是一种无法防止的外因，根据《经济合同法》第二十七条第一款规定，由于无法制止的外因致使经济合同无法履行的可以变更或解除合同。据此，请求仲裁委员会依法评断，裁决××对外经济贸易公司按上调后的价格付清剩余工程款 115 万元人民币，并补付房屋调价款 95 万元人民币。

此致

××市仲裁委员会

附：

1. ××市政府所下达《关于 1992 年建设工程材料价格及价差调整的通知》。
2. ××市房屋开发管理办公室关于反申请人所建房屋调价的审核报告。

反申请人：××市××房地产开发公司

法定代表人：邢××

一九九九年四月二十一日

（五）仲裁裁决书

××仲裁委员会

裁　决　书

（裁决书文号）

申请人：（申请人的名称、住所、法定代表人姓名与职务、委托代理人姓名与职务）

被申请人：（被申请人的名称、住所、法定代表人姓名与职务、委托代理人姓名与职务）

（仲裁委员会受理案件的根据，仲裁庭的产生和组成情况，以及仲裁庭对案件的审理情况）

本案现已审理完结，仲裁庭根据庭审结果和有关案件材料，依法做出本裁决。

本案案情、仲裁庭意见和裁决如下：

一、案情

（当事人之间的合同、与争议有关的合同条款的规定，争议发生的事实经过；申请人全部的仲裁请求，被申请人的答辩理由；被申请人反请求的请求事项和申请人的答辩内容；双方当事人的主要争执问题以及双方各自的观点和论据。）

二、仲裁庭意见

（仲裁庭经过庭审调查、辩论、质证所查明的事实以及所依据的证据，对双方当事人争议的分析和判断。当事人的哪些主张和要求是合法的，应予支持；哪些主张和要求是不合法或不符合程序规定的，不予支持或者不予审理，并阐明具体理由。）

三、裁决

（针对当事人的请求事项，明确当事人之间的法律关系和责任的分担，确定权利人享有的权利和义务人履行的义务，履行期限和方式以及仲裁费用的分担数额。）

本裁决为终局裁决，自做出之日起生效。

首席仲裁员：××（签字）

仲裁员：××（签字）

仲裁员：××（签字）

（日期）

（××仲裁委员会印）

××仲裁委员会

裁　决　书

（1999）×仲裁字第×××号

申请人：××省××市××（集团）股份有限公司

住　所：××省××市×区×路×号

法定代表人：×××　董事长

委托代理人：×××　××市××律师事务所律师

委托代理人：×××　××市××律师事务所律师

委托代理人：×××　××省××市××（集团）股份有限公司驻京办事处工作人员

被申请人：中国××总公司

住　　所：北京市××区××街××号

法定代表人：×××　总经理

委托代理人：×××　总经理办公室主任

委托代理人：×××　贸易部经理

委托代理人：×××　贸易部工作人员

××仲裁委员会（以下简称本会）根据申请人××省××（集团）股份有限公司（以下简称申请人）于19××年×月×日向本会提交的仲裁申请书和申请人与被申请人中国××总公司（以下简称被申请人）于1995年4月3日签订的《×××经销合同》中的仲裁条款，受理了申请人与被申请人之间上述经销合同项下的争议仲裁案（以下简称本案）。本案编号为（19××）×仲裁字第×××号。

依照本会仲裁规则，本会于1996年8月15日由本会主任指定×××为首席仲裁员，与申请人选定的仲裁员×××，本会主任指定的仲裁员×××组成仲裁庭，对本案进行审理。

被申请人未在本会仲裁规则规定的期限内提供书面答辩。仲裁庭审阅了申请人提交的仲裁申请书及有关材料及被申请人提交的有关材料，并于1996年9月4日、11月13日两次开庭进行审理，双方当事人的委托代理人均到庭。仲裁庭听取了双方委托代理人的陈述和辩论，对本案有关的事实进行了庭审调查和核实工作，对相关证据进行了质证。仲裁庭在征得双方同意的基础上进行了调解，但未获成功。

本案现已审理完结，仲裁庭根据庭审结果和有关案件材料，经合议，依法做出本裁决。

本案案情、仲裁庭意见和裁决如下：

一、案情

19××年4月3日，申请人与被申请人签订一份《×××经销合同》（以下简称经销合同），在经销合同中双方约定：申请人自19××年4月起至12月份向被申请人提供珠海“××”牌三鲜伊面，数量为每月8个车皮，价格由申请人确定。付款方式是供方货到、发票到付款。经销合同还规定了产品质量、运输费和双方的权利、义务。签约后，申请人陆续发货，被申请人陆续接货并支付货款。但在1995年4月27日被申请人提货6500箱（单价为23元，计149500元）及1995年5月4日提货6500箱（单价为23元，计149500元），两次合计13000箱，折合人民币299000元，被申请人当时未付货款。经多次催促，被申请人付货款30000元，尚欠269000元。根据双方当事人签订的《×××经销合同》中的仲裁条款，申请人特就被申请人拖欠购买三鲜伊面货款事项向本会提请仲裁。

申请人的仲裁请求为：

1. 被申请人应向申请人支付所欠货款269000元（人民币，下同）；

2. 被申请人应按照人民银行有关延期付款的规定支付逾期付款违约金68450元；

3. 仲裁费用由被申请人承担。

申请人在仲裁申请书中称：被申请人曾拟定一份还款协议，建议该欠款由案外人××公司承担，但遭到申请人拒绝。

被申请人对申请人的上述主张和理由当庭答辩称：合同签订后，申请人确于1995年4月27日及1995年5月4日分两批运来三鲜伊面1300箱，合计299000元，但当时是由××公司收货。事后，除被申请人代××公司支付货款30000元，余款已由××公司分10次交给申请人驻京办事处的工作人员李×，有李×签字的10张收条为证。故被申请人并不欠申请人任何款项。

申请人与被申请人就以下问题阐明了自己的观点：

1. 关于付款义务人

申请人认为，经销合同的双方当事人是申请人与被申请人，被申请人收到2车皮三鲜伊面后，其经手人在收条上写明货已收到及欠货款的字样，并签名和加盖了被申请人的公章。而被申请人将三鲜伊面转给××公司一事，与申请人无关，不能据此免除被申请人向申请人支付货款的义务。

被申请人认为，申请人发来2车皮共计13000箱三鲜伊面，已由××公司收货，且××公司已按三方“偿还协议”付清货款，申请人所称欠款一事与被申请人无关。

2. 关于货款偿还协议

申请人认为，被申请人在申请人多次催要货款的情况下曾拟出三方（甲方为申请人，乙方为被申请人，丙方为××公司）《关于两车皮××牌方便面的货款偿还协议》，主要内容是被申请人将2车皮三鲜伊面交给丙方，由丙方向甲方给付货款。申请人与丙方无任何购销合同，不同意“偿还协议”的内容，故未在该协议上签字盖章。

被申请人认为，2车皮三鲜伊面由××公司提走，虽申请人未在“偿还协议”上签字盖章，但××公司已按“偿还协议”的规定，付清货款。

3. 关于李×签字收条的法律效力

申请人认为，申请人凡收到货款均开出正式收据，如被申请人认为已付清货款，应提供正式收据。李×所开出的白条收据无法律效力。

被申请人认为，李×的10张收条，是李×亲手签字，且有××公司的函件证明，故货款已还清。

二、仲裁庭意见

1. 申请人和被申请人签订的经销合同是根据《中华人民共和国经济合同法》以及有关条例签订的，该合同合法有效，双方当事人均应严格履行合同中约定的义务。

2. 申请人于19××年4月27日和19××年5月4日发出的2车皮三鲜伊面（合计13000箱，折合人民币299000元）被申请人已收到。此事有被申请人经办人签字及被申请人加盖公章的收据为证。被申请人在仲裁庭的陈述和辩论中亦予承认。

3. 依照我国经济合同法规定及双方签订的合同内容，被申请人收到货物，应将货款交付申请人。双方当事人对两次供货总金额为299000元以及被申请人已偿还其中30000元货款之事实不存争议，故双方争议的货款为269000元。

4. 被申请人称根据李×签字的10张收条及××公司出具的证明，争议涉及的269000元货款已付清。本庭认为××公司多次证明前后矛盾；李×所开10张收条均为个人手写的白条，又不能证明收条项下的款项即为双方当事人争议的款项。况且，李×当庭证明，10张收条的款项不是19××年4月27日和19××年5月4日二批货物的款项，所开白条早已换成正式收据，白条应销毁。仲裁庭认为，被申请人提供的证明其已支付经销合同项下的269000元货款的证据不足采信，被申请人应向申请人支付269000元货款。

5. 被申请人在仲裁庭上多次提出13000箱三鲜伊面由××公司提走，并曾拟出货款由××公司付给申请人的"偿还协议"，申请人虽未签字盖章，但已实际执行"偿还协议"。仲裁庭认为，由于申请人未在"偿还协议"上签章，且庭审期间始终坚持争议款项应由被申请人偿付的主张，故该"偿还协议"不足以证明申请人已同意由××公司偿付所欠货款。又鉴于××公司非本案当事人，故对被申请人的意见，本仲裁庭不予支持。

6. 根据经销合同关于付款方式的约定，仲裁庭认为被申请人应在收到货物后立即支付货款。被申请人在收到货物后未付货款，已构成违约，并自违约时起计算违约金。现申请人请求被申请人由19××年5月10日起支付违约金，此项请求，于法不悖，应予准许。但被申请人向申请人支付违约金的数额应参照最高人民法院《关于逾期付款违约金应当依据何种标准计算问题的批复》计算。

7. 本案仲裁费用15700元，全部由被申请人承担。

三、裁决

基于以上案情和理由，仲裁庭依法裁决如下：

1. 被申请人应向申请人支付货款269000元（人民币，下同）；

2. 被申请人应向申请人支付违约金，以269000元为基数，自1995年5月10日起至1996年5月15日止按每日万分之3计算，计30020.4元，自1996年5月16日起至本裁决书做出之日止按每日万分之5计算，计27976元，总计57996.4元；

3. 本案仲裁费用15700元（已由申请人预交），全部由被申请人承担。被申请人应向申请人支付15700元。

上述应由被申请人向申请人支付的款项，被申请人应自本裁决书送达之日起15日内全部付清。逾期按中国人民银行有关逾期付款的规定处理。

本裁决为终局裁决，自做出之日起生效。

首席仲裁员：×××
仲 裁 员：× ×
仲 裁 员：× ×
一九××年×月×日
（××仲裁委员会印）

（六）仲裁调解书

××仲裁委员会

调 解 书

（调解书文号）

申请人：（申请人的名称、住所、法定代表人姓名与职务、委托代理人姓名与职务）

被申请人：（被申请人的名称、住所、法定代表人姓名与职务、委托代理人姓名与职务）

（仲裁委员会受理案件的依据，仲裁庭的产生和组成情况，以及仲裁庭对案件的审理情况。）

（当事人的仲裁请求）

在仲裁庭主持下，双方当事人本着互谅互让，协商解决问题的精神，达成调解协议，仲裁庭确认的调解结果如下：

（仲裁庭确认的调解结果）

本调解书与裁决书具有同等法律效力，自双方当事人签收之日起生效。

独任仲裁员：××（签字）
（日期）
（××仲裁委员会印）

××仲裁委员会

调 解 书

（1999）×仲调字第×××号

申请人：××省××市××有限公司

住所：××省××市××路
法定代表人：××× 经理
委托代理人：××× 副总经理
委托代理人：××× ××市××律师事务所律师
委托代理人：××× ××市××律师事务所律师

被申请人：××发展有限公司
住所：××市××区××路××号
法定代表人：××× 董事长
委托代理人：××× 副总经理

××仲裁委员会（以下简称本会）根据申请人××省××市××有限公司（以下简称申请人）向本会提出的仲裁申请和申请人与被申请人××发展有限公司（以下简称被申请人）于1997年8月28日签订的采购合同中的仲裁条款，于1999年7月28日受理了上述合同项下的争议仲裁案（以下简称本案）。本案编号为（1999）×仲调字第×××号。

依据本会仲裁规则，本会主任指定的独任仲裁员××于1999年8月16日组成仲裁庭，适用简易程序审理本案。

仲裁庭审阅了申请人提交的仲裁申请书及相关材料、被申请人提交的答辩书及相关材料，于1999年8月25日对本案进行了开庭审理，双方当事人的委托代理人到庭。仲裁庭听取了双方当事人的陈述，对案件有关事实进行了庭审调查和核实工作，对相关证据进行了质证。

申请人的仲裁请求为：

1. 被申请人支付货款26521.20元（人民币，下同）；

2. 被申请人承担本案的仲裁费用。

在仲裁庭主持下，双方当事人本着互谅互让，协商解决的精神，达成调解协议如下：

1. 被申请人应于1999年10月25日前向申请人支付货款26561.20元；

2. 本案仲裁费2644元（已由申请人预交），由申请人承担1000元，由被申请人承担1644元。被申请人应于上述期限内一并向申请人支付1644元；

3. 双方就本案无其他争议。

本调解书与裁决书具有同等法律效力，自双方当事人签收之日起生效。

（××仲裁委员会印） 独任仲裁员：××（签字）

一九九九年×月×日

（七）结婚公证书

（涉外）结婚公证书

（1998）京证外字第×××号

根据××市××区×××街道办事处颁发的编号为××××的结婚证书，兹证明李××（男，1953 年 5 月 15 日出生）与赵××（女，1955 年 3 月 18 日出生），于 1980 年 10 月 2 日在北京城区×××街道办事处登记结婚。

中华人民共和国×××公证处
公证员　王××
二〇〇五年五月十六日
（公章）

注：申请人李××、赵××因同赴×国进修博士学位，为办理出国手续的需要，向公证机关申请结婚公证书，故需向公证员提供个人身份证、原结婚登记证、结婚双人照片等证据资料，供公证处核实。

（八）银行存款公证书

（涉外）银行存款公证书

（199×）京证外字第××号

兹证明王××（女，1948 年 3 月 29 日出生，现住中国××市××区××大街××胡同××号）在下列金融机构存有人民币定期存款，具体情况诸如下述：

1. 在中国工商银行××市××区办事处芳古园储蓄所存有人民币定期存款 55000 元，存期为 1995 年 5 月 5 日至 1999 年 5 月 5 日；

2. 在中国工商银行××市××区办事处芳古园储蓄所存有人民币定期存款 5000 元，存期为 1995 年 7 月 10 日至 1999 年 7 月 10 日；

3. 在中国工商银行××市××区办事处芳古园储蓄所存有人民币定期存款 60000 元，存期为 1995 年 9 月 15 日至 1999 年 9 月 15 日；

4. 在中国工商银行××市××区办事处芳古园储蓄所存有人民币定期存款 40000 元，存期为 1996 年 5 月 15 日至 1998 年 5 月 15 日；

5. 在中国人民银行××市××区办事处芳古园储蓄所存有美元定期存款 5000 元，

存期为 1996 年 8 月 18 日至 1998 年 8 月 8 日。

中华人民共和国北京市公证处
公证员　　×××
一九九×年×月×日
（公章）

注：1. 申请人在申请银行存款公证时必须向公证处提供上述各项银行存款的存单或存折的真实凭证，以供公证处核实凭证上的印章、当事人的存款银行、存款数额、存款期限，尔后出具有法律效力的真实性的银行存款公证书。

2. 当事人××是因申请赴××国经商的需要办理银行存款公证书的就必须向公证处提供王××的身份证，以核实其身份。

（九）未受刑事处分公证书

未受刑事处分公证书

（199×）京证外字第×××号

根据××市××区户籍管理机关档案记载，兹证明郑××，男，1953 年 8 月 20 日出生，现住××市××区××大街××号。于 1991 年 10 月 30 日赴泰国曼谷工作，郑××在××居住期间未曾受到刑事处分。

中华人民共和国北京市公证处
公证员　　×××
一九九×年××月××日
（公章）

注：郑××是应泰国××公司的邀请，赴该国参与×项技术工作的，办理公证时需向公证处提供本人的身份证、高级技术职称证及该国对郑××的邀请函，以备公证处考查核实。

（十）亲属关系公证书

亲属关系公证书

（199×）×证外字第××号

申请人洪×英，男，1954 年 6 月 14 日出生，现住××市××区××大街××胡同××号。

申请人洪小云，女，1986 年 10 月 2 日出生，现住××市××区××大街××胡同××号。

关系人吴×兰，女，1952 年 4 月 4 日出生，现住××国××城××大街××号。

根据北京市××区户籍管理机关档案核查，兹证明申请人洪×英是关系人吴×兰的丈夫。申请人洪小云是关系人吴×兰的女儿。

中华人民共和国北京公证处
公证员（签名或盖章）
一九九×年××月××日
（公章）

注：这是一份发往××国使用的亲属关系公证书，按照规定和使用国的要求，亲属关系公证书需要加贴二寸免冠照片，照片加贴部位还要加盖骑缝钢印。

六、律师实务文书格式、实例

（一）民事起诉状

民事起诉状

（公民提起民事诉讼用）

原告

被告

诉讼请求

事实与理由

证据和证据来源，证人姓名和住址

此致

×××人民法院

附：本诉状副本　份

起诉人

年　　月　　日

民事起诉状

（法人或其他组织提起民事诉讼用）

原告名称
所在地址
法定代表人（或代表人）姓名　　　　　职务　　　　电话
企业性质　　　　　　　　　　　　　　工商登记核准号
经营范围和方式
开户银行　　　　　　　　　　　　　　账号
被告名称
所在地址　　　　　　　　　　　　　　电话

诉讼请求

事实与理由

证据和证据来源，证人姓名和住址

此致
×××人民法院
附：本诉状副本　份

起诉人
年　　月　　日

民事起诉状

原告刘××，女，47岁，汉族，××省××市人，××钢铁公司干部，住××市××区××路17号。

被告齐××，女，46岁，汉族，××省××市人，××钢铁公司××厂工人，住××市××区××路46号院。

诉讼请求

1. 判决被告齐××对原告祖传房产不享有继承权。
2. 判决原告刘××为祖传房产唯一合法继承人。
3. 判决被告齐××承担本案全部诉讼费用。

事实与理由

我父亲刘××与母亲李×生育原告刘××和原告哥哥刘×子女二人。1976年哥哥刘×与本案被告齐××结婚。1982年哥哥刘×因公死亡，1983年初父亲刘××病逝，遗有祖传房产5间。此后，母亲李×与原告、被告共同生活。

1984年，我与丈夫胡××结婚，并于当年底搬入夫家另过。被告与我母亲住在一起。但被告脾气古怪，经常与母亲争吵，让我母亲为她洗衣做饭、操持家务，而她却并无半点孝心。更为恶劣的是，被告自1987年起，先后与多名男人恋爱，竟然把男人带到家中让我母亲做饭侍候，稍不遂意即对我母亲破口大骂。因被告的虐待行为，使我母亲身体状况越来越差，每年均到我家住3个月至4个月。2003年底，我母亲病逝。我要求继承祖传房产，考虑到被告齐××在此地居住较长时间，我同意齐××继续住东屋2间，但齐××拒不同意，要求与我一起继承并分割房产，双方为此多次发生纠纷。

根据我国《继承法》第七条第三项规定，继承人“遗弃被继承人的，或者虐待被继承人情节严重的”，丧失继承权。由于被告齐××对公婆未尽赡养义务，并且长期虐待婆婆，情节严重，依照法律规定，不应享有继承权。因此，我应当是我家祖传房产的唯一合法继承人。

证据和证据来源，证人姓名和住址

1. 私房房产证，××市××区房管局核发；
2. 证人孙××证言，孙××提供。孙××住址：××市××区××路46号院。
3. 证人李××证言，李××提供。李××住址：××市××区××路46号院。
4. 证人陈×，住址：鞍山市××区××路19号。

为使纠纷得以解决，特根据《中华人民共和国民事诉讼法》第一百零九条规定，向你院提起诉讼，请依法判决。

此致

××省××市××区人民法院

附：本诉状副本 1 份。
证据材料 3 份。

起诉人：刘××
2004 年 4 月 18 日

民事起诉状

原告××市工业供销公司，地址：××市××路××号。
法定代表人卢××，经理，电话：×××××××。
被告××市金属结构厂，厂址：××市××路××号。
法定代表人王××，厂长。

诉讼请求

（1）要求被告立即全面履行合同，于 1995 年 4 月付货。
（2）要求被告按合同规定偿付违约金 36000 元。

事实与理由

我公司于 1994 年 1 月 3 日通过××地区工业供销公司采购员李××了解到，被告向李××所在公司发出电报推销铁板，电文是：备有（2～2.5）×1000mm×1500mm 的铁板 50 吨，每吨价格 8000 元，全部装运费由供方负责，速汇 40 万元，3 月 10 日准时装车启运。当时李××所在公司不要，而我公司急需，即于 1 月 8 日通过银行给被告电汇货款 40 万元。同时发电报告诉被告：经李××介绍我公司愿购买 50 吨铁板，完全同意供方在电报中提出的条件，已电汇货款 40 万元。希望供方于 1 月 10 日发货，并告知他收货地址及单位名称（以上事实有两份电报和电汇凭证可证实）。可是被告一直未发货。1 个月后，我公司又发电报催货，仍未发货。

1994 年 3 月被告厂厂长王××来我公司，说货款早收到，也愿做这笔买卖，只是无合同，不好发货，要求与我公司签订此项购销合同，经双方协商，当时就签订了合同，合同规定：供方于 1994 年 4 月发货，铁板规格、价格不变（此事有合同为证）。合同签订后，被告仍未发货，1994 年 7 月和 9 月，我公司两次派人催货。王××却说他们一开始没给我们发推销铁板的电报，货已订给别人，后来签订的合同是无效的，不能和我公司做这笔买卖。我公司要求履行合同，如不能履行则立即退回货款。而王××却说：合同是不能履行了，货款什么时候有钱什么时候退。经多次协调无效，至今尚未退款。

根据《中华人民共和国经济合同法》第六条的规定，经济合同一旦签订，双方的权利义务关系就同时发生，当事人应按合同规定承担义务，如当事人一方不承担义务，就是不履行合同，就要承担法律责任。我公司于 1994 年 3 月与被告正式签订购销合同以后，我公司按合同规定履行义务，已交付货款，被告就有义务按合同规定给我公司发货。但是，被告不但拒不发货，还长期扣压货款。王××说，“合同是无效的，货早已订给别人。”这更是违背经济合同法的规定。被告既然不具备履行合同的能力，就不应与我公司签订合同，被告为了自己的利益，欺骗我公司与其签订合同，又借故不履行合同，其责任完全在被告。由于被告的违约，使我公司的供销计划受到了影响，经济上造成了严重损失。被告的行为已严重违反经济合同法，侵犯了我公司的合法权益。根据《中华人民共和国经济合同法》第二十九条第一款和第三十一条的规定，应依法追究被告的违约责任，并赔偿由此给我公司造成的经济损失。同时，要求被告继续履行合同。据此，根据《中华人民共和国民事诉讼法》第一百零九条的规定，特向法院提起诉讼，请人民法院依法准予我公司的诉讼请求。

证据和证据来源，证人姓名和住址

1. 合同书一份。
2. 电报两份，电汇凭证一份。
3. 证人李××，住址：××地区×路×街×号。

此致

××市××区人民法院

起诉人　　××市工业供销公司
法定代表人　卢××
1994年×月×日
××市律师事务所××律师代书

附：本诉状副本1份；
证据材料3份。

（二）民事答辩状

民事答辩状

（公民对民事起诉提出答辩用）

答辩人

因　　　　　　　　　　　　　　　　　　　　　　　　　　　　　　一案，

提出答辩如下：

此致

×××人民法院

附：本答辩状副本　　份

答辩人

年　　月　　日

民事答辩状

（法人或其他组织对民事起诉提出答辩用）

答辩人名称

所在地址

法定代表人（或代表人）姓名　　　　　　职务　　　　　　电话

企业性质　　　　　　　　　　　　　　　工商登记核准号

经营范围和方式

开户银行　　　　　　　　　　　　　　　账号

因　　　　　　　　　　　　　　　　　　　　　　　　　　一案，

提出答辩如下：

此致

×××人民法院

附：本答辩状副本　　份

答辩人

年　　月　　日

民事答辩状

答辩人　齐××，女，46岁，汉族，××省××市人，××钢铁公司××厂工人，住鞍山市××区××路46号院。

因原告刘××诉我继承纠纷一案，提出答辩如下：

1. 我对公婆尽了主要的赡养义务，依法有权继承遗产。

我于1976年嫁到刘家后，承担了家中的主要家务。1982年、1983年丈夫、公公相继去世，使我的精神受到严重打击。由于当时婆婆年老体弱，小姑子刘××尚需人照顾，我操持起繁重的家务，使一家3口和睦相处、生活美满。1984年原告出嫁后，我与婆婆相依为命，对婆婆照顾周到。为了使婆婆能安度晚年，我一人承担了全部家务，包括房屋的修缮等重体力劳动。由于不忍婆婆一人独立生活，我一直守寡未嫁。2003年底，婆婆病逝，是我一人操办料理后事。原告在起诉状中诬告我虐待婆婆，对婆婆未尽赡养义务，与事实不符。

事实上，倒是原告对自己的母亲从未尽过义务。原告结婚时，婆婆和我共同张罗操办；其婚后只顾自己的幸福快乐，对其母亲的生老病死漠不关心，从不过问；婆婆刚一去世，原告就来找我吵闹，要求由她一人继承全部房产，表现得十分不道德。

根据《继承法》第十二条的规定，丧偶儿媳对公、婆尽了主要赡养义务的，应作为第一顺序继承人，有权继承公婆的财产。

2. 我应分得房产的大部分。

在对房产的分割问题上，我与原告同属于法定的第一顺序继承人，享有同等的继承权，但根据权利义务相一致的原则，应当考虑继承人对死者生前所尽义务的多少。我对公婆负担了全部赡养责任，尽了全部义务，理所当然应当继承遗产的绝大部分。因此，我要求继承北屋1间和东屋2间，共计90.3平方米，其余北屋2间（54平方米）由原告继承。

总之，第一，原告父、兄死后，我承担了养家的重担；第二，我对婆婆尽了全部赡养义务；第三，我曾出资对房屋做了必要的修缮。请人民法院查明事实，并根据继承法上权利与义务相一致的原则，对我的继承权加以确认和保护，并驳回原告无理的诉讼请求。

此致

××省××市××区人民法院

附：本答辩状副本1份。

答辩人　齐××

2004年4月25日

（三）民事上诉状

民事上诉状

（公民提起上诉用）

上诉人

被上诉人

上诉人因　　　　　　　　　　一案，不服　　　　　　　人民法院　　　　年　　月
日
（　　）　　字第　　号　　　，现提出上诉。

上诉请求

上诉理由

此致

×××人民法院

附：本上诉状副本　　份。

上诉人

年　　月　　日

（注：本诉状格式亦可适用于经济案件中公民提起上诉。）

民事上诉状

（法人或其他组织提起上诉用）

上诉人名称
所在地址
法定代表人（或代表人）姓名　　　　　　职务　　　　电话
企业性质　　　　　　　　　　　　　　　工商登记核准号
开户银行　　　　　　　　　　　　　　　账号
被上诉人名称
所在地址
法定代表人（或代表人）姓名　　　　　　职务　　　　电话
上诉人因　　　　　　　　　　一案，不服　　　　　　　　人民法院
年　　月　　日（　　）　　字第　　号　　，现提出上诉。

上诉请求

上诉理由

此致
×××人民法院

附：本上诉状副本　　　　份。

上诉人
年　　月　　日

（注：本诉状格式亦可适用于经济案件中的法人或其他组织提起上诉。）

民事上诉状

上诉人任××，女，37岁，汉族，××市人，××市××公司副经理，住××市××区××路××号。

被上诉人史××，男，40岁，汉族，××省××县人，××市××工厂推销员，住××市××区××路××号。

上诉人因离婚一案，不服××市××区人民法院1996年5月10日（1996）×民初字第××号民事判决中的第二项判决，现提出上诉。

上诉请求

依法撤销××市××区人民法院（1996）×民初字第××号民事判决中的第二项判决；改判婚生女孩史×（13岁）由上诉人抚养。

上诉理由

原判决称："鉴于原告收入丰厚，有足够的经济力量培养孩子成人，因此本院认为孩子归原告抚养有利于下一代健康成长。"据此将婚生女孩史×判归被上诉人抚养。上诉人认为此项判决不当，判决理由不能成立。其理由是：第一，上诉人一直照顾孩子的生活与学习，孩子与上诉人结下了深厚的母女情谊；而被上诉人近十年来在××工厂担任推销员，经常出差在外，有时几个月不回家，对孩子生活、学习毫不关心，与孩子也无感情。因此上诉人认为孩子由被上诉人抚养，不利于孩子成长，而由上诉人抚养则有益于孩子身心健康，有利于培养孩子成才。第二，上诉人经济收入也不低，完全有能力培养孩子成人。关键不在谁有钱，而在于由谁抚养有利于孩子健康成长。被上诉人说，他有钱可以请保姆照顾孩子，法院也认为此种说法有道理，试问保姆照顾有母亲照顾好吗？此种说法不合情理。

孩子判归谁抚养，应考虑孩子的意见。最高人民法院1993年印发的《关于人民法院审理离婚案件处理子女抚养问题的若干具体意见》第五条规定："父母双方对10周岁以上的未成年子女随父或随母生活发生争执的，应考虑子女的意见。"原审法院根本没有征求孩子的意见，就主观决定了。孩子听说随父生活哭了几天，说不愿意与父亲一起生活，愿意同母亲一起生活。请上诉审人民法院按照最高人民法院的《意见》办事，考虑孩子的意见，将孩子改判归上诉人抚养。

此致

××市中级人民法院

附：本上诉状副本1份。

上诉人　任××

1996年5月15日

民事上诉状

上诉人名称　　××广告公司

所在地址　　××市××区×××路16号

法定代表人　徐××　职务　总经理　电话××××××

企业性质　集体　工商登记核准号　08477751

经营范围和方式　经营、代理国内和外商来华广告业务

开户银行　中国银行××分行××支行　账号　08674-98

被上诉人名称　××市××××总公司

所在地址　××市××区××大街301号

法定代表人　黄××　职务　总经理　电话××××××

上诉人因广告代理合同纠纷一案，不服××市××区人民法院2003年12月23日(2003)民初字第142号民事判决，现提出上诉。

上诉请求

1. 依法撤销原审判决，予以改判；

2. 判决被上诉人给付因其违约所欠款项人民币4万元整；

3. 本案一、二审诉讼费用由被上诉人全部承担。

上诉理由

1. 原审判决认定事实错误。

2003年8月5日，上诉人与被上诉人签订广告代理合同。合同约定：上诉人自2003年8月28日起至10月18日止在××区××大街两侧为被上诉人粘挂印有被上诉人标志的广告吊旗，被上诉人支付广告代理费28万元。合同订立后，经上诉人报有关主管部门批准，2003年于8月28日起开始在指定路段粘挂由被上诉人总经理黄××审定认可的广告吊旗。

由于自9月7日起天气状况恶化，连日刮风下雨，使粘挂的广告吊旗破损较多，虽经上诉人一再补挂，仍不能保证持久。为此，有关部门下令自9月20日停挂该广告吊旗，并摘除已挂的吊旗。

以上事实，有有关主管部门出具的证明为证。然而，原审判决却认定上诉人悬挂广告吊旗未经有关部门批准，属非法悬挂；且未能按约定的期限悬挂。这一认定违背了事实真相，是错误的。

2. 原审判决适用法律错误。

原审判决在对事实认定错误的基础上，将上诉人与被上诉人之间订立的广告代理合同认定为无效合同，并适用《中华人民共和国合同法》中关于无效合同处理的规定判决上诉人承担责任，返还被上诉人交付的28万元广告代理费。这在适用法律上亦属错误的。

而事实上，上诉人与被上诉人依据各自真实的意思表示订立的广告代理合同符合《中华人民共和国合同法》基本原则，属合法、有效合同，合同订立后，上诉人又依据广告代理的规定向有关部门办理了相应的手续，并实际履行了该合同确定的义务，应当适用有关法律予以保护。

根据上述事实和有关法律，特请求依法撤销原审判决，予以改判。

此致

北京市中级人民法院

附：本上诉状副本1份。

上诉人：××广告公司

2004年1月5日

（四）民事反诉状

民事反诉状

（民事被告或刑事的自诉案件被告人提起反诉用）

反诉人（本诉被告）

被反诉人（本诉原告）

反诉请求

事实与理由

证据和证据来源，证人姓名住址

此致

×××市人民法院

附：本反诉状副本　份。

反诉人

年　月　日

民事反诉状

反诉人（本诉被告）赵××，男，41岁，汉族，××市人，××仪器厂工人，住本市××路××胡同×号。

被反诉人（本诉原告）××市××区××房管所，地址：××市××区××路××号。

法定代表人胡××，所长。

反诉请求

请人民法院依法判令被反诉人赔偿反诉人经济损失××××元。

被反诉人（本诉原告）因反诉人（本诉被告）拖欠房屋租金，于1996年10月20日向××市××区人民法院提起诉讼，请求法院判令被告交清房租。被告接到起诉状副本后，于10月29日向同一法院对原告提起反诉。

事实与理由

反诉人于1996年1月租住被反诉人（即××市××区××房管所）2间平房（约45平方米），每月房租×××元。1月至6月，反诉人按时交纳房租。1996年6月，反诉人发现房屋漏水，就爬到房顶查看，才知道房顶已破烂不堪，有一平方米大小的房瓦已全部破碎。于是，反诉人找被反诉人修缮，被反诉人不但不派人来修缮，而且所长胡××不通情理，说话难听，根本不顾住户的利益和人身安全。为此，反诉人一气之下，从7月份开始停付房租，至今已有4个月未付房租，共拖欠房租××××元，这是事实。可是拖欠房租是由于拒绝修缮房屋所致，责任应由被反诉人承担。

1996年夏季，阴雨不断，反诉人多次找被反诉人即房管所修房，并告知他们此房已成了危房，出现问题应由他们负责。被反诉人虽然答应维修，但一拖再拖，到8月初一场暴雨，房顶几块砖瓦陷落，正好砸在反诉人室内电视机上，将电视机砸坏，还损坏了一些其他物品，价值×××元。现在被反诉人虽然已修好了房屋，但对反诉人的经济损失却不闻不问。故此，反诉人至今未付房租。现被反诉人已向法院提起诉讼，要求判令反诉人交付房租，反诉人亦乘机提出反诉，要求人民法院合并审理，判令被反诉人赔偿反诉人经济损失。

证据和证据来源，证人姓名和住址

1. 证人王××（居委会主任）书面材料一份，证明反诉人经济损失属实。王××住反诉人东边××号。

2. 同院邻居、证人朱××、李××合写证明材料一份，同样证明反诉人所受损失情况属实。

电视机修理费×××元，有收费单据为证。

此致

××市××区人民法院

附：本反诉状副本一份。

反诉人　赵××

1996年×月×日

（五）民事再审申请书

民事再审申请书

申请人

申请人×××（姓名和名称）对××××人民法院××××年　　月　　日字第号×××××，申请再审。

请求事项

事实与理由

此致

××××人民法院

附：原　　　书抄件 1 份。

申请人
年　　月　　日

民事再审申请书

申请人　××市×××××公司。

住址　××市××区××大街乙 63 号。

法定代表人　高××，总经理。

委托代理人　刘××，××律师事务所律师。

申请人因购销合同纠纷一案，对××市中级人民法院于 2004 年 7 月 14 日作出的（2004）×民终字第××号民事判决书不服，提出再审申请。

请求事项

1. 请求依法再审，纠正原判不当。

2. 撤销（2003）×民初字第××号民事判决和（2004）×民终字第××号民事判决。

3. 驳回原审原告的无理诉讼请求。

事实与理由

1. 本案一审、二审判决置真实证据于不顾，在无证据的情况下多处凭空捏造，歪曲事实。

判决书认定我公司“收到对方款项后，陆续供给对方钢材”，纯系无稽之谈：

第一，我公司根本没有收到对方的款项，这已有审计报告为证；

第二，我公司系非钢材生产单位，也没有从任何地方购买钢材，何来钢材“供给对方”？

第三，对方将购钢材款付给××供销处，并从××供销处获得钢材，相互之间建立了事实上的购销关系，这有××供销社收款单据、双方之间钢材供应清单为证，与我公司无关，怎么能把我公司拉入他们双方之间的往来关系中？

有关证据表明：我公司与这起购销合同纠纷没有任何关系，不应承担向原审原告退还货款的责任。原审原告所提诉讼请求纯属无理。

2. 二审法院审理本案程序违法。

二审法院受理我公司上诉案后，由审判长组织双方当事人到庭谈话一次，仅就本案的事实情况作了调查，而其他合议庭组成人员均未到庭，双方诉讼代理人均未发表辩论意见。谈话时间不足 1 小时，审判长即宣布开庭时间另行通知。然而，距谈话时间不足一周，审判长即通知我公司到法院领取二审判决书。二审法院的这种做法违反了民事诉讼法中关于二审程序的规定，显然是在事实尚未查清的情况下仓促、草率作出的判决。

综上所述，本案二审法院认定事实证据不足、审判程序违法，导致作出错误的判决，影响了本案的正确处理。为求得本案的公正处理，特依据《中华人民共和国民事诉讼法》第一百七十八条、第一百七十九条规定，向××市中级人民法院提起民事再审申请。

此致

××市中级人民法院

附：1. 本案一审、二审判决书各 1 份；

2. 有关证据材料 7 份。

申请人　××市××××公司

2001 年 1 月 17 日

（六）刑事自诉状

刑事自诉状

（刑事自诉案件起诉用）

自诉人

被告人

案由和诉讼请求

事实与理由

证据和证据来源，证人姓名和地址

此致

×××人民法院

附：本诉状副本　份。

自诉人
年　　月　　日

刑事自诉状

自诉人　陈××，女，27岁，汉族，××省平山县人，平山县××厂工人，住平山县××厂宿舍3排42号。电话　×××××××××。邮政编码　××××××。

被告人　胡××，男，30岁，汉族，××省平山县人，石家庄市××局干部，住石家庄市××局集体宿舍405号房间。电话　×××××××××。邮政编码　××××××。

案由和诉讼请求

被告人胡××犯重婚罪。

请求人民法院依照《中华人民共和国刑法》之规定追究胡××的刑事责任。

事实与理由

我与胡××自幼相识，19××年建立恋爱关系，并于19××年春节结婚，婚后感情较好，1993年2月生一女。

19××年6月，胡××被调到石家庄市××局工作，不久即隐瞒已有妻、女的事实，与该局干部林××（女，26岁）恋爱。为了达到与林××结婚的目的，胡××多次在他的来信中编造谎言欺骗我，说“离了婚，就可以在局里分配到职工住房，等分到房后就复婚”，“局里选拔培养后备干部，必须是未婚的，我们离婚只是为了应付局里，等这事过去再复婚”等等。19××年5月，我到石家庄找胡协商，恰好胡被局里派到广西出差，经向其同事了解，证实胡所说纯系谎言。同年6月10日，胡回来休假，我对其编造谎言进行欺骗一事给予批评，胡见我识破其诡计，竟然恼羞成怒，对我拳脚相加，致使我全身上下多处受伤，后被邻居拉开。第二天早上，胡××在家中再次对我殴打，然后返回石家庄。此后，胡××不再来信，也不给付女儿的抚养费用。

据了解，胡××于200×年9月骗得单位结婚登记介绍信，并与林××在××市××区××街道办事处正式办理了结婚登记手续。

上述事实，有各种书证、证人证言为证。

综上所述，被告人胡××为了达到与他人结婚的目的，先用谎言进行欺骗，被识破后又不择手段，骗取单位结婚登记介绍信，与林××登记结婚。胡××的行为已经触犯了《中华人民共和国刑法》第××条的规定，构成重婚罪，应当依法追究其刑事责任。为此，特根据《中华人民共和国刑事诉讼法》第××条之规定，向你院起诉，请依法判处。

证人姓名和住所、其他证据和证据来源

1. 胡××信件4封；
2. 石家庄市××区××街道办事处婚姻登记办公室证明材料1份；
3. 证人刘××，石家庄市××局办公室干部；
4. 证人周××、陈×，住平山县××厂宿舍3排43号。

此致

××省××市××区人民法院

附：本诉状副本1份；

证据材料8份。

自诉人　陈××

200×年6月7日

（七）刑事答辩状

刑事答辩状

答辩人

因________________________一案，现提出答辩如下：

此致

________人民法院

附：本答辩状副本______份。

答辩人

年　　月　　日

刑事答辩状

答辩人　何××，女，36岁，汉族，××省××市人，××省××市××局干部，住××市政府机关宿舍×栋×号。电话　×××××××××，邮政编码　××××××。

被答辩人　陈×，男，35岁，汉族，××省××市人，××省××市××局干部，住××市政府机关宿舍×栋×号，电话　×××××××××，邮政编码　××××××。

答辩人因陈×指控答辩人犯诽谤罪一案，现提出答辩如下：

1. 答辩人的行为不构成诽谤罪

依照《刑法》第××条的规定，诽谤罪指故意捏造事实并加以散布，公然损害他人人格和名誉，情节严重的行为。构成诽谤罪的主要条件一是要有捏造并公然散布有损于他人名誉、人格的事实；二是出于故意，目的在于损害他人名誉和人格；三是必须情节严重。

从本案情况来看，首先，我没有捏造有损陈×名誉和人格的事实。今年6月17日，陈×在办公室内与他人发生两性关系，是我单位同事刘××、胡×亲眼所见，后来向我和我处王××处长做了反映，这有胡×、王××处长的证言为证，并非我的捏造；其次，我没有有意损害陈×的名誉和人格。我是在6月28日单位党组织生活会上对陈×的生活作风问题提出批评的，目的在于希望陈×引以为戒，能够吸取教训，加以改正，做一名合格的共产党员，这是很正常的同志式的批评意见，怎能被视为故意损害他人名誉和人格呢？难道陈×犯了错误，就不能在组织内部进行批评教育吧？由于我的所作所为并不具备诽谤罪成立的条件，所以不构成犯罪。

2. 陈×的行为应当受到舆论和道德的谴责，人民法院应当驳回其诉讼请求

陈×犯了错误，本应吸取教训，注意改正，但陈×却采取恶人先告状的错误做法，向人民法院提起诉讼，请求人民法院追究我的“刑事责任”，并对他给予“精神损失赔偿”。我认为，对陈×这种知错不改、拒绝批评、一错再错的行为，应当给予舆论和道德的谴责。在这里，我请求人民法院查明事实真相，驳回陈×的诉讼请求，并给予相应的处罚，以寻求司法公正和对公民合法权益的保护。

证人姓名和住所、证据和证据来源

1. 证人胡××证言；
2. 证人王××处长的证言；
3. 证人刘××，住××市××区×路3号。

此致

××省××市××区人民法院

附：答辩状副本2份；

证据材料 2 份。

答辩人　何××
20××年 9 月 15 日

（八）刑事上诉状

刑事上诉状

（当事人上诉用）

上诉人

上诉人因　　　　　　　　　　　一案，不服　　　　人民法院
年　　月　　日（　　）　　　字第　　　号刑事　　　　　　　　，现提出上诉。

上诉请求

上诉理由

此致
人民法院

附：本上诉状副本　　　份。

上诉人
年　　月　　日

刑事上诉状

上诉人（原审被告人）　陈××，男，58 岁，××省××县人，汉族，现在押。

上诉人因收受贿赂一案，不服××市中级人民法院20××年2月23日刑初字第×号刑事判决，现提出上诉。

上诉请求

1. 请求人民法院依法改判；
2. 对上诉人依法从轻处罚。

上诉理由

1. 原审判决认定上诉人收受贿赂，已构成犯罪，上诉人没有意见。但是，上诉人收受贿赂确实不是为了装进自己腰包，收受的5000美元，除了领出500元作为在国外的开支费用外，其余4500元，当即汇回国内。

2. 原审判决认定上诉人由于“收受贿赂，在商务谈判中不仅对引进机械议价不力，价格较高，而且接受了单方罚款的不合理附加条款……”事实是这样的：×××（国家名称）在20××年搞了一个皮革机械博览会，在技术上作了很大改革，价格比较稳定。我们正是在这种情况下出国，经过谈判，外商给了我们18%的优惠，这怎么能说是“议价不力，价格较高”呢？20××年第2季度，×××（国家名称）货币贬值，价格下降。同时大使馆称：“如能直接与制造商成交，最低可少花外汇8万美元。”这是向×××（国家名称）厂商了解的。而厂商开盘价格比之贸易集团报价成交价要低5%～15%，这也是正常现象。因此，用20××年5月份的厂商价格与20××年初市场集团贸易价格相比，作为论证“议价不力，价格较高”的根据，显然是不妥的。而且拍板成交的主谈人是××。所以，对这一点上诉人只能承担领导责任，而不能承担直接谈判责任。

关于附加条款。×××（国名）就××中止引进设备要求赔偿损失的时候，因此，外商提出签订合同：（1）要付5%的预订金；（2）不履约需要赔偿5%的损失费用，经过斗争，我们同意如不履约赔偿1%的损失费用（即罚款）。这是由于上诉人对业务不熟悉而犯的错误，不是因为受贿增加的条款。

3. 照相机、闪光灯，是20××年元月21日在×××（×国城市名称）用个人节省的伙食费和零用钱买的。上诉人同意上缴，但不应以赃物没收处理。

通过政府的耐心教育，上诉人对自己所犯的罪行，在认识上有了很大提高，恳请政府依照《中华人民共和国刑法》第××之规定，从宽处理，给上诉人一个继续为人民服务和“立功赎罪”的机会。

此致

××省高级人民法院

上诉人　陈××

20××年2月26日

（九）刑事申诉书

申诉书

（各类案件通用）

申诉人

申诉人　　对　　人民法院　　年　月　日（　）字第　号　，提出申诉。

请求事项

事实与理由

此致

×××人民法院

附：原审　　书抄件1份。

申诉人

年　月　日

刑事申诉书

申诉人　石××，男，29岁，汉族，××省××县××乡人，农民，住××省××县××乡×村。现在押。

申诉人石××对××县人民法院20××年×月×日（20××）×刑初字第×号刑事判决不服，提出申诉。

请求事项

请求判令撤销（20××）×刑初字第×号刑事判决，依法改判。

事实与理由

我因意外事故将帮我开山取石的姑父王××致死，××县人民法院认定我为过失杀人，判我8年有期徒刑，我对此不服，认为法院认定的罪行性质不当，特提出申诉，请××市中级法院予以再审，纠正错判。事实的经过是这样的：我为建房，请了姑父王××帮我开山打石（作房基用）。在开山过程中，我与邻村青年李××发生口角，姑父帮我去辩理，我也趁势夺过了李××手中所持猎枪向远处一扔，不想刚好将装有弹药的猎枪撞响，子弹飞出打在了我姑父的头部，经紧急送往医院抢救，终因子弹穿过大脑，伤势严重，抢救无效，不幸身亡。事后，检察院对我提起公诉，指控我在争斗中犯有过失杀人罪。××县法院也认定我犯有过失杀人罪，判刑8年。我在惊魂未定中，未作上诉，现仍在押。经过这几天的反复思考，我认为：我在此事件中虽有一定责任，但既非故意，也不属于过失，而纯属不能预料的意外事故。因此，××县法院认定我犯有过失杀人罪与法不合。判刑8年，量刑过重，且对于我设法补偿姑父的不幸去世，设法照顾姑姑及其子女，极为不利。有鉴于此，特向贵院提出申诉，请对此案进行再审，秉公改判。

此致

××市中级人民法院

附：申诉状副本1份；

××县法院判决书1份。

申诉人　石××

20××年×月×日

（十）行政起诉状

行政起诉状

（公民提起行政诉讼用）

原告

被告

诉讼请求

事实与理由

证据和证据来源，证人姓名和住址

此致

×××人民法院

附：本诉状副本　份。

起诉人

年　月　日

行政起诉状

（法人或其他组织提起行政诉讼用）

原告名称

所在地址

法定代表人（或代表人）姓名　　职务　　电话

企业性质　　工商登记核准号

经营范围和方式

开户银行　　账号

被告名称

所在地址

电话

诉讼请求

事实与理由

证据和证据来源，证人姓名和住址

此致

×××人民法院

附：本诉状副本　　份。

起诉人

年　　月　　日

行政起诉状

原告　王×，男，36岁，×族，××县××乡××村村民，住××县××乡××村。

被告　××县公安局，地址××县××街××号。

诉讼请求

请求××县人民法院依法撤销××县公安局（2001）第7号处罚决定。

事实与理由

2001年4月28日，杜×承包×工厂扩建厂房的工程，在施工中，杜×事先未征得我的同意，便在我责任田东南角挖池拌石灰，石灰粉尘及灰水流入我的责任田里，对小麦生长造成直接影响。我同杜×交涉，请求他换地方拌灰，以保护小麦生长，杜×非但不听劝阻，继续在原地拌灰，并声称挖池拌灰"没有在你地里，你管不着"，为制止杜×的侵害行为，双方发生口角，并相互撕扯。2001年6月5日××县公安局依据《治安管理处罚条例》第二十二条的规定，以我干扰杜×正常施工，殴打他人，造成杜×轻微伤害为由，对我处以50元罚款。上述事实没有根据。对此，我向××县人民法院提起诉讼。

一、县公安局认定我干扰杜×正常施工与事实不符。2001年4月28日，杜×在我承包的责任田东南角半米处挖池拌灰，大量灰粉尘不仅散落在小麦上，且拌灰时溢出的石灰水直接流进麦田，使小麦受害，枝叶枯黄。为此，我向杜×交涉，请求他换个地方，以制止杜×等人的不法侵害，保护我的合法权益，根本不存在干扰杜×正常施工的问题。县公安局对这一事实的认定是错误的。

二、县公安局认定我殴打他人，造成杜×轻微伤害，不是事实。在制止杜×非法侵害中，双方发生了你拉我扯的现象，但双方均未被对方打伤，有在场劝架的群众可以作证。公安局偏听杜×一方叙述，不调查，主观臆断地认定我把杜×打成轻伤，不仅违背事实真相，而且对杜×伤在何处，何人致伤以及诊断结论均不能提供有力的证据。公安局在没有根据的情况下依照《治安管理处罚条例》第二十二条之规定，对我处以 100 元罚款的处罚，是属于适用法律不当。

综上所述，我是在维护自己的合法权益，公安局的处罚决定是错误的。因此，请求人民法院撤销公安局（2001）第 7 号处罚决定，以保护我的合法权益。

证据和证据来源，证人姓名和住址

1. 证人陈××，住××县××乡××村。
2. 证人王××，住××县××乡××村。

此致

××县人民法院

附：本诉状副本 1 份。

起诉人　王×

2001 年×月×日

行政起诉状

原告　苏××，女，1944 年 8 月 11 日出生，汉族，××县××村人，住×局家属院××号楼 3 单元 301 号，现任××矿务局宣教部指导员。

被告　××市公安局，地址××市××区×街×号。

法定代表人　×××，市公安局局长。

诉讼请求

请求依法撤销××市公安局治安处罚 19××年 2 月 28 日第 79 号裁决书。

事实与理由

原告于 19××年 1 月 16 日上午 9 点，在××市矿务局小学因自己所订杂志《中学生数理化》在传达室不知被谁拿走，便追问传达室人员潘××，潘回答秦××拿去，原告让其向秦要回交给订阅人，潘不肯，无奈便向自己的办公室走去。到门口，随声说："谁把我的《中学生数理化》拿走了？没有钱就别拿别人的东西!"适逢秦××从图书馆回来，走到原告身边出手便是几个耳光。原告正要自卫，被李××，王××同志抱住，平白被秦殴打。

下午6时许，原告下班回家，丈夫见原告蓬头散发，询问后劝其勿生气，为此小事吃点亏算了。谁知秦之子蒋×伙同4个小伙子闯进原告家门，拳脚相击一顿。原告丈夫从外边返回，发现蒋殴打原告小孩，还未来得及说话，也遭到这班狂徒毒打。造成原告轻型颅脑损伤，头皮撕裂等；原告丈夫造成锐器割裂伤。这一案件申诉于××市矿务局公安处调查处理，几经行政申诉，原告反被裁决为"侮辱他人之行为"，被罚款200元，这简直是颠倒黑白，混淆是非！××市公安局第79号裁定违反治安条例程序，所定之罪名亦属无中生有，执意枉加，特提出诉讼，请法庭明鉴。

证据和证据来源，证人姓名和住址

1. ××人民医院诊断书2份；
2. 潘××证言1份；
3. 李××、王××证言1份；
4. ××市公安局79号裁定书抄件1份。

此致

××市城区人民法院

附：本诉状副本1份

起诉人　苏××

19××年1月7日

行政起诉状

原告　××省××市××镇××村村民委员会

地址　××省××市××镇××村

法定代表人　董××，村民委员会主任

邮编　××××××　电话　×××××××

被告　××省××市　××镇人民政府

地址　××省××市××镇××西路

邮编　××××××

诉讼请求

请求法院判令被告立即撤销×镇政（1997）138号文件。

事实与理由

1993年2月，经××县乡镇企业管理局同意（证据一）并报××县计委审批后，原告向××县工商行政管理局提出申请（证据二），要求成立××××县东方企业公司。1993年3月4日，××县东方企业公司取得县工商局颁发的《企业法人营业执照》（证据三），公司正式成立。该企业的经济性质属村办集体企业，其开办单位是原告下属的另外两家集体所有制企业：×××××毛纺织厂和××××县××板纸厂（证据四）。注册资金300万元，其中毛纺织厂出资205.9万元，××板纸厂出资94.1万元（证据五）。1994年8月11日，因××撤县建市，原企业法人名称变更为××××市东方企业公司（证据六）（简称“东方企业”）。

1995年6月23日，××村村委会及村支委干部召开会议，主要针对东方企业的所有者权益分配和其他事宜制定有关政策（证据七）。会议根据××市审计师事务所1995年5月2日作出的《××××市东方企业公司资产评估报告书》（证据八）认定当时东方企业的所有者权益为590.39万元，决定在提取1994年职工奖金，伤残人员补给、净化池建造费、所得税和股金等等后，村集体分得40%，股金分配得50%，企业骨干得10%，毛纺织厂实际亏损额中50%冲销公司利润，50%冲销村集体所有部分，股金利息在股金分红中列支等等。但当场有人对这次会议内容的合法性提出保留意见。

1996年2月7日，经东方企业申请，××市××镇工业交通办公室同意，东方企业的注册资金从原来的300万元变更为500万元。增加的注册资金来源于原企业发展积累的资金（证据九）。

1997年12月25日，被告发出（98）138号文件《关于“××××市东方企业公司”企业转制认定和产权界定的通知》（证据十），根据1995年6月23日××村村委会和村支委干部就东方企业所有者权益作出的划分决定，确认东方企业的产权已经界定，并敦促原告和东方企业立即“摘帽”。被告认为东方企业转制已经完成，已不再是××村集体所有的企业。

原告认为，×镇政（97）138号文件是被告在缺乏充足的证据和越权的情况下作出的，严重侵犯了原告的财产权：

一、原告没有制定1995年企业转制的方法。而且1995年至今，东方企业从未办理过正式的转制手续，也从未因转制对东方企业的资产进行拍卖、转让。

×镇政（97）×××文件认定企业转制的主要依据是1995年6月23日会议。而这次会议的与会人员只是把东方企业的所有者权益像分配利润一样进行了划分，丝毫没有谈到企业转制。从法律上看，此次划分所有者权益，既不是对东方企业的原有股份按省委办（94）39号文件（证据十一）的规定重新划分股份，也不是对东方企业的利润进行分配，所以这种划分本身就属非法。

1. 所有者权益本身是在提取各种费用、成本并缴纳各项税收后的净资产，不存在所有者权益中还得提取职工奖金、伤残人员补贴等费用并缴纳所得税的做法。

2. 股份设置不合理，没有依省委办（94）39号文件的精神按比例设置乡村集体股、职工集体股。

3. “股金分配”中的股金不是东方企业的注册资本金，其实是个人集资作为借贷资金的本利返还，因而“股金分配”所得者实际上不能享有股份。

4．“企业骨干一次性奖励股权10％”缺乏合理依据，以及“企业骨干”人数不明。

5．严重违背省委办（94）39号文件关于职工集体股量化给个人的有关规定。

二、被告要求原告与东方企业立即摘帽，其行为没有法律依据，实属非法。

东方企业自创立之日至今，经济性质仍属村办集体，不符合摘帽的条件：（1）企业资产没有转让；（2）企业转制没有完成；（3）东方企业不是挂靠企业。

三、东方企业所有权人是××村，被告作为镇政府既不是东方企业的所有权人，也不是法定的有权进行资产界定的中介机构，因此被告无权对东方企业的产权作出界定。其违法进行产权界定的行为侵犯了原告的财产权。

据了解，东方企业现任领导凭着×镇政（97）138号文件，打着企业转制的旗号，利用东方企业所属的厂房、设备、土地另开设数家私营企业，这是擅自侵吞集体资产的行为，极大地侵害了××村的集体利益。

为维护原告的合法权益，依照《中华人民共和国乡村集体所有制企业条例》第五条及《中华人民共和国行政诉讼法》的有关规定，原告特此提起诉讼，请求贵院主持公道，在查清事实的基础上依法撤销被告的（97）138号文件。

证据和证据来源，证人姓名和住址

1．××县工商局颁发的《企业法人营业执照》1份；

2．××县乡镇企业管理局批文复印件等证据10份；

3．被告的×镇（97）138号文件复印件1份。

此致

××省××市人民法院

附：本状副本1份

起诉人　××市××镇××村村民委员会

代表人　董××

199×年×月×日

（十一）行政答辩状

行政答辩状

（被诉行政机关提出答辩用）

答辩人名称
所在地址
代表人姓名　　　职务　　　电话
因　　一案，提出答辩如下：

此致
×××人民法院

附：本答辩状副本　份

答辩人
年　月　日

行政答辩状

答辩人名称　××市公安局
所在地址　××市××大街84号
法定代表人姓名　陈××，局长
电话　××××××
因刘××等人诉答辩人滥用职权一案，提出答辩如下：

1. 刘××等人具有违法事实。

××学院学生刘××等7人自2001年入学后，经常聚集在一起躲在学生宿舍或无人上课的教室内赌博。当晚上学生宿舍熄灯后，他们就在楼道里或者学院内路灯下继续赌博，直至第二天凌晨。赌资也由最初的几元、十几元饭票发展到数十元、上百元生活费。据刘××在我局交代，最多的一次赌资达数千元，甚至将学习用品、衣物等押上。

对于刘××等人的赌博行为，其所在学院多次教育，但刘××等人不思悔改，直至发展到今年4月26日晚刘××等5人闯入其班主任胡××老师的单身宿舍，对曾经批评、教育他们的胡××老师进行恐吓和威胁。刘××等人的行为违反了《中华人民共和国治安管理处罚条例》第三十二条第一项、第二十二条第五项之规定，已构成违法行为。刘××等人在起诉状中称他们的行为“没有构成违法”，与法律规定不合。

2. 对刘××等人予以行政拘留处罚，是公安机关的正当职权，符合法律规定。

依法对违反《中华人民共和国治安管理处罚条例》的违法者予以行政处罚，是法律赋予公安机关的权力，属于公安机关正当的职权范围。刘××等人行为构成违法，并且经该学院有关领导批评教育仍不能奏效的情况下，公安机关依据《中华人民共和国治安管理处罚条例》中的有关规定，对刘××等人分别给予行政拘留 7 天～15 天、罚款 200 元～1000 元的处罚，既是正当行使国家法律赋予的权力，也是有法可依的。在对刘××等人的处罚过程中，公安机关并无滥用职权的表现。

3. 刘××等人被学院开除，与公安机关无关。

刘××等人因违法行为被公安机关予以行政拘留。在此期间，刘××等人所在学院根据刘××等人行为的情节、性质和他们的一贯表现，做出开除学籍的处理。这是学院自身的职权，也是由学院自主决定的，公安机关并未参与意见。行政处罚与行政处分本是两个不同性质的问题，分别由两个不同的单位行使职权，却被刘××等人混淆，并在起诉状中指责“正是由于公安机关的错误处罚导致了学院做出错误的处理决定”。对于这种无理指责，公安机关是不能同意的。

综上所述，公安机关对刘××等人予以行政处罚具有事实和法律依据，并非滥用职权。请人民法院查清事实，驳回刘××等人无理的诉讼请求。

此致

××市人民法院

附：1. 本答辩状副本 7 份；

2. 刘××等违法证据材料 11 份；

3. 刘××等人交代材料 9 份。

答辩人　××市公安局

2003 年 5 月 25 日

（十二）行政上诉状

行政上诉状

（公民提起上诉用）

上诉人

被上诉人

上诉人因　　一案，不服　　人民法院

年　月　日（　　）字第　　号　　，现提出上诉。

上诉请求

上诉理由

此致

×××人民法院

附：本上诉状副本　份

上诉人：

年　月　日

行政上诉状

（法人或其他组织提起上诉用）

上诉人名称

所在地址

法定代表人（或代表人）姓名　　职务　　电话

企业性质　　工商登记核准号
开户银行　　账号
被上诉人名称
所在地址
法定代表人（或代表人）姓名　　职务　　电话
上诉人因　　一案，不服　　人民法院
年　月　日（　　）　　字第　　号　　，现提出上诉。

上诉请求

上诉理由

此致
×××人民法院

附：本上诉状副本　份

上诉人：
年　月　日

（注：本诉状格式亦可适用于经济案件中的法人或其他组织提出的上诉）

行政上诉状

上诉人　××省××县工商行政管理局
所在地址　××省××县城关镇
法定代表人　胡××，局长，电话　×××××××××
被上诉人　××酒厂
所在地址　××省××县××乡
法定代表人　王××，厂长，电话　×××××××××

上诉人因商标侵权赔偿一案，不服××省××县人民法院2004年8月31日（2004）行初字第24号行政判决，现提出上诉。

上诉请求

1. 撤销××省××县人民法院（2004）年行初字第24号行政判决书。

2. 驳回本案原告无理诉讼请求。

3. 判决本案原告承担本案第一、第二审全部诉讼费用。

上诉理由

2003年9月，××酿酒公司向我局举报本案原告××酒厂在白酒瓶上使用了与该公司白酒注册商标“××牌”相近似的商标，侵犯了该公司的注册商标专用权，要求××酒厂停止商标侵权行为并赔偿损失。

经我局查证，××酒厂确实存在上述行为，并且给××酿酒公司造成经济损失。为此，我局于2003年12月28日做出决定，责令××酒厂立即停止商标侵权行为，并赔偿××酿酒公司经济损失10万元人民币。该决定做出后，××酒厂不服，向我局上级单位××省工商行政管理局申请复议。2004年1月17日，××省工商行政管理局将我局决定改变为××酒厂赔偿××酿酒公司经济损失3万元人民币，并维持了侵权行为性质的认定。

2004年1月25日，××酒厂向××县人民法院提起行政诉讼，请示撤销我局和××省工商行政管理局的决定。在一审中，我局明确提出该决定并非行政处罚，而是对××酒厂侵权行为的处理。但一审法院却以（2004）行初字第24号行政判决书认定我局决定中的赔偿额过多，判决变更为××酒厂赔偿××酿酒公司8万元人民币。我局认为这一判决是错误的：

1. 根据《中华人民共和国行政诉讼法》第五条的规定，人民法院审理行政案件，只能对行政机关的具体行政行为是否合法进行审查。除行政处罚违法或显失公平外，人民法院不应代替行政机关对行政行为是否适当做出决定。

2. 我局及上级机关作出的责令××酒厂赔偿××酿酒公司经济损失的决定不属于对××酒厂的行政处罚，而是对××酒厂侵权行为的依法处理，人民法院不能以判决的形式变更这一处理决定的内容。

综上所述，本案一审法院对本案裁决违背法律的规定，超越职权，应予撤销。

此致

××省××市中级人民法院

附：本上诉状副本1份

上诉人　××省××县工商行政管理局

2004年×月×日

（十三）支付令申请书

支付令申请书

申请人
被申请人

请求事项

事实与理由

此致
×××人民法院

申请人（签名）
年 月 日

附：（有关证据及材料）

支付令申请书

申请人 ××城市信用社
地址 ××省××市××路××号
法定代表人 苏×，主任
被申请人 ××电子技术公司
地址 ××省××市××路××号
法定代表人 刘××，经理
被申请人 ××建筑工程公司
地址 ××省××市××路×号
法定代表人 秦×，经理

请求事项

请求人民法院发出支付令：督促被申请人偿还人民币25万元贷款及利息。

事实与理由

2003年9月30日，被申请人××电子技术公司由被申请人××建筑工程公司提供担保，与申请人××城市信用社签订合同一份。该合同约定：申请人借给被申请人××电子技术公司人民币60万元，月息为10.40‰，借款期7个月，至2004年4月30日还本付息。2004年4月30日，被申请人偿还期限已到，××电子技术公司只归还申请人人民币35万元贷款，尚欠人民币25万元贷款及利息未还。

基于以上事实，根据《中华人民共和国民事诉讼法》第一百八十九条的规定，请求人民法院依法向被申请人发出支付令，督促其立即偿还人民币25万元贷款及利息。

此致

××市××区人民法院

申请人　××城市信用社

法定代表人　苏×

（公章）

2004年5月25日

附：双方于2003年9月30日签订的借款合同。

（十四）公示催告申请书

公示催告申请书

（适用于公民）

申请人　姓名、性别、年龄、民族、籍贯、职业或工作单位、住所。

申请事项

事实与理由

此致

×××人民法院

申请人（签名）

×年×月×月

附：(有关证据及材料)

公示催告申请书

申请人　××省××市××贸易公司

住所地　××省××市××路××号

法定代表人　彭××，经理

委托代理人　贾××，男，28岁，××贸易公司经理助理

申请事项

申请公示催告，宣告本案涉及的银行承兑汇票无效，申请人有权向支付人请求支付。

事实与理由

2004年7月13日，申请人××省××市××贸易公司业务员肖××出差×州，途中遇劫匪，装有汇票的公文包被劫，致使该汇票丧失。该汇票是汇往×州的工商银行承兑汇票，汇票金额25万元，出票人是中国工商银行××支行，持票人是××省××市××贸易公司，支付人是中国工商银行×州分行，承兑协议编号为××××××，交易合同号码是94－×××，未作背书转让。

根据《中华人民共和国民事诉讼法》第一百九十三条的规定，现向你院提出上述请求，请依法判决。

此致

××省××市××区人民法院

申请人　××省××市

××贸易公司（盖章）

2004年7月21日

（十五）强制执行申请书

强制执行申请书

申请人

被申请人

申请人与被申请人之间因×一案，业经×人民法院（或仲裁委员会）于×年×月×日做出（　　）×字第×号民事判决（或裁决、调解），被申请人拒不遵照判决（或裁决、调解）履行。为此，特申请你院给予强制执行。

请求事项

事实与理由

此致

××人民法院

申请人

年　　月　　日

附：生效判决（裁定、调解）书×份；

被申请人执行财产所在地：×××。

强制执行申请书

申请人　于×，女，11岁，汉族，××省××县人，××县第×小学学生，现住××县××路××号。

法定代理人　王××，女，35岁，汉族，××省××县人，××县××加工厂职工，现住址同上。

被申请人　于××，男，36岁，汉族，××省××县人，××县××修配厂职工，现住××县××路×号。

请求事项

申请人与被申请人之间因增加抚养费一案业经××县人民法院于 1998 年 8 月 4 日做出（1998）×字第 366 号民事判决，被申请人拒不遵照判决履行给付义务。为此，特申请人民法院予以强制执行。

事实与理由

因于×诉于××增加抚养费一案，××县人民法院做出判决，判决被申请人于××自 1998 年 9 月起，每月给付于×子女抚养费 200 元整。但于××仅给付了 3 个月，即从 1998 年 12 月起，至今未再给付抚养费。被申请人月工资 850 元，完全有能力履行给付义务，但他却在申请人多次索要后拒不给付抚养费。

为维护申请人合法权益，根据《中华人民共和国民事诉讼法》第二百一十六条第一款之规定，特向人民法院提出申请强制被申请人于××每月继续给付申请人于×子女抚养费 200 元。

此致

××县人民法院

申请人　于×

法定代理人　王××

1999 年 3 月 7 日

附：××县人民法院（1998）×字第 366 号民事判决书 1 份。

（十六）民事授权委托书

授权委托书

委托人姓名：　　　　性别：　　　　年龄：

住址：　　　　　　　　　　　　　电话：

受委托人姓名：　　　　　　　　　职务：

工作单位：　　　　　　　　　　　电话：

姓名：　　　　　　　　　　　　　职务：

工作单位：　　　　　　　　　　　电话：

现委托上列受委托人在我与×××因×××纠纷一案中，作为我的×××诉讼代理人。

代理人×××的代理权限为：

代理人×××的代理权限为：

委托人：（签名）
年 月 日

授权委托书

委托人：××市××经济贸易公司。
地址：××市××区××路××号。
法定代表人：彭××，经理。
受委托人：马××，××律师事务所律师。
电话：×××××××

现委托上述受委托人在我方与××市××运输公司因运输合同纠纷一案中，作为我方一般授权诉讼代理人。

代理人马××的代理权限为：
代为调查、取证、答辩、出庭应诉。

委托人：××市××经济贸易公司
（盖章）
20××年8月6日

（十七）法律意见书

法律意见书

主送单位名称：______________________________
该单位咨询事项：______________________________
律师阅读研究的相关文件：______________________________
____
律师对该事项的情况分析：______________________________
____
律师对该事项的处理意见：______________________________
____
律师对相关事项的附带意见：______________________________
____

律师事务所
律师
____年____月____日

法律意见书

致××××公司总经理刘××先生：

现就贵公司委托之合资经营合同中可否规定合营企业税种、税率以及享受减免关税的优惠待遇问题，根据我国法律和政策，提出如下意见：

（1）借款期限早已届满，应尽可能通过诉讼等强制性手段保障债权的实现，减少借款人和保证人因经营不善或时间拖延太长而无力还款的风险。

（2）本案诉讼结果是确定的，即借款人除应承担还本付息之责任外，还应承担违约责任；保证人对此承担连带责任。

（3）本案诉讼中的重点应是执行。因此，在诉讼前或诉讼中应对借款人和保证人进行工商资信调查和必要的经营状况调查，以便尽早考虑采取相应的措施。

××律师事务所
律师　高××
20××年7月16日

（十八）律师见证书

律师见证书

××律师事务所接受××委托进行××事项见证。

见证律师审查了委托人提供的××文件。

兹证：____

____

____

××律师事务所
律师×××
____年____月____日

律师见证书

（2003）××律见字第××号

委托见证人杜××，男，1926 年 10 月 30 日生，汉族，××××人，退休工人，住××市××区××路××号。

见证事项：委托律师就自书遗嘱进行见证。

本所于 2003 年××月××日接受委托见证人的委托，指派律师赵××、庞××办理此项见证。经查阅委托见证人的身份证件，查询委托见证人的健康状况，并与委托见证人进行了谈话，根据核查情况，特作如下见证：兹证明杜××在书立自书遗嘱时神智正常，思维敏捷，具有权利能力和行为能力。该遗嘱系由杜××亲笔书写，在见证律师面前签字盖章，并注明书立自书遗嘱的年、月、日，符合《中华人民共和国继承法》第十六条第二款和第十七条第二款的规定。

××市××律师事务所（盖章）
见证律师　赵××（签名并盖章）
见证律师　庞××（签名并盖章）
2003 年×月×日

（十九）收养协议书

收养协议

收养人：________________

被收养人：________________

送养人：________________

协议内容：________________

1. 收养原因
2. 送养原因
3. 收养、送养关系形成
4. 其他需要说明的事项

主协议人：
见证人：
收养日期：

收养协议

收养人：李×明，男，50 岁，××省××市人，高级工程师，现住××市××路××号。

被收养人：宋×，女，8 岁，××省××人，住××省××县××乡××村。

送养人（被收养人生父）：宋×清，男，46 岁，××省××县人，农民，住××省××县××乡××村。

协议内容：

收养人李×明与妻子刘×华结婚 30 年以来，因妻子有病，始终无子女，故愿收养子女一人，以慰膝下无子的孤寂。送养人宋×清因子女较多，家庭生活困难，亦愿将子女一人送养他人。经收养人与送养人达成协议，将被收养人宋×送与收养人李×明夫妇收养，今后李×明夫妇与宋×之间确立收养与被收养关系，并将宋×改名为李×，由李×明负责对其抚养教育。同时解除送养人宋×清与宋×之间的法定关系，双方无其他附加条件。张×、刘×为见证人。

主协议人：李×明
宋×清
宋　×
证　　人：张　×
刘　×
××××年××月××日

（二十）遗　　嘱

遗　　嘱

立遗嘱人：

为了××××，特请××××和××××作为见证人，并委托××××律师事务所××××律师代书遗嘱如下：

一、立遗嘱人所有的财产名称、数额、价值及特征

二、立遗嘱人对所有财产的处理意见

三、其他

本遗嘱一式×份，由×××、×××、×××保存。

立遗嘱地点：

立遗嘱时间：

立遗嘱人：
见证人：
代书人：××律师事务所××律师
年 月 日

遗 嘱

订立遗嘱人：王××，男，72岁，满族，××市××区人，住××市××区××大街××号。

为了解决子女继承遗产问题，避免纠纷，处理好自己遗产，特请××和××为见证人，并委托××律师事务所××律师代书遗嘱如下：

一、订立遗嘱人名下所有财产名称、数额、价值及特征

1. 银行存款为人民币42万元整，国库券2万元，股票面值7.8万元。

2. 坐落在××市××区××小区单元房一套，面积124平方米，为私有产权房屋，现已出租。坐落在××市××胡同××号院内私有平房3间，共86平方米，现自己居住。

3. 轿车一辆、家庭影院一套、古玩、字画等其他财产共约计人民币62万元整。

4. 中国人寿保险单一份。未指定受益人，其保险金3万元。

二、立遗嘱人对所有财产处理意见如下：

1. 长子王××，男，51岁，××市××局办公室干部。遗产中存款21万元及国库券、股票等共计30.8万元，由长子王××继承。

2. 长女王××，女，49岁，××市××加工厂工人，至今尚承租单位住房。遗产中坐落于××区××小区单元房一套由长女王××继承。

3. 次子王××，男，47岁，××市××出租汽车公司司机。与订立遗嘱人共居一处，对父亲关心照顾周到，遗产中坐落于××胡同××院内平房3间、存款中10万元、轿车、家庭影院由次子王××继承。

4. 小儿子王××，男，40岁，××市××软件公司经理，存款中11万元，人寿保险单中人寿保险金、古玩、字画由其继承。

5. 我死后，丧事从简，遗体捐赠给××市××医院作医学研究用。

本遗嘱一式6份，由本人保留一份，××律师事务所××律师保存5份。

订立遗嘱地点：××市××区××胡同××号院

订立遗嘱时间：××××年×月×日

订立遗嘱人：王××（盖章）
见证人：××，××
代书人：××市××律师事务所××律师
××××年××月××日

（二十一）辩护词

审判长、陪审员：

根据《中华人民共和国刑事诉讼法》第二十六条的规定，我们受被告人张××的委托，担任他的辩护人，出席今天的法庭为他进行辩护。我们认为，起诉书指控张××犯玩忽职守罪不成立。

（一）起诉书称：1994 年 7 月 22 日，被告人张××主持召开××县县城 1995－1997 年城市重点建设工程现场办公会，在未见到可行性论证报告、项目建议书、立项请示及县计划委员会的立项手续、国土规划手续的情况下，决定修建“跨××人行吊桥工程”（以下简称“×桥”），由县城乡建设管理委员会（以下简称城乡委）负责，1995 年 6 月底前竣工。

对上述指控，律师认为公诉机关有两点未阐明，从而给人印象是被告人张××违规拍板修建×桥，是×桥垮塌的元凶。但事实并非如此。

第一，1994 年 7 月 22 日，××县的确召开了一次××县县城 1995－1997 年城市重点建设工程现场办公会。但召开现场办公会的主体单位是县委、县人民政府，参加人员有县委正副书记、正副县长、政协副主席及各职能部门负责人，会议内容是对××县 1995－1997 年城市重点建设工程进行规划。张××对该会议的各项议程并没有最终决定权，在该会议上形成的各种决议、纪要都不应由张一人负责，而应是集体决策。在本次会议审议的 12 项议题中涉及×桥工程，其表述为“跨××人行吊桥工程，由城乡建委负责，在 1995 年 6 月底前竣工”。

由此，本案中涉及由城乡建委负责的含义就成了控辩双方争议的焦点。控方认为，现场办公会是在未见到可行性论证报告、项目建议书、立项请示及县计划委员会的立项手续、国土规划手续的情况下决定修建×桥。而辩护人认为：这是对工程程序的一种错误理解。作为县委、县人民政府的工作是宏观决策，作为各职能部门的工作是微观落实。县委、县人民政府决定修建×桥并不意味着可以不要任何手续。就像一个县的五年规划一样，作为县委、县人民政府只提出任期内要完成的目标，目标的落实则由具体的职能部门去办理。在实施目标中，因各种客观情况可能使预定目标难以实现，这应由具体职能部门对县委、县人民政府负责。公诉机关将县委、县人民政府确定的工作目标与具体职能部门的工作等同的观点是错误的，确定目标与目标能否达到是一个问题的两个方面。更何况 1994 年 7 月 22 日的现场办公会并不是工程开工典礼，它实际是对未来两年工程建设的一种规划或设想，若我们将此规划或设想主观地认定为不顾客观实际的蛮干，那么谁还能对未来作设想呢？

第二，1994 年 8 月 30 日，张××主持召开城市建设重点工程设计方案审定会，对同年 7 月 22 日县委、县人民政府现场办公会确定的建设重点项目进展情况进行了检查。其中对×江人行吊桥工程的要求是设计美观大方，又要尽量节省资金，造价（注意静态与动态的区别）控制在200万元以内，由城乡建委按此要求组织设计。辩护人认为，上述两次会议所讨论的“吊桥”与垮塌的“×桥”不是一座桥。“吊桥”是修桥初始确定的桥，而真正修建并垮塌的“×桥”不是“吊桥”，而是一座普通的跨×河人行桥。公诉机关连这两座桥都认识错误，怎么起诉张××？

（二）起诉书认定：1995年12月21日，被告人张××在主持召开的县长办公会议上，明知×桥距河西岸尚有三跨未接拢，却不切实际地要求：“×桥建好在两代会通行”，并强行要求：如果通不了，搭板子都要过人。林××为完成被告人张××的指示，于1996年1月违规指使费××搭设栈桥通行。

对此指控，律师认为是不成立的。因为：

第一，1995年9月28日，××县政府以×府办（1995）82号文下达了《县城重点建设会议纪要》。出席同年9月25日县委、县人民政府县城重点建设会议的有任××书记、张××县长、姜×副书记、林××副县长及城乡建委、国土局等有关负责人，该次会议再次强调：“××‘×桥’要抓紧建设，确保在1996年元旦竣工剪彩。”为落实本次会议精神，作为县长的张××，对县委、县人民政府确定修建的×桥不可能不过问。若×桥长期不竣工，那么该工程会形成“胡子工程”，一个领导对“胡子工程”不闻不问，是不是玩忽职守？

公诉机关指控张××“×桥建好在两代会通行”。据辩护人查阅1995年12月21日县长办公会议记录，张××对×桥是这样表述的：“×桥建好在两代会可通行”。这句话中的一字之差，即“在两代会通行”和“在两代会可通行”，是认定张××是否引发玩忽职守行为的重要环节。“两代会通行”是一个确定概念，也是公诉机关认定张××“在违规修建‘×桥’过程中，置国家财产和人民生命安全不顾，强令限期通行，导致未完工的不合格的‘×桥’工程投入使用”的重要证据。而“两代会可通行”则是一个不确定概念，该概念对×桥在两代会期间是否一定通行没有强制性要求。

第二，在1995年12月21日的县长办公会上，张××强调：“一是建筑安全，决不能出问题。成立××县建筑安全督导室，组长贺××、林××负责对近两年来四层楼以上的工程进行检查，如有问题，发出通知，禁止住人，出了问题单位领导负责，未检查的督导室要负责。质检站，质检一定要负责。这两年又是大建设，我很担心出问题。”“县人民政府出个文件，审批程序，一是图纸，二是施工队，坚决杜绝个人承包，贺、林下来负责……”由此我们可看出，张××提出“×桥建好两代会可通行”不是一种强行限期通行的行为，它不会导致未完工的不合格的“×桥”工程投入使用。上述讲话充分说明张××正确履行了一个行政长官依法履行的职责。

第三，从本案的实际情况讲，人民代表视察×桥并不意味着×桥就正式通行。作为人民代表，对在建工程或即将竣工的工程进行视察并非法律限制的行为。为视察方便，搭设栈桥暂通行也无可厚非。更何况所搭栈桥是在距河西岸的地面上，并非在河中央的危险地带，所以说搭设栈桥与强令通行是不能划等号的。“×桥”的垮塌部位并非在搭设栈桥之处，即并非张××所催促引桥部分的垮塌，而主要是桥主体的垮塌。

第四，由于“×桥”建设过程中，林××与费××的权钱交易，导致“×桥”工程一拖再拖，“×桥”工程从1994年11月5日开工至1996年2月16日竣工，工期15个月，工程费用为402.2万元。张××作为一县之长，有责任、有义务去催促工程竣工。

我们不能将张××正确履行职责说成是“强令限期通行”。

（三）起诉书指控：1996年2月6日，被告人张××明知“×桥”尚未竣工，在××县第十三届人民代表大会第四次会议上所做的政府工作报告中仍宣称：“竣工了××‘×桥’”。导致县城乡委对尚未竣工的××“×桥”违规接收并投入使用。

然而事实是：首先，1996年元月25日，中共××县委给中共××市委报送的《中共××县委1995年工作总结》的报告中指出：“投资2450万，建成开通了××沱湾大桥、××彩×桥……。”××县人民政府是在中共××县委领导下进行具体工作的政府职能部分，县政府不敢违背县委对×桥的评价，作出一个与党的工作报告相悖的《政府工作报告》。其次，张××在政府工作报告中宣称：“竣工了××‘×桥’。”但据代××1999年4月9日向检察机关陈述，该《政府工作报告》必须经常务办公会讨论修改。代并称：“《政府工作报告》一般在人代会之前两个月就要拟稿，而张××对×桥的工期有明确要求，所以按要求来看审议报告的时间，×桥是必须竣工的。因此，报告中才会出现这一问题。”张××在1995年12月21日的县长办公会上对安全再三强调，其安全负责人是林××、贺××，而主管×桥的林××出于私情私利对此置若罔闻，不予理睬。可以这样说，是林××的上述行为并公然对抗1995年12月21日县长办公会议上张××的指示，才导致了×桥违规接收并投入使用，而并非张××所作的工作报告导致了×桥的被接收及投入使用。张××的工作报告和×桥的违规接收没有刑法上必然的因果关系。

（四）起诉书指控：1996年6月19日，××县在××上举办龙舟经贸会活动，当日上午11时许，“×桥”发出强烈异响，桥上人员惊慌离开，负责活动安全的有关部门对×桥采取了临时性封闭措施，并报告了县领导。当日下午，被告人张××赶到“×桥”现场，在明知“×桥”未经验收系违规投入使用且异响原因尚未查清的情况下，轻信林××、贺××“可以使用”的表态，轻率决定继续通行，晚上活动照常进行。他只是在离开“×桥”时要求：找设计、施工方的人来看一下，事后也未进行督促检查，致使“×桥”已经暴露出来的严重质量隐患未能及时排除，导致“×桥”继续带“病”使用。

对上述指控，律师认为也是不能成立的。

第一，1996年6月举办的龙舟经贸会，张××没有担任任何职务，经贸会的负责人是代××，指挥长是徐××。×桥发生异响后，县委、县政府的主要领导任××、张××、代××、胡××、杨××、贺××、林××、张×碧及各职能部门的领导全部上桥研究。在县委、县政府主要负责人及龙舟经贸会负责人在场的情况下，贺××作为建筑高级工程师，林××作为×桥工程的负责人，均表态×桥可继续使用，当晚的活动照常进行。这个决定是集体决定，如若真的要追究责任，张××也不是第一责任人，公诉机关将责任全部归于张××是不公平的。

第二，×桥异响后，任××及张××先后多次在不同场合就有关桥响的原因对林××作了询问，林××均称，专家意见是应重新调整，不影响安全使用。且林××在6月19日告诉任××，桥是验收了的。鉴于对工程质量的担忧，1996年8月5日，在距×桥异响后不到两个月，张××签发了××县政府批转县城乡委《关于开展建筑市场整顿的请示》文件。明确要求：对全县所有在建工程和1995年1月以来的竣工工程是否报建、招投标、有无质量监督和竣工验收，是否按建设项目审批程序办事进行查处。张××还在1995年12月21日县长办公会上再三强调建筑安全质量。

辩护人认为，张××在任职期间，出于对解决××县建筑欠账太多的急迫心情，县委、县人民政府曾做出一些违背常规的冒进措施，但此行为并非张××未意识到，也并非张××任其发展，置国家财产和人民生命安全不顾。通过庭审我们可知，恰恰是张××对此有清醒的认识，也采取了各种措施及办法来解决这些问题。只是由于当时分管城建工作的副县长林××及城乡建委负责人采取对国家财产和人民生命安全不负责的态度，明知×桥违规建设仍违规接收并违规投入使用和违规结算，从而对×桥的违法、危险、“带病带伤”的恶化使用失去了监督和控制。

综上所述，×桥的垮塌原因是由于林××掌握了工程合同签订的原始发包权、变更解除权、监督权等特权，在无施工资质的包工头费××的腐蚀下，林××出于受贿私欲，公然违背县委、县人民政府的口头及书面要求，无视县政府加强整顿建筑市场的文件精神，滥用职权，违法发包工程，放弃监督职责，使费××及李××等人偷工减料，粗制滥造，从而埋下了×桥工程质量的严重隐患。无可讳言，×桥也存在武警战士跑步引起的物理学上的“共振”及“8.7”洪水的浸泡等原因，从而导致垮塌。总之，×桥的垮塌是多因一果。只有将上述多种原因考虑其中，其法律裁判才经得起历史检验。张××在×桥工程建设中有过错，但不应承担刑事责任。

×桥的垮塌是个惨案，审判林××、费××、李××等人就是为了惩罚犯罪，为了使神州大地不再出现“豆腐渣工程”，同时也是为了告慰那40个无辜的殉难者，维护法律的尊严。但我们不能因为有×桥惨案的发生，便不顾事实，不依证据，不按法律规定办事，对相关责任人一律以犯罪论处。如果这样，必将出现×桥冤案，用可以避免的冤案去为已发生的惨案陪葬，这对我们这个强调依法治国的国家及经历许多年磨难迎来的法律构架的建设是极其不利的。

以上意见请法庭参考、采纳。

辩护人：××、×××

×年×月×日

（二十二）代理词

审判长、审判员：

××律师事务所接受本案原告周××的委托，特指派我担任周××的诉讼代理人。代理本案后，我查阅了案卷，向有关方面进行了调查，刚才又听取了法庭调查情况，对本案有了较全面的了解。现在，我根据诉讼代理人的职责，本着以事实为根据，以法律为准绳的原则，对本案提出以下意见，供合议庭参考。

一、本案所争财产，是庄××名下的银行存款5.5万元。这笔存款是周××同庄××的夫妻共同财产，其理由如下：

1. 这笔财产是庄××本人于1989年以自己的名义存入银行的，而庄××与周××

早于1981年结婚。据此，从时间上可以认定该存款是庄××在夫妻关系存续期间所得财产。

2. 周××和庄××两人的月薪共计2200元，两人每月积蓄500元～600元，8年积蓄5.5万元是绰绰有余的。因此，从经济来源上也可以认定这笔存款是夫妻关系存续期间积蓄的。至于被告庄×（系被继承人庄××之妹）辩称：庄××名下的存款来源于40多年前庄家祖上卖房所得款，依据不足。

3. 现在也无充分的证据可以证明庄××与周××之间有经济各自独立的约定。尽管被告的亲友凭模糊的记忆作证，证明庄××与周××之间有经济各自独立的协议，但原告的亲友、老上级也能据实反证庄××与周××两人经济合并，夫妻关系融洽。在双方各凭间接证据各执己见的情况下，只能以原始的“协议书”作为直接证据来断定事实。因为“夫妻财产各自独立”的理由是被告提出的，所以“协议书”的举证责任就在被告一方。既然被告现在举不出证据，“夫妻财产各自独立”的理由就不能成立。据此，依《婚姻法》第十七条的规定，庄××名下的财产应确认为庄××与周××的夫妻共同财产。

此外还应说明：周××与庄××就夫妻共同财产的开支，确有过口头商议，即：周××在自己月薪中留300元零用，其余交给庄××，周××若有来客，招待费从周留用的零用钱中开支，家庭开支由庄××安排，不负担周××前妻所生之子的生活费。但是，在形式上，这个口头商议并不等于“书面协议”；在内容上，庄××同周××的前妻所生子女经济分开，不等于庄××同周××之间的经济分开，周××留用的零用钱与庄××掌握的家庭开支独立，并不等于周××的工资收入同庄××的工资收入各自独立。被告把前者的事实歪曲成后者之说，是严重失实的。

二、本案所争财产，在析出周××个人所有的一部分，余下的应属庄××的遗产。在无遗嘱的情况下，这笔遗产的第一顺序法定继承人只有两人：一是周××，作为配偶，是当然的继承人；二是周××与前妻所生子女周××，因其与被继承人共同生活过3年，已形成了事实上的抚养关系。这两个继承人，理应享有平等的继承权，但在各自的具体份额上，请法院能考虑周××对遗产形成的贡献大，周××对继母所尽的义务较少这两个因素。

至于被告庄×的3个孩子，尽管庄××在婚后仍对他们或多或少地资助过，但相互间没有形成固定的经济联系，在事实上不构成抚养关系。退一步说，即使庄××生前对他们尽过抚养义务，由于他们在庄××去世时，都已参加工作，有了固定的工资收入，因此，也不具备享有庄××遗产份额的资格。因为，受过被继承人抚养的非法定继承人，只有在被继承人去世时，无劳动能力或无生活来源时，才能享有继承权。

至于被告庄×，因为是被继承人庄××之妹，应属于庄××遗产的第二顺序法定继承人。在第一顺序法定继承人在位的情况下，她就无权继承庄××的遗产。

总之，被告庄×不是庄××名下存款的所有人，也不是该遗产的第一顺序的法定继承人，却无理侵占了庄××存款的存折，这侵犯了遗产所有人的继承人周××的合法权益。对此，请求法院给予严肃教育，并依法采取措施，保护本案原告周××的合法权益。

原告委托代理人　×××

××××年×月×日

七、笔录类文书格式、实例

（一）现场勘查笔录

现场勘查笔录

时间：×年×月×日×时×分至×日×时×分。

地点：____

参加人姓名、单位、职务：____

____

____

____

勘查过程及结论：____

____

____

____

____

指挥人：

勘查人：

见证人：

记录人：

××门城墙抢劫强奸杀人案现场勘查笔录

19××年10月16日23时，××市公安分局五处值班室刘××同志接××区公安分局李××电话报案称："今晚9时许，第二蓄电池厂门口发现一名从城墙上被人推下来的女青年，下身衣服被扒光，人受重伤。请你处速来勘查现场。"

接报后，即由刑警一队队长杨××，二队教导员张××，技术科长胡××率法医王××，照相员徐××，痕迹员颜××，刑警副组长吴××，刑警王××，于××，姜××等同志于23时零5分驱车前往，23时15分到达现场。××分局刑警队指导员胡××、刑警曹××、××街派出所户籍员殷××已在现场等候。市公安局副局长王×，五处副处长吴××，××分局局长朱××，××分局副局长王××也随后到达现场。

首先由××街派出所户籍员殷××介绍情况：晚9时许，第二蓄电池厂值班员张××听到响声，即往厂门口巡视，发现一名20多岁女青年被人从城墙上推下来，人受重伤，下身裸体、呻吟，便报告派出所，现已将受伤者送市第一医院抢救。

刑警一队队长杨××、二队教导员张××率刑警去医院访问被害人得知：被害人（施××，女，23岁）晚上在城墙上谈恋爱时遇一歹徒，将对象夏××（男，24岁）推下城墙，抢走施××的淮海牌手表1只，1元多钱，将她强奸后也推下城墙。于凌晨2时许即派员前往现场，城墙内外，分别寻找夏××，于3时半左右在城墙内××洲公园地区发现夏××躺在城墙脚下呻吟，当即送医院抢救。

随即对现场勘查进行了分工，技术科科长胡××为现场勘查指挥人，技术人员按职分工，于××、姜××负责绘制现场勘查平面图，荣××负责制作现场勘查笔录，并邀请第二蓄电池厂值班员张××为现场勘查见证人。

现场勘查于23时23分开始，当时天气晴，偏东风3～4级，夜晚勘查用强光灯照明。

现场位于××市××区××门至东关闸的城墙上，城墙南北走向，宽12米、高14.85米，南边门为××门，北边为东关闸，西边为××洲公园，东边为第二蓄电池厂。

中心现场：

从××门城墙缺口上城墙，顺城墙向北120米，距西边1.5米处发现鞋印1枚（编为1号），鞋印向北2米，距西边沿1.6米处发现鞋印2枚（编为2号）。鞋印向北55米处城墙中部有一洼坑，南北长76米、宽8米、高1.5米，洼坑南边沿向北68米，距东边沿3米处草丛中发现金黄色小纽扣1枚、女长裤1条，裤向南6.2米，距东边沿1米处发现鞋印1枚（编为3号），裤向西8米，距城墙向边沿0.65米处发现黑纽扣1枚（直径0.02米）。纽扣向东0.03米处有一纽扣挂脱的断线头，断线头呈黑灰色，长0.01米，线头西北0.17米处又发现黑纽扣一枚（直径0.02米）。纽扣向东1米处有一白色圆绳裤带。裤向北0.1米处有一白底花布裤头。裤头向北3.9米，距西边沿3米处有一石块（0.2×0.15×0.1），石块上有血迹。石块向北0.8米处有一印花手帕，手帕附近草地上有搏斗压痕。手帕向北300米，距西边沿1.7米处发现鞋印一枚（编为4号），鞋印向北0.75米处发现鞋印一枚（编为5号）。

第二现场：

位于××第二蓄电池厂内，厂大门朝南，进门东侧为厂传达室，西侧为城墙，城墙垂直上方即中心现场有搏斗痕迹处。

厂门向北4.5米，距城墙2.5米处有一滩不规则血迹（0.07×0.08），血迹向东0.2米处又有一滩血迹（0.3×0.1）（施××下身裸体，昏迷，已送医院抢救）。厂门向北6.1米处，距墙4.8米处有一石块（0.21×0.2×0.15），厂门向北12.3米，城墙

0.06米处发现一只黑色女式人造革皮鞋。厂传达室上方距地通往城墙有2根电线，电线东西走向，呈弧形。

第三现场：

位于×区××洲公园内，进公园南大门东侧为城墙，城墙垂直上方为中心现场有搏斗痕迹处。

城墙根向东1.6米处有一只黑松紧口塑料底布鞋，鞋向南有一男青年（夏××，24岁。头朝南，仰卧，昏迷，已送医院抢救）。人摔落处上方小树枝折断，鞋向南3米处发现另一只布鞋，鞋向西南2.7米处草丛中发现手表1只（红旗牌手表，坦克表带一头已断开）。手表向南20米处为公园内一姓马的住家户。

现场勘查于10月17日11时勘查完毕，绘制现场平面图一张，制作现场勘查笔录1份。拍摄现场照片×张。

现场提取：

纽扣3枚（2黑色，1金黄色）；

女长裤1条；

裤头1条；

裤带1根；

血迹石头1块；

红旗牌手表1只；

鞋3只；

手帕1条。

19××年10月17日

（二）侦查实验笔录

侦查实验笔录

时间：×年×月×日×时×分至×日×时×分。

地点：________________________________

参加人姓名、单位、职务：________________________________

____

侦查实验目的：________________________________

____

侦查实验过程及结论：________________________________

____

____

侦查员：

见证人：

记录人：

关于犯罪嫌疑人能否从后墙爬上二楼窗户偷窃的侦查实验笔录

时间：20××年×月×日晚12时30分至1时20分。

地点：××学院家属区××幢住房后院。

参加人：刑警队侦察员柴××、张××，技术员石××、董××、方××。

见证人：××学院保卫处科长黎××，干事梅××，失主刘××。

犯罪嫌疑人：肖××、辛××。

据犯罪嫌疑人交代：20××年×月×日深夜1时许进入××学院家属区××幢住房后院，发现二楼刘××家的后窗户上有一个小窗未关，于是打定主意先偷这家，在离这家后墙约2米处有一棵榆树，树枝紧挨窗户（在月光下看见的），于是肖××爬上树，并沿着树枝向窗户爬去。犯罪嫌疑人辛××在树下放哨。犯罪嫌疑人肖××爬树攀枝时失手，险些落地，第二次攀枝拉住窗口成功，接着伸手将窗插销拉开，推开窗口进入室内行窃。

为证实犯罪嫌疑人的交代是否属实，经领导批准，我们在原现场选择同样的天气，同样的时间，进行了侦查实验，具体解决如下问题：

（一）犯罪嫌疑人第一次爬树攀枝失败所产生的声响有多大，失主或邻居是否听见。

（二）犯罪嫌疑人第二次过去能否拉住窗口，站在窗台上进入室内。

于是，令犯罪嫌疑人肖××重新表演，其结果证明：

1. 爬树攀枝失手造成的响声，在人们已经熟睡，而且失主外屋又无人居住的情况下，是不可能听见的。

2. 犯罪嫌疑人第二次攀枝，通过摇荡过去拉住窗口是完全可能的。

以上情况说明，犯罪嫌疑人关于这一情节的交代是属实的。

参加人：柴××、张××、石××、董××、方××（签字）

见证人：黎××、梅××、刘××（签字）

20××年×月×日

（三）讯问笔录

讯问笔录（第 次）

时间：____年____月____日____时____分至____时____分。

地点：____

侦察员：________________记录人：________________

犯罪嫌疑人：________________________________

问：____

____

____

讯问傅××笔录

时间：20××年8月29日上午9时整

地点：×××××部队招待所

审讯人：××县公安局陆××

记录人：××县公安局吴××

被审讯人：××县××公社××管理区××大队第三生产队傅××

问：你的姓名、年龄等情况？

答：我叫傅××，男，现年18岁，初中文化程度，团员，家住××省××县××村。

问：你家有几口人？

答：家有父亲傅×保，村党支部书记，母亲熊××，农民，三哥傅××，农民，党员，嫂嫂吴××，社员，连我本人，全家共有五口人。

问：你犯了什么罪？

答：在20××年8月24日晚上，我约本队傅×忠、傅×堂把×××××部队军械库内的“五四”式手枪和子弹盗走了。

问：你把作案的详细情况交代清楚。

答：20××年8月24日晚上，我吃了晚饭后到本队程××家去收电费，又到傅×忠家去收，我对傅×忠说：我们今天晚上去军械库搞枪去！我说后，又到傅×堂家去收电费，傅×堂在家，我又对傅×堂说：“今天晚上动手。”我说后，就到部队××仓库南门旁边等他们俩人，过了大约半小时左右，傅×忠就到了，又过了十几分钟，傅×堂才到。傅×忠带了一把老虎钳和两把起子（一把大的，一把小的），还带了一双鞋子（不知什么样的鞋子，因为他用塑料网提鞋子，我当时没有注意看是什么样的鞋子），一个电筒和一双白色的纱手套。我带了一把电工刀（三用电工刀：有刀、有锯、有锥），一双白纱手套，一个电筒。傅×堂带有一把用钢筋做成的锯弓的钢锯，锯弓上是用天蓝色的漆漆过的，一双帆布白手套，他在航材仓库那里找到我们后，我又叫他回家拿了一把老虎钳。等他来了以后，我们从××仓库门的东面走上公路，我们走到××厨房那里的公路上，从南边来了一名解放军，我们三人就分开走，傅×忠在前面走，我和傅×堂在后面走，我们走到军械库南边时，那个解放军就赶上我们了，他就跟着傅×忠走了，我和傅×堂走到××四队（公路上），傅×忠回来碰到了我们，他说：我怕那个当兵的怀疑，故意往前面走了一段，那个当兵的问我是哪里的，我说是部队的，后来我说要解手，那个当兵的就走了，我才回来。这时我们三人就顺着军械库北边的围墙住上走，我们走到军械仓库后边后，我叫傅×忠先翻墙过去，我第二个进去，傅×堂是第三个翻墙进去的。我们蹲在军械仓库屋山头观察了一下哨兵情况，没有看到哨兵，这时已是晚上9点多钟的样子（我没有手表，估计是这个时间），我叫傅×忠看着下面宿舍的动静，叫傅×堂看着刚修的一间房子的动静（因门未关），我就到仓库门口用老虎钳扭锁门的环子，把环子扭断后，我和傅×忠一起进仓库后面，我拿了三个枪套，枪带拿了几扎（具体几扎当时没有记），正在拿时，傅×堂说有人，我们就出来躺在仓库，观察了一下，见没有人，我们三人一起又到我撬的仓库旁边的仓库门口，我用老虎钳把门口的环子扭断后，我和傅×忠进仓库，我叫傅×堂在门口看人放哨，我们在仓库东边的木头上搬了两箱“五四”式手枪，每人搬了一箱，搬出仓库我在水泥台上摔了一跤，掉到台子下面来了，我将一箱手枪交给了傅×堂，我将所盗枪套和枪带抱着从翻墙进来的地方又翻出去了，我们将这些东西扛到仓库后面的山上，我们在仓库围墙边时，我用起子把手枪箱子撬开了，每人拿了一支枪插在腰里，我们这时才上山，在山上休息了一会儿，我们又把这些东西扛到离公路四五米远的竹林里，我们三人又到翻墙的地方翻进去，到下面装子弹的仓库门口，我用起子将锁撬开后，我和傅×忠一起进去，见是飞机炮弹，我们就出来了，我们又到这幢仓库的门口，我用老虎钳将门环扭断了，我叫傅×忠在前面看对面和上面的情况，叫傅×堂拉住门（当时风大，怕门动了有声音）放哨，我一个人进去，用电筒找子弹，见外面没有，就搬了一把凳子，站在凳子上用电筒照仓库内一个小门内的情况，见里面有子弹，我就叫傅×堂把傅×忠喊来，傅×堂就在傅×忠那里放哨，我叫傅×忠去撬那个装子弹房的小门，我在大门口拉住门，他将小门撬开以后，我们就进去每人扛了一箱手枪子弹，我扛出来把子弹交给傅×堂后，又进去搬了一个铁箱装的半箱子弹，我们三人从原来的地方翻墙出去了，我们扛着子弹上山，我把那半箱子弹箱打开，拿了一盒子弹，我们三人分了，我只拿了37发，剩下的子弹他们俩人分了，我们扛子弹到原来藏手枪的地方，他们每人扛了一箱子弹，我扛了那半箱子弹，顺着公路往北走，走到去××四队的路那里下公路，从田埂上往南走，走到四队仓库那里，我和他们俩人走散了，我们一起走时，我见傅×堂身体差，扛不动，我就将自己扛的半箱子弹给他扛，我是扛他的那一箱走的，我从四队仓库那里一直走到飞机跑道上，没有看到他们的人，我就顺着跑道往家里走，走到停机坪那里，我想从傅×忠的门口走，怕队里人发现，我又转来从田埂上走到傅×堂的屋后竹林后面，将子弹藏在竹林里，我就回家了。我在自己的房里将枪拿出来，试了一下，不知道怎么下弹夹，我将枪放在枕头下面就睡了。

问：接着讲。

答：第二天，我把枪锁在自己房里的桌子抽屉里了。我想，枪已经到手了，要赶快弄到钱好走。所以我在同月25日上午到部队财务股去取我做工的钱，上午没有取到钱，回到家后，又把枪拿出来试验怎么使用，我将弹夹退出来了，当时就压了八发子弹，其中有一发上了膛，使用的方法都知道了，又锁在抽屉里了。当天下午在财务股取了现金39.4元。当时我决定在同月26日到××，我对家里人讲是到××砖瓦厂去结账的，这是假话，实际上我到××躲一段时间，看家里的风声不紧再回来。25日下午，我把傅×忠和傅×堂喊到我家的房里，我说："现在我们在家里可能被发现，时间不会长，我决定26号走，最好你们和我一起走，你们把剩余的枪和子弹藏好，每人带两支枪走，带五盒子弹。"傅×忠说："傅×堂不走为好。"傅×忠表示同意26日走。我说："傅×堂如果不走在家里就要十分小心。"傅×堂没有表态，没说走还是不走的话。我们商量好后他们就走了。

问：还有那两箱手枪是什么时间扛回来的？

答：我们扛子弹回来的时候，我叫他们把子弹扛回去后再去扛手枪箱，那两箱手枪是他们当天把子弹扛回去后又去扛的手枪箱，我没有去。

问：你们在25日下午还商量了些什么问题？

答：当时我问他们：你们都会上子弹和上膛吗？他们说不会。我就把自己的那支枪拿出来，教他们上子弹和上膛，我教他们以后他们都会了。

问：你是否说过要他们回去都把子弹上膛？

答：我没有要他们都上膛，我只说我已经把子弹上了膛。

问：枪套和枪带是怎么处理的？

答：我拿了一个枪套、一根枪带和一个子弹盒，剩余的交给傅×堂了。

问：你继续讲！

答：8月26日上午，我步行到×湖旁边公路上，是乘客车到××去的。当时带了一支手枪，37发子弹，一个枪套，一个子弹盒，一根枪带。当时在路上碰到了唐××，我们乘车一起到了××，我借口说："我还要等傅×忠一起到××砖瓦厂去结账去"，这样我跟唐××分开了，唐××不知道我身上带着枪。中午，我到团结街餐馆吃了中午饭，出来时碰到××九队的唐×红（女，傅×堂未婚妻），我们在龙泉的亭子里玩，到下午三四点钟，她就回到她哥哥唐×武那里去了，我就在街上玩了一会儿，就到××火车站去准备和傅×忠碰头（当时走之前都说好了，在火车站碰头），我等到5点多钟，我见他没有来，就到新电影院看电影去了，电影散了以后，我就在龙泉亭子里睡。27日早上天刚亮，我又到火车站去找傅×忠，没有找到，上午八九点钟时，我在火车站图书摊上碰到了他。我问他枪和子弹藏好了没有？他说已经藏好了。我问他：你把枪和子弹带来了没有？他说：现在跑道上都有岗哨，封得很严，一般的人走路都要检查，枪和子弹都没有带。我说：你赶快回家把枪和子弹再另找一个地方藏好，把傅×堂一起带出来，不然的话，他就要被抓住，把枪和子弹都带上，晚上步行到××来。他说：晚上走家里会发现，还是白天走好些。我说：你要小心一点儿。当天下午2点，他就乘客车回家了。他走了以后，我在电影院买了电影票，和唐×红看了两场电影，电影散后，我们就到龙泉那里的闸上玩，我们在闸上玩了一夜，第二天早上（28日）我在××大桥那里等傅×忠，8点多钟还没有见人，我又到火车站去等他，我在大桥那里时，唐×红和我在一起，我到火车站时，叫她在那里等傅×忠，如果看到了，就叫他到火车站找我。上午10点钟左右，唐×红到火车站对我说：没有看到傅×忠来！我说：只有回家看一下情况。我就和唐×红到大桥旁边等车回家，当时我对她说：你把我的包装在你的包里，怕别人检查，因当时等车的人很多，她没有问我为什么怕检查的事。我乘车到油匠岗时被抓了。

问：你对唐×红说了些什么话？

答：8月26日中午，我碰到唐×红后，就提出到龙泉边上的亭子上去玩，当时天气很热，我走得一身是汗，唐×红问我为什么不脱外衣（我外面穿的是一件黄色的确良军衣），我说：不能脱（因为手枪插在腰里）。她问我怎么不能脱？我没吭气。我们走到山上以后，我把腰里的手枪拿出来了，我对她说：我和×忠、×堂三人在部队军械库内偷了两箱手枪和两箱半子弹，我们现在准备坐火车走。她问我们准备到哪里去？我说：还要等他们两个来了后再商量。她听我说了以后，就说：我打电话回去！我说：你打电话回去后，把我抓住了，对你有些什么好处呢？我这样说后她就没有说了。

问：你对她讲了，她真的告诉政府怎么办？

答：她如果真的要告诉政府，我就不准她下山。

问：你准备怎么不准她下山？

答：（不答）

问：你把你们如何商量搞枪的经过讲清楚。

答：19××年我还是学生的时候，我和傅×忠一起到子陵去玩，是我约他去的，我们俩人当时就提出要盗窃枪。因为我当时准备外出流浪，我喜欢打架，但又不会打，所以我产生了搞枪的想法，我向傅×忠提出要外出流浪和盗枪的事，他同意了。

问：你们准备怎么盗枪？盗什么地方的枪？

答：我准备盗×××××部队的枪，因当时我们对部队军械库的内部情况不清楚，所以准备乘部队看电影时，盗营房内的枪支。

问：你们行动了没有？

答：当天我们从子陵回家以后，我就上学去了，这件事就一直没有搞。后来，我和傅×忠又说过多次。我要傅×忠观察什么地方有手枪，他说可以。

问：你们以后怎么商量的？

答：20××年4月份，我们在部队服务社后面山上炸石头，我对傅×忠说：枪的问题你观察好了没有？他说：我还没有观察好。我说：我们俩人都观察，他同意了。

问：以后你们是怎么观察的呢？

答：我经常到部队军需股去结账，所以就留心观察了他们宿舍的情况，但没有发现枪。20××年8月中旬的一天，我发现机营股的王会计寝室内挂了一支手枪，就准备搞这一支枪，我把看到的情况对傅×忠讲了，他也去看了的，但我想，搞一支枪太少了，我又对他说：我们就搞军械库的枪支！他同意了。

问：你们怎么没有搞王会计的枪呢？

答：傅×忠去看了一下，没有看到枪，他听说王会计要回家探亲去，他对我说后，我说：王会计回家探亲就要把枪交给部队，所以我就提出搞军械库内的枪。

问：你们是怎么知道军械库周围的情况？

答：我和傅×忠商量好后，过了几天，我又对傅×堂说：我们去搞几支枪去！他说：到什么地方去搞？我当时怕他不可靠，就说：我们到当兵营房内去搞枪。他说：搞到枪后，子弹不多。我这时才对他说：我们到军械库内去搞枪！他说可以。这次是在双泉的窑上躲雨时说的。同年 8 月 18 日、19 日，我对傅×忠、傅×堂说：我们到军械库去看一下仓库的情况，我们是以结账的名义去的，我们从大门进去后，看了上面和下面仓库门上的锁门的环子，我们三人走到仓库门口看的，我们见锁门的环子都不粗，我们对环子是钢丝和铁丝的问题还争论过，我开始认为是钢丝的，但我又想，如果是钢丝就回不过头的。我说：我们用老虎钳夹试一下，看是钢丝还是铁丝。傅×忠说：不能试，我们一试别人就发现了。所以我们就没有试。我说：我们等部队放电影时就动手搞，他们都同意了。同月的 22 日还是 23 日记不清了，部队放电影，但当时傅×堂到他未婚妻家去了，所以就没有动手搞。

问：你们观察仓库后还商量了些什么？

答：我们看了仓库以后，我叫傅×忠带两把老虎钳，准备由傅×堂带钢锯，他说家里没有，傅×忠家也没有，当时就没敲定，我又叫傅×忠带一把大起子（大的），把起子的口磨快，如果老虎钳将门环弄不断，就用起子挖门和用钢锯锯门环。我又叫他们每人带一双手套，以防作案时留下指纹。这些话都是回家时边走边说的。

问：你怎么懂怕留下指纹？

答：我是看电影和看小说知道的。

问：怎么你们中有带两双鞋子的？

答：这件事当时没有商量，带鞋子去是谁提的我不知道，是他们带的。他们怕鞋子粘有泥，进库后留下痕迹，所以带了一双鞋子去换。我只穿了一双解放鞋（军用三号）去的。

问：傅×忠和傅×堂穿的是什么鞋子？带的是什么鞋子？

答：他们去时都是穿的胶鞋，作案时换上带去的鞋子，他们带去的鞋子，我没有注意看。

问：那天你们盗枪在路上碰到的那名解放军你们认识他吗？

答：我们都不认识，那个解放军后来就走了。

问：你还认识哪些解放军？

答：只认识警卫连的几个战士，但是不知道他们的名字，我认识军械股的熊股长和任助理，傅×忠和傅×堂认识熊股长。

问：你们经常到部队哪些单位去玩？

答：因为我们帮机营股修公路，每天上工就要到那里去一两次。

问：你在××时，你怎么说准备开枪？

答：26 日下午我在××街上见有几个青年人打一个卖老鼠药的老人，我见了很生气，准备用手枪打死他们，但一想在街上，开了枪我就跑不脱，我就没有打。

问：这次你为什么要盗枪？

答：主要是想到外面流浪，过自由生活。

问：你们准备跑到哪里去？

答：准备跑到大山里去，枪是用来自卫的。
问：今天你所交代的情况是属实的吗？
答：是属实的。
问：说了假话要负责的。
答：好。
问：我把以上记录念给你听，有出入提出来。
答：以上记录念给我听的，情况属实。

傅××签名（按手印）

（四）调查（询问）笔录

调查（询问）笔录

时间：__×__年__×__月__×__日__×__时__×__分至__×__日__×__时__×__分
地点____________________
调查（询问）人：__________记录人：__________
被调查（询问）人：____________________

注：调查笔录与询问笔录格式基本相同。

询问笔录

时间　20××年×月×日16时42分至17时57分
地点　××市公安局××分局
侦察员　田××、韩××　记录员　韩××
被询问人　张××　性别　男　年龄　45岁　民族　汉族
工作单位及职业　××区××乡××中学教师
现住址　××区××乡××庄
问：你们学校今天发生了什么事？

答：我们学校教导主任李×今天上午与几个外校学生发生了争吵，后来那几个学生家长来学校把校门口堵住了，造成学校秩序混乱，无法上课。

问：请你把详细经过讲一遍。

答：今天上午大约 9 点 40 分的时候，我和李老师在教导处门前指挥初一学生拔草，李主任看见有 3 个学生模样的人站在花墙旁边，其中一个人脚蹬在矮花墙上，就过去阻止他们。我们学校有规定，任何人不准蹬踏花墙。当时我站在通道西侧，距李主任他们几个人大约有 3 米远。我只听见李主任对他们讲学校的规定什么的，教育那 3 个青年。这时，其中一名女青年说了一句："你管得着我吗？"然后扭头就走。李主任追过去说："你现在不能走。"边说边用手揪住那个女青年后背上的双肩背书包。这时我就听到一个男青年破口大骂李主任，接着就和李主任揪在一起了。我赶快跑过去，将个子最小的一个男青年拉到旁边。又过了 5 分钟左右就下课了。我们学校教政治的张×老师过来了，我才知道这 3 个学生模样的人是张×老师的亲戚。张×老师以为我们两个老师打了那 3 个孩子，就和我们辩理，那 3 个人见状又大吵了起来，其中一个高个子青年和李老师扭打起来，被李老师摔在地上，他就乘势倒在地上不起来了，嘴里还不停地骂人。这时一个男子和两个妇女从校门外跑了过来，与我们辩理，在争执的过程中，派出所民警王×进来了，他让双方到校长室去解决问题，不要影响学校上课。于是这 3 位家长就进了校长室，李主任找车准备送摔伤的学生去医院看病。我因为还有别的事，就没进去解决问题。李主任找车以后去没去校长室，我就不知道了。

问：那几个孩子大约多大年龄？

答：大约 16 岁或多一点，我听张×老师说他们是高中生，开学到别的学校报到的。

问：当时争吵时，3 个孩子的家长怎么来得那么快？

答：当时他们几个家长在学校门口等着的，可能看见学校里争吵，他们就立刻跑进来了。

问：后来情况怎么样？

答：我中午 11 点 45 左右吃完饭上厕所时，看见学校门口堵着两辆汽车，一辆"212"，另一辆我没看清是什么车。这时学校团支部书记刘×推我说："别看了，回你屋里去吧。"她怕我再与那名家长发生冲突，于是我整个下午都呆在宿舍里，以后又发生什么情况我就不清楚了。

问：学生家长进校后都做了些什么？

答：后来我听说那 3 个家长可能是那个个子最小的孩子跑出去叫进来的，我没看清楚具体情况。那 3 位家长进来后，其中两位妇女闹得很凶，嘴里一直骂骂咧咧的，还要过来打我。那个男的家长开始没作声，后来进校长室后说："你们罚钱，我有钱，打孩子不行，把孩子打伤了，我们告你们！"后来民警让学校派人先带被摔伤的孩子去看病。

问：你不是讲没进校长室吗？怎么知道这些情况的？

答：我刚才有些遗漏。几位家长进校长室时，是我进去将他们往里让的，只在校长室里呆了很短的时间，我就走了。

问：那个摔在地上的孩子是怎么摔的？

答：我只见到那个高个子青年和李主任扭打起来，被李主任摔倒在地上，他在地上大骂李主任。

问：那个女青年怎么摔的？

答：我听见李主任批评她蹬花墙，讲学校的规定，她顶了一问："你管得着吗？"扭头就要走，李主任说："你现在不能走。"边说边用手揪她背上的双肩背书包，她用力挣脱，结果双肩背的一个带子被拉断，那女青年就猛地摔在了地上。女青年大叫，那高个男青年就和李主任扭打起来了。

问：还有什么？

答：没有了。

以上内容我看过，和我说的一样。

张××（签字）

20××年×月×日

（五）法庭审理笔录

法庭审理笔录（第　　次）

时间：　　年　月　　日　　时　　分至　　日　　时　　分

地点：

是否公开审理：　　　　　　　　旁听人数：

审判人员：

书记员：

审判长（员）宣布开庭审理　　　一案。

记录如下

〔开庭时，审判长（员）依照我国诉讼法规定，依次核对当事人是否到庭，宣布案由，宣布审判人员、书记员、公诉人、辩护人、鉴定人和翻译人员名单，告知当事人诉讼权利和义务，是否申请回避等也应记入。〕

法庭审理笔录

开庭时间：20××年×月×日下午1点30分至3点10分

开庭地点：××审判庭第×法庭

法庭组成人员：审判长潘××、审判员彭××、申××、书记员杜××

审判长：现在开庭。

今天，×××人民法院民事审判庭第一庭依法公开审理丹麦×××有限公司诉佛山

×××有限公司案。现在宣布合议庭组成人员：由潘××担任审判长，与彭××、申××审判员组成合议庭开庭进行审理，书记员杜××担任法庭记录。

根据《中华人民共和国民事诉讼法》的有关规定，经本院审查，准许张××作为原告的代理人参加诉讼，准许张××、蔡××作为被告的代理人参加诉讼。

现在宣布当事人的诉讼权利和义务。

一、外国人、无国籍人、外国企业和组织在人民法院起诉同中华人民共和国公民、法人和其他组织有同等的权利和义务，外国法院对中华人民共和国公民、法人和其他组织的民事诉讼权利加以限制的，中华人民共和国对该国公民、企业和组织的民事诉讼权利实行对等原则。

二、当事人有权在法院规定的范围内处理自己的民事权利和义务。

三、可以委托代理人。

四、可以进行辩论。

五、提供证人、证物，提交外文证书，必须附有中文译本。

六、原告可以放弃或者变更诉讼请求，被告可以承认、反驳诉讼请求，可以提起反诉。

七、可以请求调解。

八、可以申请执行发生法律效力的判决、裁定或调解。

九、可以提起上诉。

十、经本院许可，可以查阅本案的庭审材料和法律文书。

十一、应当使用中华人民共和国通用的语言、文字。当事人要求提供翻译的，可以提供，费用由当事人承担。

十二、有权请求回避。就是说，当事人如果认为本合议庭组成人员、书记 员与本案有利害关系或与本案当事人有其他关系，可能影响对案件公正处理的，有权提出更换上述人员。

原告听清楚了吗？申诉回避吗？

原告：听清楚了。不申请回避。

被告听清楚了吗？申诉回避吗？

被告：听清楚了。不申请回避。

当事人必须履行下列义务：

一、依法行使诉讼权利。

二、遵守诉讼秩序。

三、履行发生法律效力的判决、裁定和调解。

原告听清楚了吗？

原告：听清楚了。

被告听清楚了吗？

被告：听清楚了。

审判长：首先进行法庭调查。

原告宣读起诉状。

原告：宣读起诉状（略）。我们特别说明欠款利息应至给付欠款时一并算清。

审判长：被告答辩。

被告：首先，我方同意支付租金；第二，我方已多次支付租金；第三，我方不同意解除合同，希望继续履行合同。

审判长：本案中双方适用《中华人民共和国合同法》双方有无异议？

原告：没有。

被告：没有。

审判长：原告陈述举证。

原告：(列举证据目录)。

第一，是租购总协议及附件，由被告与原告签订购买合同，然后由我公司给被告作融资租赁。附件一，明确设备转让清单，附件二是被告的同意函，附件三是原告给被告的通知，说明被告同意转让协议并付款，开有具体的设备转让说明，且更明确具体地写明融资租赁关系的内容。以上是租购总协议的综合说明。

第二，我补充利息计算标准说明以及被告支付租金的明细表，还有我方的催促函和被告请求延付的申请。

审判长：租购总协议的补充件呢？

原告：有附件，这是一份付款通知（提交法庭）。

审判长：被告有无异议？

被告：租购总协议附件，我方同意。

审判长：被告有无证据提交法庭？

被告：暂时没有。

审判长：租赁协议有无效力？

原告：此种租赁协议应属有效。

被告：本公司成立时有关部门的批复规定，必须有外经委的审批，才能进口国外的设备；最高法院也有司法解释规定，融资租赁合同应报有关部门审批（提交批复和司法解释文件）。

审判长：原告有无补充？

原告：外经委指的是购买行为而不是指融资租赁。另外，最高法院的司法解释也是指某些具体项目，不是指这种情况。这种现象广东很普遍的。

审判长：租金如何约定的？

原告：在租购协议中明确规定了租金和起止日期（念合同原款），起自 1996 年 6 月，3 个月为一期共分 12 次付清，租金总额为美元 3123588 元。

审判长：合同规定何时付设备款？

原告：合同规定 1995 年 6 月、1995 年 12 月共分 2 次付设备款共 3479664 马克。

审判长：被告共付原告租金多少？

原告：被告仅 1996 年 6 月付了第一期的租金，这里有被告所付第一期租金明细表（提交法庭）。

审判长：被告对原告所列付租金的明细表有无异议？

被告：由于我公司没有履行有关手续，故一般都是托境外公司付款。我们希望知道付了多少款。

原告：我们收到的从境外公司转来的还款，已开发票给了被告。我们还收到了1997 年 6 月被告盖章的延付的申请，并说明了延期还款的具体情况。

审判长：被告若认为还有还款，可提交证据。

原告：我方一直有催函，但是被告一直未提出异议。

审判长：设备交付情况怎样？

原告：我方是一次性交付的，1995 年 6 月交付的。

审判长：设备是否在被告处？

被告：在我公司，现已在使用。

审判长：设备的所有权在被告处吗？

原告：是的。

审判长：付款情况怎样？

原告：我方要求严格按附件中约定办法交付，即以美元或港币支付。

被告：我们收到了这个附件。

原告：被告至今未付设备款。按合同规定，月息为 3%，是罚款性质，是违约的罚责。

被告：我方认为这个违约金应当按国家规定下调。

原告：合同早已到期，我方要求中止合同。

被告：我方要求原告明确月息 3%的性质是什么？另外，未付违约金给原告造成什么损失？

原告：我们认为 3%月息就是违约罚责。我们的损失包括诉讼费用等等。我们强调被告的利息应付到给付之日止，这一点应该明确。

审判长：原告要求差旅费和律师费的证据应于 7 日内交给法庭。

原告：好的。

审判长：下边进行法庭辩论。原告发言。

原告：我们认为租购总协议合法有效，我方严格守约。而被告违约未完全付清租金，应承担相应责任。我方诉讼合法有效，请法院支持。

被告：事实部分，我方无异议。但依照最高人民法院的司法解释，未经报审的租购合同应不生效。另外，本案应适用中国法律，根据我国涉外经济合同法，违约金可提请法院酌情减少，逾期付款最高法院也有相关解释，应适当减少。

审判长：原被告双方最后陈述。

原告：我方坚持诉讼请求。

被告：我方不同意解除合同，而应判定合同不生效，且违约金应适当减少。

审判长：双方是否同意调解？

原告：同意。

被告：同意。

审判长：现在休庭，调解另行安排进行。当事人同意，就签字。

李××
张××　20××年×月×日　张××
蔡××　20××年×月×日

（六）合议庭评议笔录

合议庭评议笔录（第　　次）

时间：　　　年　　月　　日　　时　　分至　　时　　分
地点：
合议庭成员：　　　　　审判长
　　　　　　　　　　　审判员（人民陪审员）
案件主持人：
书记员：
评议　　　　　　　　　　　　　　　　　　　　　　　　一案。
记录如下：

合议笔录

时间：20××年×月×日下午 1 点 30 分至 2 点 20 分

地点：本院××室

合议人：审判长冯×、审判员唐××、郭××

记录人：刘×

冯×：现在合议沈××、鲁××一案。介绍案情（略，详见汇报提纲）。

唐××：沈××、鲁××二人作案后被抓获，同案的贾××现在找到了没有？

冯×：贾××现在下落不明，有其工作单位的证明。

从沈××供述情况来看，被害人王××被扎过两刀，且尸检也查出了两个刀口，与供述情况吻合，可以认定为沈××持刀所为。但是没找到凶器。另外，被害人王××头上有一钝器伤，与鲁××供述持锤击被害人头部相吻合。沈××与鲁××二人作用不同，但不分主从犯，系共同犯罪。

郭××：我认为沈、鲁二人不分主从犯，虽然没找到凶器，但从尸检及口供上看还是可以认定其二人为共同犯罪。

冯×：沈、鲁二人供述打、扎被害人，被害人王××失血休克死亡，应由沈、鲁二人共同承担罪责。因此、沈、鲁二人均应认定为故意伤害罪，沈判死刑缓期 2 年执行，剥夺政治权利终身，鲁考虑不是直接致死，判 15 年有期徒刑剥夺政治权利 3 年。

唐××：我同意冯×的意见。

郭××：我也同意上述意见。

冯×：关于民事赔偿，从交来的单据及费用上看 5 万多一些，可多判一些，判赔偿

55000 元。沈赔 10000 元给被害人的父母王××夫妇，鲁赔 5000 元给王××夫妇；沈陪 20000 元给被害人的妻、女，刘××及女儿，鲁赔刘××及女儿 20000 元。

郭××：同意。

唐××：同意。

合议庭意见：

被告人沈××犯故意伤害罪，判处死刑，缓期 2 年执行，剥夺政治权利终身。被告人鲁××犯故意伤害罪，判处有期徒刑 15 年，剥夺政治权利 3 年。

沈××赔偿被害人父母王××夫妇 10000 元，被害人妻女刘××及女儿 20000 元，鲁××赔偿王××夫妇 5000 元，刘××及女儿 20000 元。

冯　×
郭××
唐××
刘　×
20××年×月×日

（七）执行死刑笔录

执行死刑笔录

案由：
死刑罪犯姓名：
执行方法：
执行地点：
执行时间：　　年　　月　　日　　时　　分。天气：
指挥执行的审判人员：
临场监督人：　　　　　人民检察院检察员
执行人：
执行死刑情况：
法医（或检验人）验明毙命情况：

指挥执行的审判人员：　　　　（签名）
临　场　监　督　人：　　　　（签名）
法医或者检验人：　　　　（签名）
书　　　记　　　员：　　　　（签名）

××市中级人民法院

执行死刑笔录

案由：故意杀人。

死刑罪犯姓名：王××。

执行地点：××市××刑场。

执行时间：20××年×月×日×时×分。天气：晴。

指挥执行的审判人员：××市中级人民法院审判员张××。

临场监督人：××市人民检察院检察员徐××。

执行人：××市中级人民法院法警胡××。

执行死刑情况：刑警鸣枪，罪犯当场毙命。

法医或检验人验明毙命情况：由法医李××验明：刑警一枪击中罪犯王××，弹丸由后背经左心脏从前胸穿出体外，致其当场死亡。

指挥执行的审判人员　张××

临场监督人　徐××

法　医　李××

书记员　赵××

<table>
<tr><td>执行前
照　片</td><td>执行后
照　片</td></tr>
<tr><td colspan="2">备注</td></tr>
</table>

（八）死刑临场监督笔录

死刑临场监督笔录

执行时间：______年______月______日______时______分
执行地点：________________
罪犯姓名：______执行死刑罪名：______
第一审法院名称：____________
判处死刑判决书及文号：____________
核准死刑的法院名称：____________
核准死刑的文书名称及文号：____________
执行死刑的命令文号：____________
死刑执行命令签发单位：____________签发人：____________
死刑执行命令签发时间：______年______月______日
收到执行死刑通知时间：______年______月______日
执行死刑法院名称：____________指挥执行死刑审判人员：____________
检察院临场监督人员：____________职务：____________
对罪犯验明正身情况：____________
询问有无遗言、信札：____________

死刑执行人员：
执行情况（含何种方法执行、结果，有无停止执行情况）

临场监督人____________（签名）
年　　月　　日

××市人民检察院

死刑临场监督笔录

执行时间：20××年×月×日×时×分。

执行地点：××市××刑场。

罪犯姓名：王××；执行死刑罪名：故意杀人。

判决死刑判决书及文号：××市中级人民法院（20××）×刑初字第××号刑事判决书。

核准死刑的法院名称：××省高级人民法院。

核准死刑的文书名称及文号：××省高级人民法院（20××）×刑核字第××号刑事裁定书。

执行死刑的命令文号：××省高级人民法院（20××）×刑×字第××号执行死刑命令。

死刑执行命令签发单位：××省高级人民法院。签发人：×××。

死刑执行命令签发时间：20××年×月×日。

收到执行死刑通知时间：20××年×月×日。

执行死刑法院名称：××市中级人民法院。指挥执行的审判人员：张××。

检察院临场监督人员：徐××；职务：检察员。

对罪犯验明正身情况：由指挥执行的审判人员张××，查验死刑罪犯的姓名、性别、出生年月日、民族、籍贯、住址等基本情况及其特征，并核对主要犯罪事实，经验明正身后，确认罪犯无误，交付执行。验明正身情况，由法院书记员赵××记录在案。

询问有无遗言、信札：审判人员张××问有无遗言、信札，罪犯王××说：没有。

死刑执行人员：法警胡××。

执行情况（含何种方法执行，结果，有无停止执行情况）：由法警鸣枪枪决，当场毙命。无停止执行情况发生，一切正常。

临场监督人　徐××

20××年×月×日

第二编

法律文书练习材料

（一）公安机关法律文书练习材料

1. 拟制呈请立案报告书材料

19××年4月21日，太阳刚刚露出东方，××县××乡冯大爷迎着晨光去赶集。当他行至临溪河时，突然发现在路旁马尾松林的斜坡上仰放着一具被血浸泡着的女尸！

9时，一辆闪着红灯的警车呼啸着奔向现场……

经法医检验确认，死者是残城址村三组村民梁××，现年35岁，生有2女2男。她的丈夫刘××闻讯赶到现场，悲痛不已，泣不成声。

为了尽快查明凶手是谁，公安人员把注意力集中在现场的各种痕迹和遗留物上。这时，群众的议论引起干警们的注意：我们村里发生了这样大的事件，大家都很关心，为什么天天都要看到的张“菩萨”，今天连影子都没有看到呢？

经查，张“菩萨”名叫张××，是个老光棍，他性格古怪，但与死者家关系尚好，近年来经常在死者家同吃同住，去年4月还借给死者家黄谷400斤、现金20元。一次与刘××同赶西峡集时，拾得一只手表，张还主动相让，这只表至今还戴在死者的大女儿手上，可是他为什么偏偏又是在案发后去向不明？

在深入调查中，在张××家又发现了血衣，上面的血迹与死者血型相吻合。据此认定，张××是杀人凶手。可他为什么要杀害梁××呢？仍是一个难解之谜……

从现场和提取的物证看，凶手胆大妄为，影响极坏，且有继续危害社会的危险，必须尽快捉拿归案，可是眼前毫无线索，到哪里去捉拿凶手呢？刑警队李副队长毅然接受任务，率领追捕组投入了战斗。经过紧张的“诸葛亮”会议之后，他们兵分三路，深入群众，了解凶手可能行走的方向和可能隐匿的地方。经过几个小时的工作，获得一定的线索，他们认真制定了追捕措施，拟定包围圈，选择了进攻目标和迂回路线。

傍晚，一位村民反映：“上午8时，张××在××县的老场登上公共汽车往平落镇方向去了！”追捕组于22日凌晨2时奔赴平落镇，不料一直追到××县的夹关乡，查遍了沿途一带的车站码头、茶房旅店，均无张的行踪，黎明时分，残星闪烁。同志们在水龙头下，用冷水浇浇头，又聚集在一起商谈起来，大家相互启发，相互补充，调整了作战方案，一方面继续严密控制平落、夹关一带，另一方面放开手脚，争分夺秒抢时间，快速把追捕工作延伸到张曾干过民工活的玉溪河水利工程全线，不给他留下喘息之机。

根据群众提供的张曾在该工程的四个歇脚点。22 日下午 3 时追捕组猛扑高河乡王××家，王初感诧异，经过政策宣传，王才抹干冷汗，提供了一个重要线索，“张××于去年六月份带着一个女人来我家住过，当时他说他们是夫妻，后来才知道是假的……去年他还带着那个女人到我姐姐家去过，我姐姐家住在天台山钻山碾……”

追捕组的同志立即飞奔天台山，一路上，流水潺潺，群峰高耸，他们通过悬空洞穴，走过艰险的天桥，沿着崎岖的小道前进，终于赢得时间。为了不打草惊蛇，追捕组换上便装，背上电工包，以检查电灯线路为名，神速地闪进王家。只见灶房内坐着一个困惑烦恼的中年男人，神情紧张的东盼西顾，“不错，正是他!”张××还未回过神来，只听得“咔嚓”一声，冰凉的手铐锁紧了他的双手。

张为什么要杀死梁××？

原来，一贯游手好闲的张××于19××年向一个女性迷信学“菩萨”，梁××也热衷此道，便奉他为“师兄”，二人常相伴外出活动。张××为了使梁的丈夫不阻挡他们的不轨行为，便常施小恩小惠，居然被梁的丈夫视为知心人，刘××放心地让妻子同他一道外出鬼混。天长日久，张、梁二人的行为引起人们非议，梁本人也开始认识到自己的行为可耻，想改邪归正。然而，张××哪肯收敛？经多次拒绝后，他恼羞成怒，4 月 20 日深夜 11 时，他窜进梁家，趁她家无人，把梁痛打一顿，又把她往外拖，一直拖到房屋后右侧的马尾松树林里，把梁陷得窒息后，又用石头反复猛砸她的头部，把梁砸死。

作案后，他仓皇外逃，当晚在一个山洞心惊胆战过了一夜，第二天决定去天台山钻山碾熟人王家去暂时歇脚，混点钱再逃往西藏。不料，饿着肚子翻山越岭，刚到五分钟就落了网。

2. 拟制呈请拘留报告书材料

犯罪嫌疑人黄××、范××、肖××于19××年 8 月 12 日凌晨 3 时许，在××镇××旅社再次作案时，被值班人员发现后报案。同年 8 月 11 日深夜 11 时许，黄、范、肖三名犯罪嫌疑人又窜到××省××县东沟镇，由肖××放哨，黄××、范××翻墙进入供销社内，盗走了收音机 1 台、自行车 3 辆、雨衣 3 件以及现金 1320 元。犯罪嫌疑人黄××、范××、肖××于19××年 8 月 10 日深夜 12 时许，窜到××县××乡政府所在地，由范××放哨，黄××、肖××翻窗进入乡武装部办公室，盗窃“五四”式手枪 2 支、子弹 15 发、人民币 240 元。

××县公安局接到报案后及时赶到现场，经现场勘查，分析研究后认定，该三名犯罪嫌疑人就是 8 月 10 日在柳河乡武装部盗枪的案犯，故立即组织力量开展堵截追捕。8 月 12 日上午 11 时许，黄、范、肖三名犯罪嫌疑人逃至××县仗岭山区，在追捕过程中，黄犯开枪打伤公安干警一名，当日下午 3 时许，黄等三名犯罪嫌疑人被我公安干警包围在一个山洞里，被迫放下武器就擒，当场从黄、范、肖三名犯罪嫌疑人身上搜出“五四”式手枪 2 支、子弹 5 发、雨衣 3 件和现金 1415 元。

从以上事实可见，三名犯罪嫌疑人的行为已触犯我国刑法第×款，涉嫌犯罪。根据我国刑事诉讼法的规定，特呈请对犯罪嫌疑人黄××、范××、肖××刑事拘留。

犯罪嫌疑人黄××，男，1956年生，系××省××县农药厂临时工，××省××县人。现住××省××县城关镇××街×号，汉族。

黄××1963年至1973年在××县沿河路学校读书。(略)

犯罪嫌疑人范××，男，1956年生，××省××县人，现住××县第五中学宿舍2单元5号。系××县农药厂临时工，汉族。

范××1963年至1969年在××县实验小学读书。(略)

犯罪嫌疑人肖××，男，××省××县人。系××县农药厂临时工，汉族。现住××县武装部宿舍××楼402室。

肖××1973年至1979年在××县××小学读书。(略)

3. 拟制提请批准逮捕书材料

犯罪嫌疑人赵××、刘××、王××于20××年10月7日上午9时30分左右，窜到本市河西区白云山居民小区5号楼3单元内，听到7号室内电话铃长时间响，认定屋内无人，赵××一脚踹开7号房门，三名犯罪嫌疑人进入室内，分别撬开壁柜和写字台抽屉。正在行窃时，被害人李×（60岁，离休干部）买菜回来见家门被踹开，便大声叫喊："抓小偷！"犯罪嫌疑人赵××听到被害人叫喊，立即返回，用弹簧刀猛刺被害人李×的左下腹，王××跟上用凿子猛击被害人李×的后脑两下，李×当即昏倒在地，犯罪嫌疑人王××上前抢走被害人所戴手表1块，三名犯罪嫌疑人立即逃离现场。被害人被闻声赶来的群众送往医院，因流血过多，于当日中午12时5分死亡。

20××年10月8日下午5时左右，犯罪嫌疑人赵××、刘××、王××分别携带木工凿子、平口改锥和弹簧刀等作案工具，从××市结伙乘火车流窜到本市伺机作案，当晚住在本市××宾馆。次日上午9时许，三名犯罪嫌疑人从××宾馆窜到本市××大街，以找人为由进入13号大院，见院内无人，赵××一脚踹开3号平房房门，刘××在外望风，赵、王两人进入室内，分别撬开写字台抽屉和大衣柜门，窃得人民币1300元、金融债券2500元、美金500元、24K金戒指1枚（价值人民币500元）。赵××、刘××、王××作案后即到本市北郊，将金融债券卖给一外地人，得赃款2500元。随后，三名犯罪分子回到××宾馆分赃，赵分得人民币1800元、美金100元和金戒指1枚，刘××、王××各得人民币1000元、美元200元。

案件发生后，我局立即组织力量侦破，于20××年10月10日凌晨在××市火车站将赵××、刘××、王××抓获，并从三名逃犯身上搜出人民币3050元、500美元、金戒指1枚、手表1块等赃物。同日将赵××、刘××、王××押回我局审理，并将三名犯罪嫌疑人刑事拘留。

上述事实证明，犯罪嫌疑人赵××、刘××、王××的行为触犯了《中华人民共和国刑法》第二百六十三条、第二百六十四条，涉嫌抢劫罪和盗窃罪。根据《中华人民共和国刑事诉讼法》第六十条第一款、第六十六条之规定，特提请批准逮捕。

赵××、刘××、王××被拘留后，经审查，基本上认定我市××大街13号大院平房被窃案、河西区白云山居民小区5号楼3单元7号李×被抢劫案系赵、刘、王三名犯罪分子所为。三名犯罪嫌疑人亦供认了上述犯罪事实，并获取了部分作案工具和赃款、赃物。

(1) 赵××，男，1970年12月20日生，××省××县人，现住在××市××区××路××号。系××省××市建筑工人。汉族。

赵1978年9月至1984年7月在××市××区××路小学上学，1984年9月至1987年7月在××市××区××桥中学上学，1988年3月到××市建筑公司工作，20××年10月10日因涉嫌抢劫罪被我局刑事拘留。现羁押在××市看守所。

(2) 刘××，男，1971年4月23日生。××省××县人，现住在××市××区××街×号院1号楼1单元10号。汉族，系××省××市运输公司工人。

刘1978年至1984年7月在××市××区江水闸路小学上学，1984年9月至1987年7月在××市第二十七中学上学，1987年9月至1989年4月待业，1989年5月到××省××市运输公司当工人，20××年10月10日因涉嫌抢劫罪被我局刑事拘留。现押在××市看守所。

(3) 王××，男，1968年10月25日生，××省××县人，现住在××省××市××区××胡同×号2号门111室。汉族，系××省××市友谊餐厅服务员。

王1975年9月至1981年7月在××市××区××小学上学，1981年9月至1984年7月在××市第五十五中上学，1984年9月至12月到××市友谊餐厅当服务员，20××年10月10日因涉嫌抢劫罪被我局刑事拘留。现押在××市看守所。

4. 拟制起诉意见书材料

(1) 现场勘查笔录

现场位于肖家乡伍家院前××县至××县（西南－东北走向）的公路路坎下包谷红苕地内，西南面约一公里是老鸦坪，北面约40米处有一条小河沟，沟对面坎上是李××家的住屋，南面27米处是合川至武胜公路，紧靠公路有一条石板大路，与伍家院地坝相接。此院内住有8户人，伍家院后面180米处是嘉陵江，东面约20米是莫××、林××、胡××的住房。现场中心西面15米处有一条南北走向的小路同公路相接。从公路顺小路下行约16米处的左侧包谷地里有一小竹背篼，直径为36厘米，高38厘米。尸体仰卧于该小路下行右侧约6米处。经访问查明死者叫文××，女，20岁，××县××乡人。死者头朝东南脚向西北，仰卧于包谷红苕地内，双手分举于双肩之上，高过头部，手掌面清洁，无泥土粘附。双脚分开20厘米，两脚尖朝东北，靠脚处有两个带后跟的残缺鞋印，花纹不清。双眼球破裂，口鼻腔内塞满泥土，在堵塞口腔的泥土上发现一枚右手拇指纹。距尸体2.2米有一土坎，高1.2米，该坎下有一东西走向的小路，距小路5厘米高的土坎上有右手抓的五指痕（纹线不清），距小路1.2米高的土坎上有两处凹下的圆形压痕，在圆痕处发现一根20厘米长的黑色毛发，毛发下端土坎上有多处布纹压痕。

(2) 尸检结论

检验结论：死者文××眼结合膜有出血点，指甲青紫，肺胸膜及心外膜有出血点，有心郁血呈红色不凝，颈前部有片状擦伤及皮下出血，该处肌肉及软组织出血，喉头软骨骨折。据此判断："文××系因颈部受外界暴力扼压导致外呼吸障碍死亡"。

(3) 证人证言笔录

刘××（男，22岁）

20××年6月18日早晨，刘×章来约，他说现在生产不怎么忙了，到外面去溜一转，搞点钱。我们一起到××，路上偷得别人三只母鸡，他拿到市上卖了三十元多，我也没有得到钱。第二天我们到老鸦平街上碰见康婆婆，还有毛二娃，叫毛××，她们是卖鸡蛋。天黑了，康婆婆带着我们三个去那个伍家大院陆婆婆家借宿。因怕有人来清查，大家都有顾虑。我们4个出来要走，陆婆婆家先有个20岁左右的女青年也是借宿的，她是××县人，听说我们要走，她背起背篼，提个竹篓也跟着我们走，那个时候可能是十点多了，我们到公路边大石头上坐起玩，有个男青年路过，并约我们到他家去住宿，怕受骗，大家都不去。过一阵，他又转回来，叫我们到那边公路边棚子去住宿，看到不对劲，把我们都吓跑了。可是，刘×章和那个女青年跑到那儿去了，不知去向。我和康婆婆，毛二娃往青岩坡走，边走边等不见人来。后来我们也散了各走各的。第二天，上午9点多钟，在老鸦坪菜市上碰到了刘×章，见他手里提着那个女青年的竹篓在数钱，行动鬼祟，言语支吾。后来，听说有一个女青年被杀死在伍家大院下面公路边包谷地里。

陆××（女，58岁）：那天下午，那个女青年背一个背篼提一个竹篓，来我家歇脚，准备第二天赶路去老鸦坪卖鸡蛋。她已睡上床，天都黑尽了，又来四个人，一个老婆婆和三个男青年，要求在我这里借宿。他们坐起聊了一阵，不晓得是怎么的，他们几个又要走，那个女青年听到也要跟他们走，说有伴好赶路。大概是十点多了，她背起背篼和提起竹篓跟那四个人一起走了，不知道他们去那里了。

魏××（男，24岁）：

六月十九日晚，大概十点多钟，我从鸭凼姐姐家回来，路过伍家院子下面公路，见有三个男青年，一个老婆婆和一个青年女娃，在公路边的大石头上坐着，地上放有背篼、篓竹等物，看样子是卖生姜和鸡蛋的。当时，我还问过那个女青年多大岁数，她说：二十岁。事后不知这五个人的去向和下落。

康××（女，50岁）：

六月十九日，我和毛××拿鸡蛋到老鸦坪街上卖，都卖得差不多了，碰到刘×章、刘×平两个在街上转来转去的，眼看天晚了，他们跟着我们一起走，我带他们一起去伍家大院陆婆婆家借宿。因听说要清查，大家都怕，于是决定不在这里住了，趁早离开大院。同时陆老太婆家先去投宿的一个二十来岁的女青年也跟我们一起走，到公路边大石头上坐起玩，后来有一个男青年过路，把我们看了又看，还问那女青年好大岁数了，以为他是来清查抓人的，都吓跑了。我和毛二娃，刘×平跑在一路。刘×章和那个女青年跑到哪里去了，不知道，我们边走边等不见人来。以后听说那个女娃被别人杀死了。

(4) 犯罪嫌疑人供述笔录

刘×章交代：今年六月十六日我偷了同院朱××的小背篼一个，作为出外偷鸡时用，六月十八日，我邀约刘×平到××县，偷得母鸡三只，拿去市场上出售，得钱五十多元。六月十九日晚，我在老鸦坪街上碰见康××（女，50岁），毛××（男，20岁）在卖鸡蛋，当天晚上康婆婆带着我们三人去肖家乡那边一个大院子一个老太婆家中投宿，因听说这些地方经常晚上查来路不明的人。我们四个人就背起东西要走。先在这家老太婆屋里投宿的女青年（死者）听说我们要走，她也背起鸡蛋，提着竹篓要跟我们一路走。那天晚上大约十点多钟，我们五个人到院子前的公路边石头上坐起耍，不久有个男青年路过看了我们一眼就往老鸦坪方向走了。我们以为他是来清查抓人的，大家都说赶快离开这儿，此时，我背着自己的空背篼跟着那个青年看他往哪里走，我见他往院子旁边上大石板路后走，在返回原处的途中，由公路边去现场的小路下去约五米将我的空背篼甩在左边的包谷林里，然后返回原处。我们五人一道往青岩坡方向走了约五十米远，由公路边一条小路下去，在水稻田边坐起玩。不久，那个青年又返回来找到我们。并问我们是哪里的人？在干什么？还问死者多大岁数，死者答："二十岁。"事后约我们去公路那边一空棚棚内住宿，我们怕他是个骗子，就未与他同去。我帮死者提着竹篓，同她从另一条小路上公路往青岩坡方向走，走到约五十米外的公路边一家屋后躲着，等康××、毛××、刘×平他们三人往青岩坡方向走过我们藏身处后，我就同死者返回走，死者提出去公路下面苞谷地沟内坐到天亮后再走。到沟内（现场处）我将死者背篼接下，放在土沟内。这时我向死者提出借点钱作路费去湖北，她答"没有"，并把她身下左边裤子表包内的现金六元多钱摸给我看。我又向她提出送我150个蛋的要求，她又拒绝了。这时，我就产生了整死她后劫她的鸡蛋的念头，趁她不备，猛力用双手卡住她的颈子，将她按在那块地的土坎上，并用右脚膝头跪在她的胸部。卡了约半个小时，将她卡死，见她嘴里还在冒气，又用左手卡住她颈子，用右手在地上抠泥巴往她嘴里鼻里塞。然后见她确实死了，我才背起她的鸡蛋，提着她的竹篓，往公路上走。当快上公路时，我又想起原来在家听别人说，整死人后把眼睛挖了就照不出来。我又马上返回去，用手指将她双眼珠抠出来捏破，拉着她的双脚将尸体拖到离沟2米远的包谷地里。然后，我才将死者的鸡蛋背起往老鸦坪街上走，走到街上在布店阶梯上玩了一阵天亮后，我将鸡蛋背到靠河边的菜市上卖，得钱三十六多元。我将死者背篼扔在菜市外面，靠河边公路的一个厕所外边，提着死者的竹篓在菜市上碰见刘×平，我同他去街上一家馆子吃了早饭，将偷鸡卖的钱分给他三元五角后，刘×平说他要去××车站乘车，我就同他分手了。六月二十日我从老鸦坪回来，到花溪沱跟方×才、方×华等人赌博，将卖鸡蛋得的钱输光了。竹篓被我丢在花溪沱的大路坎下。六月三十日晚上，我在我女朋友朱××家被县公安局的人抓到了。

(5) 物　证

①竹背篓：20××年7月2日在老鸦坪市一号厕所处边拾取，在场见证人李×、毛×（市场管理员）；②圆篾提篓：同年7月3日在花溪沱公路坎下拾取。在场见证人卢××、程××。以上两物均经受害者亲属辨认，确系死者之物。

(6) 鉴定结论

在现场检验，提取死者口鼻腔堵塞的泥土上一枚指纹与被告刘×章的右手拇指纹一致。

5. 拟制要求复议意见书材料

犯罪嫌疑人钱××，男，38 岁，××省××市人，汉族，××工厂工人，住××市×路×号。20××年因盗窃被××市人民法院判处有期徒刑两年，20××年 10 月 5 日刑满释放回家。放回不到 40 天先后盗窃作案四次，得赃款人民币 8000 余元，得赃物价值人民币 7000 余元，其行为触犯了《中华人民共和国刑法》第二百六十四条之规定，涉嫌盗窃罪。××市公安局提请批准逮捕，××市人民检察院以犯罪嫌疑人患有胃溃疡为由于 20××年 11 月 25 日以×检刑不批字〔20××〕××号文做出不批准逮捕决定。××市公安局认为犯罪嫌疑人行为触犯我国刑律涉嫌犯罪，且主观恶性较重，不逮捕关押难以防止其继续作案、逃跑等危害行为的发生，已具备法定的逮捕条件，因此应当对其执行逮捕。不批准逮捕决定不当，要求检察院进行复议。要求复议的法律根据为我国《刑事诉讼法》第 144 条。

6. 拟制提请复核意见书材料

案情材料如下：××县公安局在 20××年 12 月初侦破冯××盗窃案（另案处理）时，发现犯罪嫌疑人林××涉嫌销售赃物，于是在 20××年 12 月 10 日以×公刑复字〔20××〕第×号文要求××县人民检察院复议不起诉林××销售赃物一案，该院以×检刑议〔20××〕×号决定维持原不起诉决定，××市公安局认为复议决定有误，向上一级人民检察院即××市人民检察院提请复核。××县人民检察院以犯罪嫌疑人林××行为“情节显著轻微、危害不大，不认为是犯罪”为由维持该院原不起诉决定，××县公安局认为此理由不能成立，其理由是：犯罪嫌疑人林××在收购废品过程中发现冯××出售的铜是从某工厂盗窃来的，照收不误，从 20××年 9 月到 12 月初先后十余次收购冯××出售的铜，共约××××千克，付给冯的钱约 20000 余元。林××的销赃行为，促使冯××连续多次盗窃作案，给国家财产造成巨大损失，从销赃时间、次数和数量上来看，犯罪嫌疑人林××犯罪情节比较严重，危害较大，其行为已触犯了《中华人民共和国刑法》第三百一十二条之规定，涉嫌销售赃物罪，应依法审查起诉，追究其刑事责任。所谓“情节显著轻微、危害不大，不认为是犯罪”的理由既不符合客观事实，又有悖于我国法律规定的精神。据此，根据《中华人民共和国刑事诉讼法》第一百四十四条之规定，特向××市人民检察院提请复核。

（二）检察机关法律文书练习材料

1. 拟制起诉书材料

2002年1月中旬，××市监察局对外公布了查处原××机场集团公司法律室主任苏×收受律师费回扣120万元一案的经过。

此案备受律师界关注。苏×的行为定性，到底是受贿还是获取特别法律服务报酬，控辩双方在法庭上为此争论不休。

苏×，男，1964年4月生，××省××县人，1981年以优异成绩考取××大学法律系，1985年毕业后分配到××市中级人民法院工作，先后做过书记员、助理审判员、审判员。1993年调到××市公路总段任法律顾问，1994年南下淘金，成为××百万打工者中普通一员。经过两年多的艰苦奋斗，苏×终于如愿以偿，调入了××机场集团公司（下称机场集团公司）。1999年，因法律方面学有专长及工作出色，苏×被委以机场集团公司法律室主任的重任。

一次偶然的机会，苏×碰到了从前认识的律师楼××。那时，楼××在××市做律师，苏×在××市中级人民法院工作，两人有过几次工作上的往来，打过几次交道。这次异地重逢，两人都觉意外，在互相了解彼此的近况之后，楼××直截了当地要苏×把机场集团公司的诉讼业务介绍给他承办，并口头承诺届时将把所得律师费的一半，作为回扣分给苏×。

1999年11月，机场集团公司因航空大厦产权纠纷，被××发展有限公司诉至法院，机场集团公司经研究，决定由苏×具体办理委托诉讼代理、应诉等工作，苏×于是匆匆拨通了楼××的电话。楼××接电话后，迅速找到另一位律师杨×，并约苏×在一家咖啡厅见面，苏×带去了此案的有关材料。

2000年1月，苏×向机场集团公司领导汇报后，正式与楼××、杨×就此案签订了委托代理合同。合同约定此案实行风险代理，律师费按诉讼标的（3600万元）的10%给付。同年11月，经过苏×、楼××、杨×三人的共同努力，××市中级法院对此案做出机场集团公司本诉和反诉均胜诉的一审判决。同年12月，机场集团公司依约支付律师费360万元人民币。到账后，楼××将此款转入××国信证券公司××中路营业部与其妻黄××共有的股票账户。

苏×在获悉360万元已支付的情况后，便打电话给楼××，要楼将其应得的那部分转到××实业银行××支行某公司账号上。楼××见钱已到手，苏×的胃口又太大，便找各种借口回避，一直拖着不给。后在苏×的多次催促下，考虑到日后还有更多的业务要协作，还有更多的钱需要苏×照顾才能赚到，楼××才忍痛分两次将90万元和30万元共120万元转入苏×指定的账户内。苏×收到此款后，找人帮忙将这120万元全部提现，并存入以其前妻名义开设的股票账户内，用于贷给友人和自己买卖股票。

这位楼××律师的确精明过人，为防日后东窗事发以减轻自己的责任，在苏×打电话给他催要回扣时，已偷偷将谈话内容录了音。

2001年2月，一封举报信摆到了机场集团公司领导的桌子上，机场集团公司纪委初查后，将有关材料移交给××市××区检察院。于是，对苏×有关问题的调查悄悄展开。消息传到楼××和苏×的耳朵里，两人都坐不住了，经反复商定，共同起草了一份内容为楼××委托苏×炒股的投资合约。

这份投资合约写好后，楼××一直坐立不安，总感到有什么问题，万一暴露了怎么办？要不要举报苏×？楼××立即起草了一封揭发信，可信写好后，楼××又想到事已至此，举报苏×对自己又有何益，两人已是拴在一根绳子上的蚂蚱，出了事谁也跑不掉。于是，楼××把写好的揭发信藏到了床头柜的抽屉里，听天由命了。

同年5月，有关苏×收受120万元律师费回扣的材料移交到××市监察局。该局案件调查处的同志经过分析研究，在迅速立案的同时，当机立断对苏×采取“两指”（在指定的时间、指定的地点向有关部门交代问题）措施。然而，经过几次正面交锋，苏×一口咬定120万元是借的，是楼××委托其投资股票的资金。

此后，面对调查人员的询问，苏×选择了沉默，甚至绝食的手段来抗议。在这种情况下，调查人员又找到楼××，在强大的政策攻心下，楼××一五一十地交代了事情经过并主动交出了电话录音带。

在掌握了上述证据后，调查人员再一次找苏×谈话，晓以利害。与此同时，××市××区检察院也派人介入查处此案。一阵沉默之后，苏×终于开口了……

同年6月2日，苏×因涉嫌受贿被刑事拘留，6月13日又被依法逮捕。××市××区检察院对此案侦查终结后，依法移送给××市检察院审查起诉。

2002年1月28日下午2时30分，苏×涉嫌受贿一案在××市中级法院第三审判庭开庭审理。公诉人认为：苏×身为国有公司从事公务的人员，利用职务便利，在负责处理本公司的诉讼业务过程中，向代理律师共索取回扣123.2万元（另3.2万元系苏×在另一起案件中，以需疏通关系为由从楼××处获取的“辛苦费”），数额特别巨大。其行为已触犯《刑法》第一百六十三条第三款、第三百八十五条第一款之规定，构成受贿罪。

针对指控，苏×辩解其先后收取120余万元人民币是事实，但其行为不是受贿，更不构成索贿。其辩护人曹××，高××辩称。

××发展有限公司诉机场集团公司合作建房纠纷案中，苏×与楼××、杨×三人共同代理机场集团公司参与诉讼的事实客观存在。苏×参与了应诉答辩的研究、策划，提出了反诉思路，起草了反诉状，参与了出庭代理的全过程且为主要辩论人，承担了该案全部证据的作用定位、查寻判断及说明等代理的基础工作。虽然委托代理合同上苏×没有署名，但××市中级法院对机场集团公司与××发展有限公司合作建房纠纷案所作的（1999）×中法房初字第125号民事判决书中，已将苏×列为机场集团公司的第一代理人，楼××为第二代理人，杨×未出庭（其只负责与法官沟通事宜），该判决书对代理人排名顺序的记录，自然体现了法院对代理人作用的认可。因此，苏×在此案中的作用，属于隐名代理，三人具有事实上的合伙代理性质。既然杨×未实际代理，事后都可以分得70万元律师费，那么，苏×作为代理人依份额获取特别法律服务报酬，又何以能判定为受贿？苏×的行为性质，与纯属权钱交易的介绍费回扣具有本质区别，在市场经济条件下，劳有所获同工同酬，无可非议。同一案件中代理人之间分配风险酬金，被视为一个代理人向另一个代理人行贿，这会令所有诚实的劳动者与知识分子莫名其妙、不知所措。如果苏×的行为属于受贿、索贿，那么楼××的行为又为何不以行贿追究其法律责任呢？这不是对同一案件中的当事人，适用双重的认定标准吗？法律面前人人平等的法制原则又体现在何处？

受贿的社会危害性有两方面：一是使公共财产或他人利益遭受损失，而受贿者与行贿人却因此获取巨额利益；二是破坏职务行为的廉洁性。苏×收取120万元之行为，既未损害机场集团公司的利益（该公司本诉、反诉均获胜诉，挽回了重大损失），也未损害楼××所在律师事务所的利益，如果认为××市中级法院关于合作建房纠纷案的判决尚属公正合法的话，那也未损害××发展有限公司的利益。苏×劳有所获，不同于仅因介绍律师业务而收取介绍费，无代理行为而收取回扣费，其行为未破坏其职务行为的廉洁性。因此，依据新《刑法》及刑事学理，对苏×这种没有社会危害性的行为，是不能以犯罪论处的。

作为公司法律顾问而提供零星证据，参与讨论案情，与作为代理人参与出庭诉讼，其工作责任感、责任心、精力与劳动付出，是具有本质区别的。负责联系代理律师不应取酬，与本身作为代理人按劳获酬，都是符合市场经济与知识经济的本质的。苏×之所以以机场集团公司员工名义参与代理，是因为杨×从××市中级法院出来做律师不及两年，按《律师法》第三十六条规定不便出庭，为在法庭上旗鼓相当或略胜一筹，由楼××出资再请人（无论张三、李四，还是苏×）一起出庭代理均无不可，而苏×的身份、资历正好担当此任。于是，便形成了由楼××出资回聘苏×，由苏×以机场集团公司员工名义（苏×不是律师所律师，不便以律师身份出庭），与楼××共同合作代理提供法律服务的格局。故苏×在代理合作建房纠纷案中并非履行其本职工作，其获取代理分酬正如楼××、杨×分得酬金一样合理合法。

根据楼××的证词以及检察机关所提取的手机录音与日本某品牌微型录音机的录音，苏×可能对120万元中的第二笔即30万元有索要情节，但并无充足证据证实120万元的第一笔即90万元也是索取的结果。楼××是在付完90万元之后才买录音机两次实施录音的，两次录音均在付完90万元之后、30万元付出之前。关于索要30万元之情节，只有楼××、杨×及楼妻黄××等利害关系人的孤证证词可证实，且证据来源违法。即便事实如此，那90万元及另外一案支付的3.2万元辛苦费，公诉机关也均指控为索取，显然证据不足，辩护人主张苏×收取123.2万元不是索贿，并不表明认同苏×收取的123.2万元就是受贿。

对苏×辩解其行为非回扣受贿，更非索贿，以及其辩护人认为苏×分取120万元属特别法律服务报酬的意见，公诉人答辩认为：合作建房纠纷一案胜诉，是楼××等另2名律师与机场集团公司共同努力的结果。苏×虽做了大量的工作且工作尽职尽责，使该案有了胜诉可能，但由此并不能夸大苏×在该案胜诉中的个人作用，胜诉是全公司上下共同努力的结果。苏×作为机场集团公司的干部，且负责法律室工作，他在合作建房纠纷案中所做的工作，都是其职责范围内的事情，他向楼××多次索要120余万元，就是利用职务之便介绍案源而后索贿，理应承担刑事责任……

法庭辩论至下午 4 点 30 分时结束，合议庭没有当庭评议和判决，审判长宣布休庭择日宣判。

2. 拟制不起诉决定书材料

20××年 2 月 12 日下午 5 时许，王××下班回家，见妻子不在，即四处寻找。当找到邻居李×家时，李×正在喝酒，李×见王××来到自己家，便邀请王××和自己一同喝酒。两个人边喝边聊天，非常高兴。喝完酒后，由于言语不和，两人厮打起来。在厮打过程中，王××抓住李×的头发将李按在小床上，随手朝李×脸部打了一掌。邻居张×、陈×上前把王××拉到一旁，李×瘫倒在地死亡。事发后，王××立即到公安机关投案自首，并交代了案情的全部过程。邻居张×、陈×也到公安机关叙述了事情的整个经过。公安机关派人勘察了现场。法医解剖了尸体并作出鉴定，证明李×死亡是因为先天性心脏病血循环的突变，心肌不全，心肺循环血量减少，致心肌纤维断裂，肺组织充血水肿，心肌缺氧而引起急性心力衰竭。

××区公安局侦查终结后，以过失杀人将本案移送至××区人民检察院。

犯罪嫌疑人王××，男，48 岁，小学文化，汉族，××省××县人，是××厂工人。

3. 拟制刑事抗诉书材料

清晨，马路上出现了零零星星的人影，一个 30 出头的男人正沿着人民公园附近一条大道慢跑，突然，他放慢了脚步，透过薄雾，他盯住了一个窈窕身材。邪恶的念头使他停下脚步，下意识地环顾了一下四周，然后恶狼似的闪进了那栋居民楼。

姑娘迈着轻盈的脚步登上了三楼的阶梯，她惊呆了，还没等她做出任何反应，那个男人就凶猛地将她扑倒在地……

天一亮，××市××公安分局就接到了报案，根据姑娘提供的线索，富有经验的公安干警马上出动了，他们勘察现场，走访群众，要以最快的迅速侦破这起流氓案。

不久前，也是在人民公园附近，也是清晨四五点钟，上早班的送奶工人，下夜班的姑娘，有的也曾在此受到凌辱或强奸，就连起早卖早点的老太太也未能幸免，猖獗的犯罪活动。令人发指的暴行激起广大公安干警的义愤，他们感到肩上责任的重大。

12 小时后，××市××公安分局抓住了犯罪嫌疑人，他叫娄××。某工地工人。群众又一次感到公安人员头上的国徽、肩上的金盾给人们带来安全感，等待罪犯的是制裁。

事情的发展出人意料，就在 19××年 3 月 31 日清晨，也就是娄××被拘留后的第一个早晨。他死了，娄犯的死，使这件流氓案引出了又一起刑事案件。

娄××被抓获了，前一天清晨的流氓罪是无可抵赖的。公安人员还发现罪犯的犯罪时间、地点和发生在这里的前几起流氓罪如出一辙，公安人员在思考，是一人所为，还是同一团伙的犯罪？义愤和正义驱使着公安人员，一定要从这里打开缺口。

3月30日下午，××市公安局××公安分局召开了刑警队全体刑警会，由副队长毛××布置当晚的审讯任务：断一只手、一只脚不要紧，只要有口气儿交到法院就成。

当晚12点，熊××等人接受了审讯娄××的任务，娄××先是一言不发，后经启发教育，重新交代了3月30日清晨猥亵少女的犯罪事实，尔后便一口咬定没有其他罪行了，眼看这个缺口打不开，熊××大为恼怒。这时副队长毛××的话起了作用。为了逼取娄××的其他口供，熊竟然知法犯法，用小电警棍、塑料棍朝着娄犯劈头盖脑地打来，其他在场的人不仅对此不加制止，反而也大打出手。

六个多小时过去了，娄××在送关押室途中奄奄一息，于第二天早晨七点多钟死亡。

娄××死了，他的死因是不言而喻的，而娄××的死因报告上却公然写着娄××的死因是紧张、疼痛（胃痉挛）、天热引起休克导致死亡。

××省人民检察院对这份死亡报告深表怀疑，他们责成司法部门对娄××的死因作了第二次技术鉴定。结论是多部位广泛性软组织挫伤、淤血，致死的直接原因系头部被击伤。

两个完全不同的结论。一时间，一桩严肃的刑事案竟变成死亡鉴定学术之争，案件也就拖了下来。

娄××的母亲坚信儿子不是暴病而死。她用颤抖的双手向有关部门发出了大量的申诉信、告状书，直至拦住了省委书记的轿车。

为了伸张正义，维护法律的严肃性，设在上海的中华人民共和国司法部门鉴定科学技术研究所对娄××的死因做出了第三次鉴定，也是最高权威机关的最后鉴定。

娄××的死亡系暴力所致。

在科学和确凿的证据面前，熊××、毛××低下了头。

然而判决却让人失望，判决书强调了当时“严打”的历史背景，免于毛××刑事处分，判处熊××有期徒刑两年，缓刑两年。在这个案子上，法律的天平倾斜了。

娄××是罪犯，但罪犯也有罪犯的权利，不能因为毛××、熊××致罪犯而死就使这俩人逃脱罪责，免于应有的惩处，这关系到我国法律的尊严和严肃性以及在人民群众心中的威信。

很快，案卷送到了北京。

19××年7月11日，盖着最高人民检察院红印章的一道公函送到××省人民检察院，它像一颗重磅炸弹，震动了关心此案以及与此案有关的所有人士。

这是中华人民共和国最高人民检察院的命令。

××省人民检察院：

对原××市××公安局刑警熊××刑讯逼供案，高检院认为，以熊××为首的办案人员对犯罪嫌疑人娄××刑讯逼供致死，情节恶劣，后果严重，根据《刑法》第二百四十七条的规定，应按本法第二百三十二条的规定定罪从重处罚。××区人民法院以“本案发生的具体历史条件”等为理由判处熊××有期徒刑两年缓刑两年，显然量刑畸轻，应由你省检察机关依照法律程序提出抗诉。

根据《中华人民共和国刑事诉讼法》最高人民检察院对各级人民法院已经发生效力的判决和裁定，上级人民检察院对下级人民法院已经发生效力的判决和裁定，如果发现确有错误，有权按照审判监督程序提出抗诉。各级人民法院对人民检察院提出的抗诉必须组织合议庭进行再审。

19××年2月17日××市人民检察院的抗诉书传到了××市中级人民法院，抗诉书要求××市人民法院依照审判监督程序重新审理，纠正此案。

4. 拟制公诉意见书材料

姚×，19××年×月出生在××市一个职员家庭，父亲是中学教员，母亲也是教员。姚×（女，24岁）自幼在××市上小学、中学，19××年高中毕业到×县农村插队，19××年分配到××市出租汽车公司开车。

19××年×月×日，车队开会，根据姚×的表现，做出了扣发姚×奖金的决定。姚×不服，找有关领导谈话，问题不但没有解决，反而使矛盾激化。19××年×月×日上午，姚×又找到有关领导要求解决问题。领导耐心做姚×的思想工作，姚不听，大吵大闹。经同志们劝说后姚到办公室休息。十分钟后，正好有一辆××车进站，停在院里，司机去业务室报到，姚×见车上有钥匙，上车将车开走。

19××年×月×日，腊月的××市，天寒地冻，雄伟的××广场上，老人、孩子在漫步，旅游宾客在拍照留影，一切是那样的欢乐、祥和、平静。突然，上午11时许，姚×驾驶一辆米黄色的××牌小轿车（该车的车速在十多秒钟内可加快到每小时60公里，最高时速可达180至190公里）由××桥驶向广场西侧路，闯入广场，又从西侧直对××桥方向开足马力向密集的人群猛冲。据在场目击者证实，汽车开得非常快，车速不低于70公里，人们躲闪不及，有的人被挑了起来，有的人被撞飞了，更多的人被刮伤碰伤躺倒在地上。顷刻之间广场旗杆下边死伤者多达20余人。轿车飞驰过后，现场惨不忍睹，一片狼藉。旗杆附近血迹斑斑，受害者的衣物被撞飞后散落一地。最后，汽车撞在××桥栏杆上翻倒毁坏。××桥西边栏杆被撞坏，汽车左前轮被撞出二米多远。惊吓的群众渐渐平静下来后，大家一拥而上，将正用头猛撞挡风玻璃、满脸是血的肇事凶手姚×从汽车里拉出来，送交迅速赶到的警察。接着，警察把受伤的群众分别急送××医院进行抢救。解放军战士张××、陈××以及群众张×丽、魏××等四人被撞得血肉横飞，当即死亡。解放军战士农××因伤势极其严重，送医院抢救无效，也于×日死亡。伤19人，其中重伤11人，至×年×月×日止，仍有9人因伤势过重住院治疗。在这9个人中，有的脑受损伤，有的肾损坏，其余大部分都造成骨折，有的是开放性骨折，有的是粉碎性骨折，有的仍时而昏迷。在死亡的5人中，有解放军战士3人，老工人1人，女青年1人；在19名受伤者中有解放军战士12人，工人6人，农民2人；伤亡的24人中，居住在北京地区的5人，其余人员分别来自内蒙古、新疆、辽宁、西藏、河北、黑龙江、江苏、广西等地。他们当中年龄最大的56岁，最小的16岁。

死者张×丽，女，现年26岁，家住××垦区，19××年进×师范学院学习，今年刚大学毕业。这次同未婚夫万××一起，准备购买结婚物品，在五一节前结婚。当这对恋人在天安门广场照相留影时，张×丽被姚×驾车撞死，万××被撞伤。

被撞死的××卫戍区某部战士张××，今年18岁，他学习努力，积极要求进步，是班里的骨干，曾两次受到部队嘉奖。这天，他和部队战友到××广场照相留影，被姚×驾车撞出近10米远，当即死亡。他的父母悲愤地说："如果张××为保卫祖国而牺牲，我们感到光荣；如果他因公牺牲也是值得的。可是他却无缘无故死在一个亡命徒手里，真是叫人痛心。"张××的战友无限愤慨，要求司法机关严惩凶手。

×市人民检察院以"危险方法危害公共安全罪"对姚×提起公诉。

（三）审判机关法律文书练习材料

1. 拟制第一审刑事判决书材料

××湖位于××市东北角与××市的交界处，其主体部分在××市××乡境内，是个季节性的蓄水库，水满时其面积可达166.75公顷。

20××年3月17日，××市××乡的村民在××湖水库水最深的地段发现了一具漂浮的男尸，据称是村民们用雷管在深水区炸鱼时从水下震起来的。当时尸体身上还用线绳之类捆系着一块重约十公斤的石头。经查证，死者是已经失踪七十天的附近××煤矿老板晏××。

晏××，时年43岁，××市××乡××村一组村民，先后当过生产队长、××乡电管站站长，后靠开办煤矿发家致富。其中××煤矿由几个人合股投资兴办，由晏××任董事长负责经营。

今年元旦中旬，晏××的亲属向有关方面反映：晏××于元月7日清晨五点驾车离开××煤矿宿舍后就一直杳无音信。之后，有人看见晏××的汽车停放在××市内一住宅小区里，车门未锁，车中扔着一件晏常穿的皮大衣。

根据这一线索，××市公安局刑警大队初步判定晏××可能遭到不测。随即围绕查找晏的下落展开了艰苦的搜寻和调查。

晏××失踪后第七十天，即3月17日，有人发现××湖中浮出一具男尸，即告知晏××之妻夏××。闻讯后，夏××赶往湖边，她看了看后即认定死者正是她丈夫晏××，紧接着她到××刑警大队报案，并要求警方尽早将凶手缉拿归案，以减轻她失去丈夫的悲痛和慰藉其亡夫的在天之灵。

晏××的尸体被警方打捞上岸，其周身被外表为黑色塑料的电线捆绕，左肋下被捆上了一块建筑煤矿坑道用的拱石。经查，××湖附近的几家煤矿都使用这样的电线和拱石，凶手沉尸时所使用的这些东西取自哪里一时无法断定。但通过法医对尸体的查验，证明晏××是在睡眠状态下被重器击打头面部致死。

那么谁是杀害晏××的凶手呢？有人说晏××当电管站站长时得罪了一些人；争煤矿的开采权又与人结下仇怨，致富后有的人眼红；也有人说晏××可能是在个人生活方面出了问题，在他前妻、情妇和现在的妻子中，较有可能作案的是第二个，原因是：尽管晏××一直把自己的一个煤矿交给她经营，但她最终没能跟晏结成婚，两人所生，已经三四岁的孩子将一直背着“私生子”、“黑娃娃”等不好听的名声。这个女人的哥哥是莲花煤矿的股东之一。元月7日是此人的生日，元月6日有人听晏说要去给他过生，元月7日清晨，有三名××煤矿工人作证晏××独自驾车离开了煤矿。事后有人又发现晏所驾的汽车就停在这个女人在城里住所附近，而且这周围还住着一些与晏××和这个女人的哥哥常有往来的生意伙伴。

然而刑侦干警们通过对上述一些嫌疑人的排查，并未发现很有价值的线索，一时间，此案迷雾重重。

20××年4月26日，经多方侦查和取证，在掌握了一定证据的情况下，两名涉嫌此案的人被××刑警大队拘传，其一是死者之妻夏××，其二是××煤矿工人苟××。

刑侦干警在××煤矿晏××与夏××同住的寝室里，从他们所睡的木床边缘和席梦思床垫上发现发丝和血迹。经提取检验，证明是人血，其血型为A型，与死者晏××的血型相吻合，由此初步可以确定此处为案发第一现场。

夏××承认是自己害死了丈夫晏××，但又咬定直接的杀人凶手是××煤矿的副矿长王××。据夏××交代，元月6日晚上她见晏已熟睡，即下床开门将王××引进室内，王操起煤矿上用的八磅大铁锤，将仰面酣睡的晏当头砸死，用搭床沿的一条浴巾裹住死者的头，从寝室的一窗户将尸体搬出，王××给尸身绑上拱石，并用他自己的小木船把死者运到××湖的深水区沉尸，而夏××则留在屋内清洗凶杀现场的血迹。

有意思的是，夏××的交代来了个死无对证。就在晏××浮尸于××湖水面的第三天，这位负责井下作业技术安全的副矿长被他自己在井下填充的一包炸药炸死。行家们都认为王××死得冤枉，因为除非他自己想死，即便是这样，那他自杀的原因又是什么呢？

在后来的多次提讯中，夏才道出是××煤矿上的工人苟××帮她杀死了晏××。

这名个头高四肢发达的矿工在受讯中很快就供认了自己伙同夏××共同将睡梦中的晏××砸死，然后由自己撑着副矿长王××的小木船将晏的尸体沉入××湖，随即他翻窗潜回凶杀现场，穿上晏××平日所穿的狐皮毛领大衣，趁早晨天色朦胧将晏停放在矿上的汽车开到三十多公里外的××市区，将车弃于晏××常去的观凤小区的一个死角里，并且把晏××的皮衣扔在车座上，掩上车门不锁，尽量造成晏是到这附近逗留时失踪的假相。

至此，夏××伙同苟××杀夫沉尸的凶案水落石出。

回顾晏××与夏××走到一起的经过，用当地乡民的话来说就是一个好色，一个贪钱，两厢情愿，便结了姻缘。

19××年，晏××和他的原配夫人尹××离了婚，此时的晏××早已醉心于另一个女人，他俩虽没正式结婚，那女人却还是给他生了一个儿子。这之后不久，晏××却“移情别恋”：他结识了本乡地界一国有煤矿职工家属夏××。

现年35岁的夏××原是×县××堰六组村民，她高中毕业后不甘在家务农，于是独自外出闯社会。80年代初与一国有煤矿职工相恋，后在当地结婚并生有一女，夏本人就在煤矿的家属区摆了一个缝纫摊，日子过得还算红火。

19××年初，夏××与晏××相识后，心里便有了底：晏本人没啥文化，但很有钱。19××年上半年夏××出任××煤矿的会计兼出纳。夏××的手中终于可以过往大把大把的钞票了。

晏××以夏××的名义在××市的繁华地段买了住房，地面以拼色大理石块铺就，屋顶饰以漂亮的石膏模型和豪华吊灯，居室内摆放着上万元一套的高档家具。晏××常在一些熟人面前夸奖夏××聪明能干，并说即便是拿十个女人来跟他换夏××他也不答应。晏××又想尽办法把夏××及其与前夫所生之女的户口从乡下转至了××城区内。

尽管自幼丧父的晏××性格倔强脾气暴躁，为了一些琐事打骂过夏××，但他又在夏××的身上挥金如土。但他没有料到，周围的人也没有料到，他花费心思所换来的只是夏××表面一时的欢喜。这个跟她结婚仅一年有余，经常与他双宿双飞的女人竟然蓄谋已久，并终于亲手将美梦里的他砸得个有去无回。

据了解，夏××把握了××煤矿的经济实权后，曾经在几个相处较好的矿工面前说过想花钱叫晏××永远消失的念头。

经查证，20××年9月5日那天，夏××两次找到当时在××煤矿做工的××农村小伙董××，言称如果他能让晏××永远消失的话，就可以得到30000元钱。董××虽然对晏老板因嫌他挖出的煤质量一般而折扣工钱心有不满，但晏老板对该发给矿工的钱从来不拖延又是事实，眼下这位老板夫人如此毒辣来找他杀鸡取卵，董××觉得自己不能在××煤矿久留。在心惊肉跳了两个晚上之后，他卷起铺盖卷悄悄离开了这块是非之地。

夏××最终选择了自己矿上的工人苟××。杀了人的几天之后，凶手如约来到××城内的南桥附近，苟××从夏××手中接过一万块钱。

就在她与苟××合力杀害晏××后的最初一个月里，她频繁外出四处催收外单位欠××煤矿的货款，一次，她到××水泥厂催款，在城里拦了一辆出租车，司机是从××乡出来的人，原先在乡里与夏照过面。行车途中夏曾探听一个人自缚石块投××湖自尽是否死后会浮起来。司机听后即摇头，并戏谑地说××湖里的鱼很多，谁还不把他吃成光骨头了。夏××心里终于踏实了。

夏××为亡夫的丧事大操大办，还向工商部门提出申请要用自己的名字替换××煤矿法人代表晏××的名字，并欲把××煤矿更名为××煤矿以示其对亡夫的哀思。夏××此举实际上是想偷梁换柱，继而达到把一个股份制煤矿逐渐据为己有的目的。

××市公安局对本案侦查终结后，于20××年将本案移送××市人民检察院。5月16日犯罪嫌疑人夏××、苟××被捕。5月29日，××市人民检察院以被告人夏××、苟××犯故意杀人罪，向××市中级人民法院提起公诉。

本案审判长和审判员在公开开庭前依法提讯了被告人。被告人夏××声称她是在不堪丈夫晏××虐待的情况下才找人帮忙杀死亲夫的。就其受虐的陈述是否属实，担任本案审判长的陈×和审判员王××、助理审判员胡××亲自到当地及××煤矿矿区，就有关情况向周围群众及党员干部做了大量的调查核实工作。

6月11日，××市中级人民法院公开开庭一审夏××、苟××被控故意杀害晏×

×一案。

合议庭经审理认为：两被告人的行为均已构成故意杀人罪，且其手段残忍，情节恶劣，后果特别严重，均应予严惩；×市人民检察院起诉指控二被告人故意杀人事实成立，定罪正确，予以支持。

合议庭没有采纳被告人夏××及其辩护人以被告在作案前受晏××虐待而要求对其从轻处罚的辩护意见，理由是被告人及其辩护人此说提不出有力事实根据予以证明；没有采纳夏、苟两被告人各自的不是雇请杀手和被雇佣杀人的辩护理由；也没有采纳被告人苟××的辩护人提出的被告人在本案中起次要作用系从犯因而要求对被告人从轻处罚的辩护意见。

当日中午时分，合议庭依法做出了对两名被告人分别判处死刑，剥夺政治权利终身的判决。

2. 拟制第一审民事判决书材料

民事起诉状

原告人：××工业研究院。地址：××市××西路1320号。

法定代表人：许××（院长）。

委托代理人：秦××（开发处处长）。

被告人：××市第×制药厂。地址：××市××区××号。

法定代表人：张××（厂长）。

诉讼请求：

一、被告人应履行合同，交付原告人实验技术转让费用25万元；

二、被告人承担违约责任，赔偿原告人的经济损失；

三、诉讼费用由被告人承担。

事实与理由：

××工业研究院（下称原告）与××第×制药厂（下称被告）于20××年11月就“丁胺卡那霉素”实验室技术成果转让达成协议，并于同年12月11日在××市正式签订科技转让合同。按照合同规定：“被告应向原告支付实验室技术转让费用30万元。协议生效后，被告先付原告5万元。小试验开始时支付原告5万元，试验结束后给原告5万元。之后，每个月支付5万元，三个月内付清”。合同生效后，被告依照规定支付了5万元，原告也依照规定，交给被告技术资料和丁胺卡那霉素实验室技术。后来，被告来原告处进行小试验复核，按照规定应交付5万元，但被告未交。当时，原告顾及双方的友好关系，未提出先交钱后实验的要求。被告方派人进入实验室连续进行了三次小试验验收工作。三次实验结果都超过合同规定的要求，被告方经办人员张××对此表示满意，并来函致谢。可是被告方实验开始不付钱，实验结束后规定应交的5万元也未交付，还提出超出合同之外的其他要求，并指责原告方未执行合同，以此达到不履行合同的目的。为妥善解决问题，原告方特派有关处、室负责人与被告方磋商，希望双方良好关系不要因此而受到伤害，要求被告按照合同办事。之后，原告方委托××法律顾问致函被告，要求其法定代表人或有关人员前来××市协商解决，而被告毫无诚意，采取拖延搪塞的方法。为此，原告不得不向人民法院起诉，要求维护合法权益，望依法裁决。

此致

××市中级人民法院

原告人：××工业研究院

委托代理人：秦××

20××年11月21日

答辩状

××市中级人民法院：

20××年12月1日接到你院转来上海××研究院起诉我厂欠款一案的诉状一份，现答辩如下：

答辩人：××市××制药厂。地址：××市××区××号。

法定代表人：张××（厂长）。

根据原告诉状中提出的事实、理由，我厂认为与事实真相有出入：

一、原告方与我厂20××年12月，就丁胺卡那霉素实验室成果转让一事达成协议，签订了转让小试验成果的合同。在此前，原告方曾提出与我厂签订小试验转让合同，但要到20××年下半年在××抗菌素厂中试验以后才能转让。为了争取时间，我厂宁肯花同样的钱与原告方签订了小试验转让协议。尽管协议本身显失公平，仅单方面制约我厂，但由于我厂急切要上该项目，还是答应了。

二、合同签订后，我厂即按合同规定付给了原告方5万元。但原告违约在先。未执行合同中向我厂提供“全部实验室小试验技术资料”的规定。提供给我们的资料只是部分，而且只合乎一般转让协议的要求。

三、合同规定，协议生效后，原告方尽快作好技术转让的准备工作，待原告方通知我厂两周内，我厂派技术人员接受原告方实验室技术移交工作。然而从协议生效和直至今日，我厂未曾接到原告方的正式通知。为了抢时间，在未接到原告方通知的情况下，我们派人去××市，原告方才安排了部分移交工作。我厂人员当即提出，要求已移交的保护基的复试，但原告方不给安排，试验工作无法进行。

综上所述，由于原告方的违约，拖延了协议规定的进度，使我厂无法进行小试验工作，影响了我厂试验计划的进行，给我厂造成重大损失（人力、物力、财力等方面）。根据《合同法》规定，违反科技协作合同的责任，应由原告方负责，赔偿我厂因此而造成的经济损失。我厂要求人民法院深入了解情况，分清是非，依法维护我厂的合法权益。

此致

××市中级人民法院

答辩人：××市××制药厂
20××年12月7日

民事反诉状

反诉原告：××市第×制药厂。

法定代表人：张××（厂长）。

委托代理人：孔××（该厂总工程师）。

委托代理人：刘××，××市××律师事务所律师。

反诉被告：××工业研究院。

法定代表人：许××（院长）。

对××工业研究院（下称工院）诉我拖欠款一案，现提出反诉，其事实与理由如下：

我厂20××年12月与××工业研究院正式签订了科技转让合同。由于××工业研究院违约，致使合同无法履行，给我厂造成直接经济损失93200元，从事该项人员工资，奖金共4万元；购置试剂及其他物品500元；来回车旅费2700元；支付××工业研究院转让费50000元。此外，给我厂造成的间接损失就更大了。我厂要求法院依法追究××工业研究院的法律责任，赔偿经济损失，维护我厂的合法权益。

此致

××市中级人民法院

反诉人：××市第×制药厂
20××年12月10日

代理词

审判长、审判员：

××市××律师事务所接受××工业研究院的委托，指派我们为原告诉××市××制药厂科技协作合同纠纷一案，原告的诉讼代理人。

原告的诉讼请求是：

一、被告应履行合同，交付原告实验技术转让费25万元；

二、被告承担违约的责任，赔偿原告的经济损失；

三、诉讼费用由被告负担。

为了阐明上述诉讼请求的理由，我们有必要把本案的事实经过扼要地叙述如下：

原告与被告于20××年11月就丁胺卡那霉素实验室技术成果转让达成协议，并于同年12月8日在上海市正式签订科技转让合同。按照合同规定：被告应向原告支付实验室技术转让费 30 万元。协议生效后，先付原告 5 万元，小试验开始时给原告 5 万元，小试验结束后给 5 万元，之后，每个月支付 5 万元，共 3 个月内付清。

20××年 12 月 11 日双方正式签署合同后，被告依照合同规定，第一次交付原告 5 万元实验技术转让费，原告也同时依照合同规定提供给被告的技术资料和丁胺卡那霉素实验室技术。原告自身人力紧张，当时原告主管其事的王××已将时间的要求同被告单位主要负责人当面谈清，只能答应“尽快做好技术转让准备工作”。实际上，原告对被告的验证工作安排，做到了“尽快”的程度，这有原告半合抗组原始记录可证。可是，被告未按合同规定交付小试验开始时应付的 5 万元，即派人来××进行小试验复核工作。当时原告本着对被告的信任和为了保持双方良好的协作关系，没有坚持要被告先付清应付款项再进入原告实验室的要求，就同意被告派来的人员进行实验复核验收实验。结果，三批收率指标均超过合同规定的指标（原指标平均收率为 50% 以上，这三批平均收率为 57.35%）。被告方参加此项工作的经办人张××对此表示满意，并来函致谢。至此，实验已基本结束，只差分析质量问题了。但被告却在此时提出了合同中未曾列入的要求，反诬原告未执行合同，拒不履行应继续交付给原告实验技术转让费的义务，并拒绝原告一再提出的协商解决的正确建议，以达到其不履行合同的目的。

第一，我们要指出：原告与被告这份技术转让合同是依照合同法和关于技术转让的暂行规定签订的，贯彻了平等互利、协商一致、等价交换的原则，没有任何一方把自己的意志强加于另一方。原告由于人力及其他原因本来不愿转让小试验技术，只是在被告方当时的负责人再三要求之下，才同意被告方的要求，并照顾到被告早日要把该技术上马的心情，多方予以协助。双方是在平等、互利的基础上达成的协议，现在被告却说，“协议本身显失公平，仅单方面制约我厂”，是毫无根据的。

第二，合同签订后，它“即具有法律约束力，当事人必须全面履行合同规定的义务，任何一方不得擅自变更或解除合同”。原告按照合同规定履行了自己的义务，将合同规定的全部资料提供给了被告。为防止双方对全部资料的不同理解，原告已列举出全部资料的明细清单，附在合同的后页。双方代表人均在这份明细清单上逐项签了字。我们认为：此次经“当事人协商同意有关……文书，也是合同的组成部分”。根据被告单位承办人员张××说：××市第×制药厂将合同带回去后，消化了原告提供的全部资料，并复制了多份。历时四个月，被告方并未提出过资料不全的问题，然而却在派人到原告实验室复核基本结束的时候，提出资料不全，以此来要挟原告提供合同未曾列入的资料。这种擅自变更合同内容，随心所欲的做法，是违反合同法的。

第三，被告答辩状上断言，原告提供的不是全部资料，却提不出任何证据。被告在给原告法律顾问的复函中（20××年 9 月 5 日）曾提到他按照原告所提供的资料，复试收率约达 25%，没有基本上达到原告技术资料上的指标。实际上是被告对原告所提供技术资料的领会程度和操作的素质问题，根本不存在原告未提供全部资料的情况。这可以从被告派人来原告处进行小试验复核，连续三批收率指标均超过规定的指标来证明。

第四，关于保护基问题，合同上并未列入。被告要求原告安排提供保护基的复试和提供保护基的资料移交等项工作，属于变更原合同的问题，应当按照《合同法》的规定，变更或解除经济合同的通知或协议，应当采取书面形式（包括文书、电报等），协议未达成之前，原经济合同仍然有效。被告提出保护基问题应本着继续合作的愿望，采取实际行动，与原告协商解决，但在新的协议未达成之前，被告应按原合同按时给付原告的技术转让费。现在被告拒付此项费用，不履行合同应尽的义务，显然违反合同法的有关规定。

第五，在庭审调查中，被告强调保护基应包括在原告移交的技术之内，但未举出真正的证据，却将原告与被告签订一致同意的“全部资料”清单以外，已经作废的一张未注明“全部”字样的清单拿出来，结果，一经查对原件，被告在证据上做手脚的真相不攻自破。如果被告真正愿意通过法庭审理，认真履行合同，早日投入生产，要求原告提供保护基技术，本可以与原告协商，补充原合同，继续双方的友好合作关系。原告方面已向审判长表示，只要被告履行合同，在此基础上可以考虑将保护基技术有偿转让给被告。可是，现在根据审判长转告被告对本案件协商解决的意见，被告并不是真正要保护基技术，而是从根本上撕毁合同。他们竟要求原告方面归还已收的技术转让费，他们把原告已提供的、经他们利用过的技术资料退还给原告，双方负担各自的诉讼费。果真如此的话，那就等于忠实于合同的原告，应无偿地提供给被告技术和技术资料；而违反合同的被告，却可不负任何法律责任。这是对合同法的践踏，也是原告所不能接受的。我们认为：经济合同的变更和解除要符合《合同法》规定的条件，应按照《合同法》规定办理，而且根据双方签订的“技术成果转让协议书”第七条第二款的规定，原告有权要求被告赔偿损失。

总之，被告不全面履行合同规定的义务，是造成原告方经济损失的主要原因。被告的答辩和反诉歪曲了事实。依照《中华人民共和国合同法》第六条、第八条、第二十九条之规定，被告除赔偿经济损失，交付欠款外，还应继续履行合同。要求法院明察秋毫，分清是非，依法保护原告人的合法权益。

此致

××市中级人民法院

原告诉讼代理人：李××

20××年5月15日

3. 拟制第一审民事调解书材料

19××年×月，郑××（女，23岁，汉族，×区医院医生，住×市×路×号）和李××（男，25岁，汉族，×纺织厂工人，住×市×区×号）经张×介绍相识，经过一段的交往后，双方确立恋爱关系。恋爱3年后，19××年×月×日郑××和李××登记结婚。两年后，即19××年5月，生育一儿子，取名李×。刚结婚时，郑、李二人夫妻感情还可以，有了孩子之后，两方为家庭琐事开始相互争吵，当孩子8岁时，即19××年×月×日，双方再次发生争执时，郑××离家出走，搬到朋友处居住，导致双方分居，二年多来，双方关系一直没有改善，致使夫妻感情破裂。20××年×月×日郑××向×市×区人民法院提起诉讼，要求与被告解除婚姻关系。同时提出儿子归自己抚养，×路×号住房由其租赁使用和分割共同财产。李××接到诉状后，同意离婚，但是要求抚养儿子，租住×路×号住房。

人民法院在案件审理中，审判员赵××对此案进行调解。在双方当事人自愿的前提下，郑××和李××经过协商达成以下协议：

一、原告和被告自愿离婚；

二、双方所生儿子李×随原告郑××共同生活，被告李××自20××年×月起按月承担抚育费人民币250元，至李×18岁为止；被告李××另外补付自19××年×月份起所欠抚育费人民币4800元；

三、离婚后，被告李××迁居本市××路×号室，原告郑××租赁使用×路×号，并一次性给付李××房屋补偿费人民币十万元；

四、现在各人处的财产归个人所有，被告李××一次性给付原告郑××财产折价款人民币5万元。

案件受理费人民币6770元，原被告每人各承担一半。

4. 拟制民事裁定书材料

高××（男，37岁）与李××（女，35岁）经人介绍于2001年7月相识恋爱，并于次年年9月登记结婚，婚后无子女，2004年12月高××以夫妻感情不和为由，向×区人民法院提起诉讼，要求和李××离婚。后经人民法院调解，高××撤回起诉。2005年4月，高××以原起诉理由为由，再次向人民法院提起诉讼。人民法院受理案件后，发现高××的起诉不符合受理的条件，人民法院决定不予受理。

高××，男，37岁，×贸易中心保安部职工，住×区×条×号。

李××，女，35岁，无业，住×区×胡同×号。

《中华人民共和国民事诉讼法》第一百一十一条第七项规定，判决不准离婚和调解和好的离婚案件，判决、调解维持收养关系的案件，没有新情况、新理由，原告在6个月内又起诉的，不予受理。最高人民法院《关于适用〈中华人民共和国民事诉讼法〉若干问题的意见》第一百三十九条规定，起诉不符合受理条件的，人民法院应当裁定不予受理。立案后发现起诉不符合受理条件的，裁定驳回起诉。

5. 拟制第一审行政判决书材料

刘×，男，45岁，汉族，×市×乡×村农民。刘×原使用宅基地一处，面积0.0167公顷，有北房4间。19××年4月5日将北房4间拆除，准备建5间。由于原宅基地使用面积小，刘×多次找村民委员会要求向东扩展2.5米。经村民委员会同意，并给刘×向东丈量了2.5米，有村民委员会主任张×证明。刘×在施工期间，乡人民政府发现刘×多占宅基地未经批准，即通知刘×停止施工，但刘×不听劝阻，认为向东扩展2.5米是经村民委员会同意的，继续施工将房建成。乡人民政府认为，刘×未经政府批准，非法使用土地，违反了《中华人民共和国土地管理法》第四十五条规定，对其作出处罚决定，限刘×15日内拆除侵占集体土地上的非法建筑，恢复地貌，刘×不服，向×省×县人民法院提起诉讼。

（四）仲裁文书、公证文书练习材料

1. 拟制仲裁申请书材料

19××年10月5日××市××学院与×市×设计事务所签订了《××教学、生活用房工程设计合同》，随即预付设计费×万元。以后发现×市×设计事务所是丙级设计单位，根据×建设（××）第××号通知，××市××学院这项工程中为1级工程，按照规定应当由甲级设计单位承接设计。×市×设计未经市建委批准，超越规定的设计范围承接这项工程的设计任务，显然是不妥的。

事务所由于设计人员少，不能按合同规定的进度完成设计，以致方案设计延迟了两个月才交出。在设计费方面，×市×设计事务所依据的收费标准也属过高。双方为此曾于20××年4月和7月间就调整设计费标准，加快设计进度以及明确设计权限等问题进行两次会谈，但未能取得一致意见。

20××年1月5日申诉人根据双方所签订设计合同第×条规定："甲方中途停止设计，应及时书面通知乙方，并按国家规定付清相应设计阶段的设计费"，通知×市×设计事务所停止这项工程设计任务的委托，并对其以前所做的设计给予补偿，不料×市×设计事务所竟将通知退回。为此，请求依法仲裁。

仲裁请求：

（1）撤销双方签订的《××教学、生活用房工程设计合同》；

（2）×市×设计事务所退还预付设计费×万元；

（3）仲裁费用由×市×设计事务所承担。

××市××学院。地址：××市××路×号。

法定代表人××，院长。

×市×设计事务所。地址：××市××路×号。

法定代表人××，主任。

2. 拟制仲裁答辩书材料

20××年5月，甲省A公司与乙省B公司签订了一份购销合同，约定由B公司卖给A公司洗衣粉40吨，每吨单价880元，7月30日以前交货付款，交货地点在A公司所在地火车站。

7月15日，B公司将货运抵本地火车站，恰遇铁路被洪水冲坏，货运中断，B公司即将货运回保管。同时电告A公司。同年8月10日，线路修复，货运恢复，B公司立即启运。8月18日运抵收货方火车站。

8月19日，B公司通知A公司验货并付款。A公司以此时已过合同履行期限为由拒绝收货。经双方多次洽谈，A公司提出，若要收货，价格必须减半。B公司拒绝降价，双方始终未达成协议。为不被铁路部门罚款，B公司租用民房一间，将货暂存保管，同时继续与A公司交涉。

天有不测风云，8月25日，该地突降暴雨，B公司存货民房被洪水冲垮，洗衣粉被洪水淹没。灾后清点，仅残留13吨，且有变质现象。经鉴定只能以每吨700元降价处理。上列损失共计26100元。

双方就有关责任分担，损失赔偿问题，多次协商未果。由于在签订购销合同时，双方在合同中订立了仲裁条款，因此，A公司率先向双方约定的某仲裁委员会递交了仲裁申请书，以B公司逾期履行合同、行为有过错为由，请求仲裁委员会判令B公司承担违约责任以及由此造成的经济损失。

现作为B公司的委托代理人，为B公司代书一份仲裁答辩书。

3. 拟制仲裁裁决书材料

1998年1月20日，A公司作为买方和卖方香港B公司签订一份国际订货合同，由A公司向B公司购买一套法国产纱布折叠机设备，用以出租给某制药厂使用，该合同中约定了仲裁条款。同时，买卖双方和承租方制药厂在北京还签订了关于设备的技术纪要，进一步明确了所购设备的性能和技术质量标准。之后，A公司与某制药厂于1998年1月21日在北京签订了租赁合同，约定由A公司将其从香港购进的纱布层折叠设备一套出租给某制药厂使用，租赁期间为36个月，租赁期间设备所有权属于A公司，设备在质保期间内发生属于卖方责任的质量问题时，A公司同意将购货合同中规定的索赔权转让给某制药厂。租赁期满以后，A公司以10万元名义货价将设备售予某制药厂。1999年1月，设备运至某制药厂处，经过调试，技术质量达不到要求，1999年6月29日，经中国进出口商品检验局检验，确认“该机器目前存在质量问题，暂不能投入使用”。后经过卖方香港B公司派人维修，该设备仍不能达到合同规定的质量要求。

2001 年 2 月 1 日，中国进出口商品检验局再次检验，认定设备的性能质量问题，属于该机器原有品质缺陷，不能正常运转。为此，A 公司依照合同向中国国际经济贸易仲裁委员会申请仲裁，要求香港 B 公司赔偿损失。该仲裁委员会立案审理后，裁决由卖方香港 B 公司支付 14000 美元修理费，由买方 A 公司自行修复设备。

4. 拟制亲属关系公证书材料

根据××市××区户籍管理机关档案核查李×勇是李×英的父亲，叶×君是李×英的母亲。李×勇，男，1950 年 7 月 13 日生，现住××市××区××大街××号。

叶×君，女 1951 年 2 月 10 日生，现住××市××区××大街××号。

李×英，女 1980 年 1 月 2 日生，现住××国××城××大街××号。

中华人民共和国××市公证处公证员王××进行了亲属公证。

（五）律师实务文书练习材料

1. 拟制民事起诉状材料

被告钱×与被告孙×是朋友关系。孙×委托钱×代办汽车提货手续。20××年 3 月 30 日中午，钱×在××市××区电影院看电影，散场时，将装有××市机电公司面值 80 余万元人民币的汽车提货单及附加费本等物品的一公文包遗忘在座位上。位于后几排看电影的原告赵×发现后，将公文包捡起，与同去看电影的第三人李×（原系赵×同学）在现场等候良久，未见失主来寻，便将公文包带走，并委托李×予以保管。同年 4 月 4 日、5 日和 7 日，钱×先后在市《××报》和《××日报》上刊登寻包启事，表示要“重谢”和“必有重谢”拾得人。4 月 12 日，孙×得知失包情况后，在《××报》刊登内容相同的寻包启示，声明“一周内有知情送还者酬谢 15000 元”。当晚，赵×得知以孙×名义刊登的寻包启事，即告诉李×并委托其与孙×联系。次日，双方在约定的时间和地点交接钱物。由于在给付酬金问题上，双方发生争执，赵×遂向法院提起诉讼，要求钱×、孙×依其许诺支付报酬 15000 元。

2. 拟制民事答辩状材料

2003 年 7 月，某玩具厂因生产需要筹集资金 1.5 万元采购原材料，为此向该市工商银行申请贷款。工商银行要求玩具厂提供担保。1993年玩具厂请求原告燃料公司帮助，燃料公司同意并在空白借款合同保证人位置以及担保意见书上加盖公章和法定代表人印鉴。之后，工商银行提出玩具厂用新贷款偿还逾期未还的旧贷款。于是，玩具厂和工商银行在合同贷款数额栏上填写14万元，贷款期限9个月。次日，玩具厂将放出贷款的11.26万元，偿还了拖欠工商银行的旧贷款，事后，工商银行未将贷款用途核查通知燃料公司，玩具厂也未将贷款数额通知燃料公司，2002年8月7日和2002年11月16日玩具厂又分别向工商银行贷款2万元和1万元，燃料公司均为其提供了担保，玩具厂至今未按期偿还该三笔贷款。2003年5月17日，工商银行在燃料公司账户上扣收16.3万元，2003年7月17日又扣收贷款利息17666.80元。燃料公司诉至法院。请求法院判定玩具厂和工商银行赔偿损失。

原告燃料公司诉称：2001年7月2日原告为玩具厂向工商银行借款1.5万元做出担保，并在空白借款合同上盖章。之后，玩具厂向工商银行共计贷款14万元，将多带出的部分贷款归还玩具厂逾期未还工商银行的旧贷款。2002年8月7日和2002年11月16日玩具厂向工商银行又分别贷款2万元和1万元，原告亦提供了担保。以上三笔借款，玩具厂均逾期未还。2003年5月17日工商银行未经原告同意，擅自扣划原告账户的16.3万元抵偿，侵犯了原告的储户所有权，请求判令工商银行返还原告13.3万元。

原告声称，原告已经为玩具厂承担了3万元的保证责任，有权向其追偿3万元，故而请求玩具厂偿还3万元。

被告工商银行辩称，工商银行与玩具厂签订的借款合同合法有效，其直接扣收原告款项是根据借款合同中担保条款的规定作出的，合同规定“当借款方不履行合同时，由保证方连带承担偿还借款本息的责任，必要时，贷款方可以从保证方的存款账户内扣收贷款本息”，故其直接扣收原告账户的款项是合理合法的，原告诉讼请求应当予以驳回。

3. 拟制刑事自诉状材料

自诉人李××与本村赵××系初中同班同学，毕业后先后进村办企业××鞋厂当工人。赵××，男，19××年8月20日出生，汉族，初中毕业，住本村×组×号。父母均为本村农民。赵××忠厚老实，工作积极肯干，认真钻研做鞋技术，现已是技术熟练工人，最近几年连续被评为厂先进生产者，受到领导多次表扬。自诉人与赵××在工作中联系密切，互相支持，互相帮助，共同进步。二人逐渐产生了感情，建立了恋爱关系，并初步商定一年后结婚。

20××年8月8日，自诉人把与赵××的关系告诉了母亲，得到了母亲的支持。8月10日，李××将此事告诉父亲李×平，不料遭到了父亲的坚决反对。因李×平与赵××的父亲吵过一次架，至今二人见面不讲话。于是他抓住赵××的父亲曾偷过生产队粮食一事，作为反对女儿与赵××结婚的理由，粗暴地对自诉人说：“我警告你，不许与赵××这小子来往，更不许与他谈恋爱，与他结婚你做梦!”自诉人问父亲为什么不可以与赵××结婚，其父大声骂道："赵××的父亲不是好东西，手脚不干净，19××年偷别人粮食被村里批判过，臭名远扬！我决不同意与这种人结为儿女亲家，决不能让我女儿当这种人的媳妇！"自诉人耐心地对父亲说："赵××是个好青年，是厂先进生产者。他爸历史上犯过错误是他爸的事，我又不同他爸结婚！"李×平听完自诉人的解释，认为是顶撞自己，于是火冒三丈，骂自诉人"没有出息，丢人现眼"，并举手猛击自诉人头部两下，用脚踢了自诉人一脚，还想找工具伤害自诉人，被自诉人的母亲制止住了。

同年10月2日，李×平到××鞋厂有事，看见自诉人与赵××在厂会议室内并肩坐在一起看电视，就大声命令自诉人回家。自诉人到家后，李×平拿起一根三米多长的木棍，朝自诉人乱打一气，有一次木棍击中了自诉人的头部，打得头破血流。邻居王××（同厂工人）送自诉人到乡卫生院缝了七针，伤口有一厘米长。

10月3日，自诉人请本村王村长和××鞋厂张厂长来劝说李×平同意自诉人的婚事。李非但不同意，还威胁说："只要我看到他们在一起就打，一直打到二人断绝来往为止。"

10月4日，自诉人和赵××一起到××律师事务所咨询，唐律师说，男女结婚自由，受婚姻法保护。又说李×平的行为触犯了《中华人民共和国刑法》第二百五十七条第一款之规定，已构成暴力干涉婚姻自由罪，应追究其刑事责任。于是自诉人决定请唐律师代书一份刑事自诉状，到××县人民法院起诉，与其父打官司。

自诉人李××，女，19××年3月2日生，汉族。初中毕业，××县人，住××县××乡××村×组15号。××乡××村××鞋厂工人。

被告人：李×平，男，1948年5月5日出生，文盲。住××县××乡××村×组15号。农民、汉族。

证据：1. 证人李××写的书面证明一份。李住××村×组16号。证明被告人打伤了自诉人。2. 乡卫生院诊断书一份。3. 朱××（自诉人之母）愿意到庭作证。4. 请人拍摄的凶器木棍照片一张。

4. 拟制民事上诉状材料

一审法院认为，被告向原告购买塑料内膜袋55000条，事实清楚，证据充分，货款8250元及逾期还款的银行贷款利息，被告应负偿还责任。被告向原告购买的塑料内膜64.5公斤，货款645元及被告从原告处收取的现金200元，被告均应以偿还，并支付从原告主张权利之日（20××年2月14日）起的银行同期贷款利息。故判决，被告许×偿还原告俞×货款8250元，并支付从20××年2月1日起至还款之日止的按银行同期贷款利率计算的利息。被告许×偿还原告俞×货款645元及人民币200元，合计845元，并支付该款从20××年2月14日起至还款之日止的按银行同期贷款利率计算的利息。

[被告上诉理由] 原判违背事实，判决错误。20××年1月9日，以被告许×为供

方，原告俞×、邱×为需方签订一份购销编织袋合同。因原告所需编织袋内需要加装塑料内膜袋后方可出售，原告提供 60000 条内膜袋，由被告无偿为其装配后出售。其中已装配出售 55000 条，其余 5000 条经双方协商同意，以 0.15 元/条售给被告，共计款 750 元，且已在其售给原告 27400 条编织货款中扣除。因此，不存在被告偿还 55000 条内袋货款 8250 元问题。此外，不存在所谓被告向原告购买塑料内膜 64.5 公斤，欠款 645 元一事。另被告收取原告现金 200 元实属 27400 条编织袋货款中的一部分，并非被告欠款 200 元。请求二审法院驳回原审原告的诉讼请求。

5. 拟制辩护词材料

20××年 1 月 8 日早晨 3 时许，被告人林×兴驾驶××百货公司货车一辆，内装打字纸 202 盒，前往××县。开车前，被告人违章同意黄××乘车，并将车后门钥匙交给黄。黄乘被告人不在时，擅自将 6 篓摔炮和 1 万张发令纸等危险品在林×喜（被告人的师傅）的协助下搬进了车厢。同时林×喜不仅自己搭车，又私自叫郑××、占××、姚×××三个妇女坐进车厢和驾驶室。被告人当时拒绝，但在黄××的说情下，还是让他们乘了车，车行至某公路处，摔炮和发令纸突然发生爆炸燃烧。当场烧伤黄××、郑××二人，林×喜因重伤死亡。造成一人死亡、二人重伤并使国家财产遭受损失 4000 多元的重大事故。

××县人民检察院于 20××年 3 月 13 日向××县人民法院提起诉讼。起诉书认定被告人林×兴个人违反交通运输规章制度，致使装在车箱内的摔炮及发令纸受震爆炸，造成一人死亡，二人重伤，并使国家财产遭受损失，已构成交通肇事罪，要求依法惩处。未对其他人提起诉讼。检察院提供的证据材料有：1. 乘车人占××、姚××证实：黄××乘被告人林×兴不在时，将大量危险品擅自装入车厢。2. 林×兴在汽车出事时，保住汽车油箱，避免爆炸，减少了损失。事发后，被告人林×兴及时将伤者送往当地××县医院抢救，并主动向当地××县公安局自首，如实交代事实的经过情况。

法律依据《中华人民共和国刑法》第六十七条第一款："犯罪以后自动投案，如实供述自己的罪行的，是自首，对于自首的犯罪分子，可以从轻或者减轻处罚。其中，犯罪较轻的，可以免除处罚。"

6. 拟制代理词材料

20××年 7 月 22 日，被告 A 茶厂合同签订人张×持被告"企业法人营业执照"正本影印件以及副本原件、"优秀新产品证书"、"卫生许可证"、"定价许可证"和盖有"××省 A 茶厂合同专用章"的空白合同书等文本，与原告签订了一份承揽加工合同。合同规定，由原告提供场地并为被告分装和小包装茶叶。被告 A 茶厂按照每一盒 0.2

角钱计算工人工资并每月付给原告场地费 500 元，其他费用由被告负责。双方还约定，茶叶、药剂配方等由被告提供，被告 A 茶厂将茶叶交给 B 茶厂以后，由原告 B 茶厂在两个月以内全部包装完毕，酬金以及租金由被告在原告为其茶叶包装完后的一个月付清。同年 9 月上旬，被告 A 茶厂将 8800 余斤交给原告 B 茶厂进行分装和小包装。原告在同年 10 月 25 日前将茶叶全部包装完毕，总共包箱 820 箱，计 49200 盒。被告于同年 10 月 29 日、30 日、11 月 17 日分别提走 26、270、220 箱，共计 516 箱，剩余已经包装完毕的 304 箱茶叶，因为其他案件被工商局于查封，现待处理。

在合同履行过程中，被告 A 茶厂要求原告 B 茶厂帮助其垫付包装盒印刷费、包装玻璃纸费和非热茶纸款。原告根据被告的要求于 20××年 9 月 12 日从银行借款并自带汇票到××市，为被告垫付了 87600 元包装盒印刷费，同年 10 月 17 日又为被告垫付非热茶纸款 3630 元，还有原告为被告垫付包装茶叶共用包装玻璃纸费 2604.53 元。上述原告为被告所垫付各项款项共计 93834.53 元，除被告归还 19880 元以外，尚欠原告款项 73954.53 元。原告对被告尚欠酬金、场地租赁费和借款经过多次催讨未果，遂向一审法院提起诉讼。

[原告主张] 原告诉称，20××年 7 月 22 日，原告与被告签订了一份加工承揽合同。其中规定：原告为被告分装和小包装茶叶并提供场地，被告按照每盒 2 角支付酬金，并每月支付给原告场地租金 500 元。其他费用由被告自己负担。20××年 10 月底以前，原告按照双方约定，将被告交给原告分装和小包装的茶叶全部包装完毕，共包装 820 箱，计 49200 盒，被告应付原告酬金 9840 元，场地租赁费 3000 元。在合同履行过程中，被告向原告借款支付其印刷包装盒款 87600 元，支付玻璃纸、非热茶纸款 7018 元。被告除了已经支付的 19880 元以外，尚欠酬金、场地租金和借款共计 87578 元。经过原告多次向被告催讨未果，为了保护自己的合法权益，原告请求法院依法判令被告支付上述款项，并承担全部诉讼费用。

[被告主张] 被告辩称，原告所称的合同，系合同签订人张×盗用盖有被告合同专用章的空白合同书以及有关证件与原告签订合同的。原告请求赔偿的数额超过合同以及法律规定，定做方用自己的材料委托加工时，只向承揽方支付酬金，不存在支付场地租金。原告要求被告偿还的借款，合同既未规定也无借款手续。原告加工生产假冒被告已经注册的“××保健茶”属于侵权行为，依法应当负有侵权责任。

后　记

本书是四川大学法学院编写的高等学校法学教学丛书之一的《法律文书教程》一书的配套教材。法律文书作为一门综合性、实践性极强的学科，在学习过程中，不仅要求学生掌握法学、逻辑学、写作学等学科的基本理论知识，而且还需要学生能综合运用这些理论知识，对已发生的案件、法律事件进行具体地分析和判断，按照法律专业文书的要求，制作出合格的文书。因此，在学习过程中文书制作能力和水平的提高，是本课程教学中极为重要的环节，也是法律专业学生必须具备的一项技能。为帮助学生学好本课程，提高文书写作能力，本教材将当前最新的文书格式、有代表性的文书实例和练习材料编辑在一起，以方便学生学习和制作文书之用。

本教材在编辑练习材料时有意识地将难、易材料进行了合理搭配。因此法律专业专科、本科及法律硕士学生在学习法律文书课程时均可使用本教材。由于编者水平有限，加之时间紧迫，疏漏和不周之处敬请广大同仁和教材使用者给予批评指正。

本着实用、新颖的原则，本教材在修订再版时，对部分章节和内容，进行了补充和完善。

编者

2006 年 3 月

主 要 参 考 文 献

1. 最高人民法院办公厅编 . 法院刑事诉讼文书格式 . 第 1 版 . 北京：人民法院出版社，1999

2. 宁致远主编 . 法律文书参考资料 . 第 1 版 . 北京：中央人民广播电视大学出版社，2002

3. 顾克广编 . 刑事法律文书写作 . 第 1 版 . 北京：中国法制出版社，2002

4. 唐文著 . 法庭判案如何讲理——裁判文书说理研究大应用 . 第 1 版 . 北京：人民法院出版社，2000

5. 直隶高等审判厅编 . 何勤华点校 . 华洋诉讼判决录 . 北京 . 中国振华大学出版社，1997

6. 朱水清、云山城主编 . 公安机关刑事法律文书的制作与使用 . 北京：警官教育出版社，1997

7. 李忠诚主编 . 人民检察院刑事诉讼规则释义与法律文书运用指南 . 第 1 版 . 北京：中国检察出版社，1999

8. 宁致远、顾克广主编 . 法律文书写作自学考试指导与题解 . 第 1 版 . 北京：北京大学出版社，2001

9. 最高人民检察院法律政策研究室编 . 人民检察院法律文书格式 . 第 1 版 . 北京：中国法制出版社，2002

10. 罗锋主编 . 公安机关刑事法律文书制作与范例 . 第 1 版 . 北京：中国公安大学出版社，2003

编　者

2006 年 3 月